四川宋瓷博物馆资助出版

四川省社会科学重点研究基地区域文化研究中心 2023 年度重大项目（编号：QYYJA2201）

遂宁古代书院

胡传淮 编著

西南交通大学出版社
·成 都·

图书在版编目（CIP）数据

遂宁古代书院 / 胡传淮编著. —成都：西南交通大学出版社，2023.8
ISBN 978-7-5643-9453-0

Ⅰ. ①遂… Ⅱ. ①胡… Ⅲ. ①书院－史料－遂宁
Ⅳ. ①G649.299.713

中国国家版本馆 CIP 数据核字（2023）第 150365 号

Suining Gudai Shuyuan
遂宁古代书院

胡传淮　编著

责任编辑　郭发仔
助理编辑　李奕青
封面设计　墨创文化

出版发行　西南交通大学出版社
（四川省成都市金牛区二环路北一段 111 号
西南交通大学创新大厦 21 楼）
邮政编码　610031
发行部电话　028-87600564　028-87600533
网址　http://www.xnjdcbs.com
印刷　四川森林印务有限责任公司

成品尺寸　185 mm × 260 mm
印张　16.5
字数　309 千
版次　2023 年 8 月第 1 版
印次　2023 年 8 月第 1 次
书号　ISBN 978-7-5643-9453-0
定价　52.00 元

课件咨询电话：028-81435775
图书如有印装质量问题　本社负责退换

清代遂宁县书院图

（原载清乾隆五十二年《遂宁县志》）

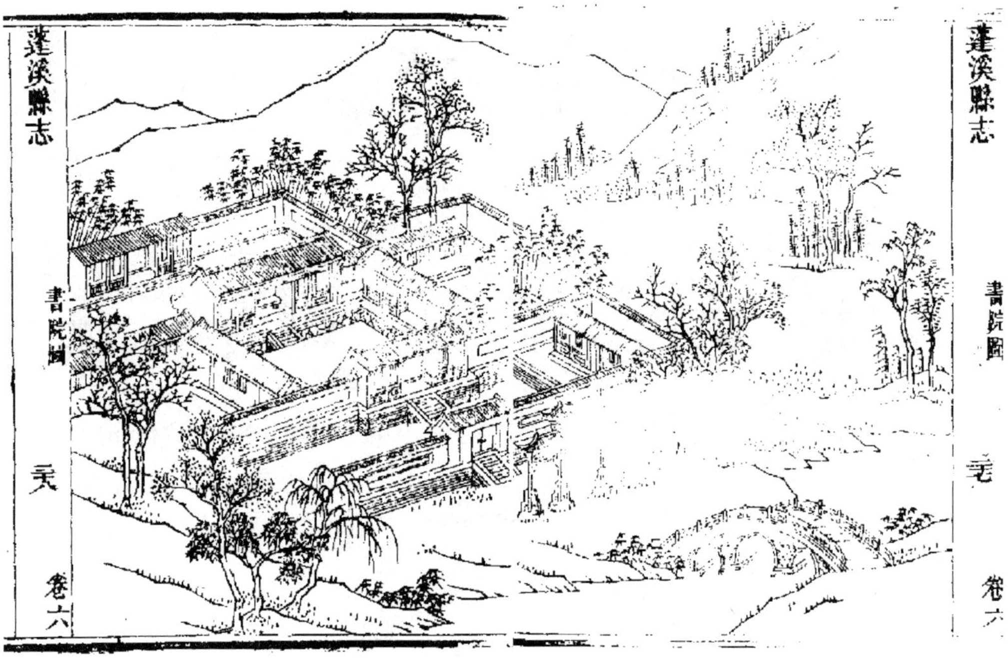

清代蓬溪县书院图

（原载清乾隆《蓬溪县志》）

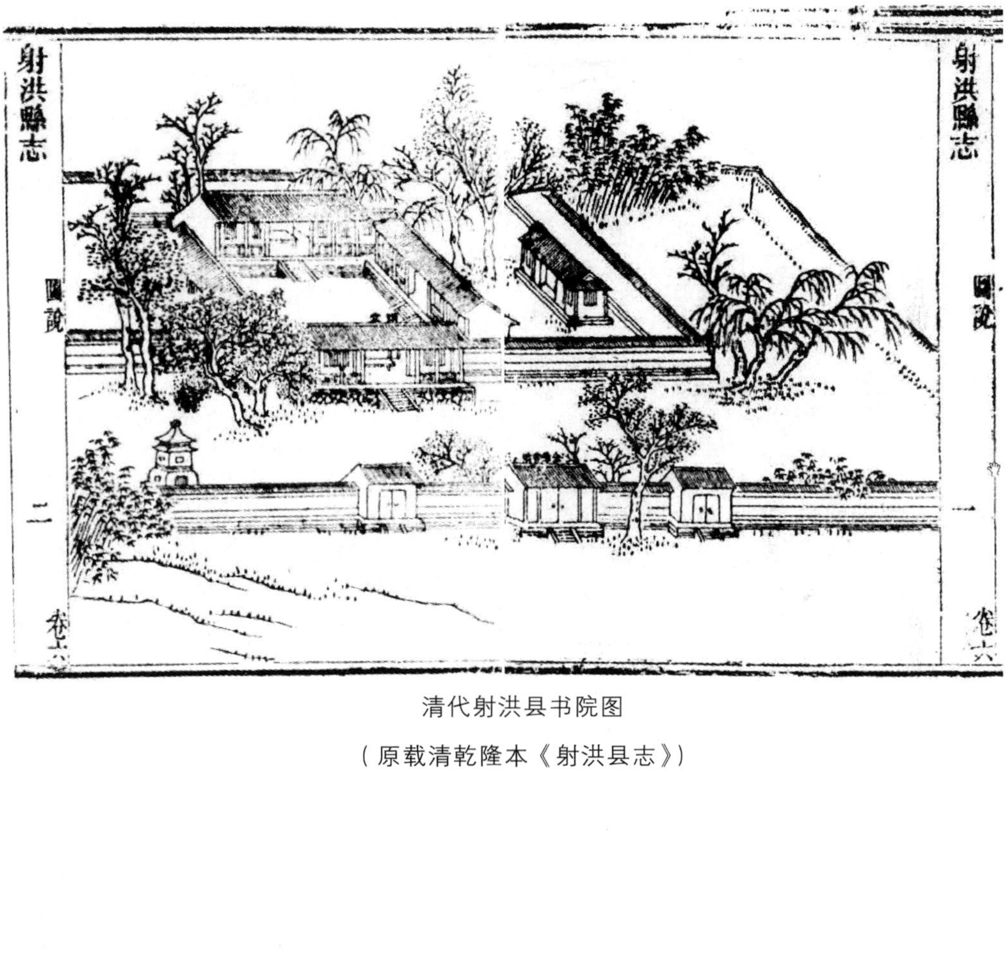

清代射洪县书院图

（原载清乾隆本《射洪县志》）

序言

一个民族的文化要繁衍继承、生生不息并创新向前，离不开教育。而在古代，教育离不开遍布各州府县乡的书院。

书院，又称“精舍”“精庐”“书屋”和“学堂”等，是中国封建社会特有的一种教育形式。它起源于藏书和私人读书、授徒。始于唐代，盛于宋朝，明清达到顶峰，时间长达 1000 余年。其数量之多、分布之广，超过官学，成为我国主要的教育组织。在中华民族传统文化的发展与传播中，起到了不可估量的作用；在我国古代教育史上，也占有十分重要的地位。

古代四川，地处偏僻西南，虽交通和信息都不便，但重视教育文化的发展。早在汉朝就有文翁兴办“石室”官学，提倡教育。四川的书院兴起时间较早，在唐代就已有遂宁张九宗书院出现。明清时期，四川书院更是发展迅速，清代四川书院多达五百余所，在全国各省的书院数量排名中占第二，对当地的政治、经济、文化、教育等发展做出了重要贡献，推动了四川学术文化的繁荣。

遂宁乃巴蜀奥区、东川都会、文献名邦。书院之设，由来久矣。遂宁最早的书院，是创建于唐德宗贞元九年（793）的张九宗书院，为中国尤其是西南地区建立时间较早的书院。此后，遂宁文风鼎盛，书院林立，形成了“人文蔚起、造就必多”的书院文化。

从唐代遂州九宗书院到清朝大英象山书院，遂宁文脉不断。两宋时期，遂宁进士多达 493 人，仅次于眉州和成都府，位居巴蜀第三位。千余年间，遂宁先后创办书院 86 所。因此，对遂宁古代书院历史资料的搜集、整理、介绍和研究具有重要意义。

文史学者胡传淮先生，长期从事遂宁历史文化研究，编著《遂宁古代书院》稿成，索序于余。全书以时间为序，将遂宁唐、宋、元、明、清五个朝代的书院历史，一一做了介绍。史料丰富，论证严谨，条分缕析，详略恰当，新意迭出，图文并茂，语言流畅，通俗易懂，是第一部介绍遂宁市古代书院之作。筚路蓝缕，以启山林，天道酬勤，功不唐捐！故不揣简陋，乐为之序。

唯有人文足千秋。时代、山川、人物都是可以改变的，唯一不变的是人类可以仰望的星空。千年遂宁，风华正茂，正以昂扬姿态奋力开启新征程，遂宁文化必将迎来更加灿烂的明天！

何瀛中

2022 年 12 月于遂州

目录

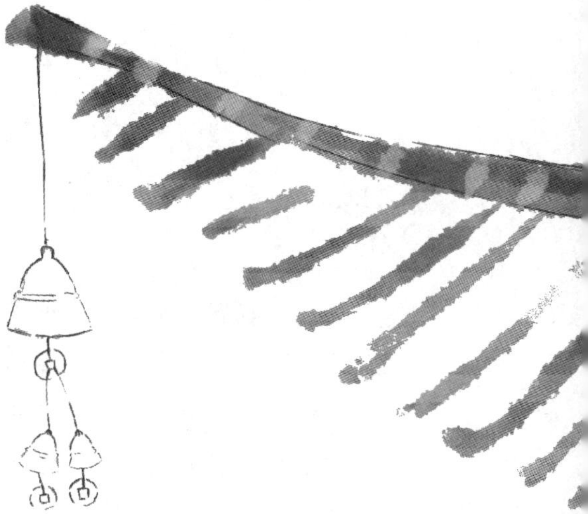

第一章　遂宁唐代书院

第一节 概述

中国书院起源于唐，发展于宋元，繁盛于明清，衰落于清末，是一种独立的教育机构，是私人或官府所设的聚徒讲授、研究学问的场所。在唐代，书院开始萌芽。书院的名称，最先出现在唐代开元年间（713—741），距今约有1300年，有乾元书院、丽正书院和集贤书院，但只是朝廷藏书、校书的地方。唐代也有一些私人读书讲学之地称作书院。

四川地区，唐代已有书院，如遂宁张九宗书院、巴中丹梯书院、南溪县南溪书院、盐亭县青莲书院、大足县南岩书院等，这些书院大都是学者私人读书或研讨学问的地方。据《中国书院制度研究》《四川书院史》统计，在唐代，全国书院总数47所，四川书院总数5所，四川在全国位居第4名。

遂宁人文荟萃、俊彦辈出。遂宁人常以“子昂文、王灼词、黄峨曲、船山诗、仙根科第”自豪。涪上遂宁，山水灵秀，人物阜繁，历史悠久。2022年6月，四川省文物考古研究院在遂宁市射洪香山镇发现旧石器遗址，包含鄢家沟和田家湾两个地点。年代初步估计在20万年至5万年。遂宁桃花河遗址的发现，是我国旧石器时代考古的一个重大突破。

图1-1　遂宁桃花河旧石器遗址远眺（来源：四川考古）

《遂宁市志》[1]载：夏商时，四川盆地分布着蜀族和巴族等部落。春秋战国时期，巴蜀两族在四川盆地建立了政权。秦朝灭蜀国之前，今遂宁市境为古蜀国辖地。秦惠文王后元九年（公元前316年），秦灭巴国和蜀国，建立了巴、蜀两郡，今遂宁市为蜀郡辖地。汉高祖六年（公元前201年），析巴郡和蜀郡，建立广汉郡，统辖雒、新都、绵竹、什邡、涪、梓潼、白水、葭萌、郪、广汉、甸氐道、刚氐道和阴平道十三县。今遂宁市为广汉、郪县地。西汉末年，王莽夺取政权，改广汉郡为就都，改广汉县为广信县。三国蜀汉时期，广汉郡隶属益州。西晋永宁元年（301），析广汉郡，设置德阳郡，郡治德阳县，在今遂宁市城区。

东晋永和十一年（355），益州刺史周抚表请在德阳县东南境，析置遂宁郡。因为遂宁地区历来都是交通要道、四达之区，是成都守军与荆州入川之军交战地区，长期不得安宁。于是将新郡命名为“遂宁”，显然有祝愿的意思，“遂宁”之名，由此产生。遂宁郡的治所，开始设在德阳县（即今遂宁市城区）；后来，迁移到巴兴县（治今遂宁市大英县回马镇长江坝村），领广汉、德阳、晋兴和巴兴四个县。今日遂宁市境属于遂宁郡，县地及治所全部在遂宁市境的有德阳、广汉和巴兴三县；县地部分在遂宁市境、治所在外县的有郪、晋兴两个县。

南北朝刘宋时期（420—479），建置广汉郡，领辖雒、什邡、新都、阳泉、五城和郪县。又析广汉郡，建立新城郡，新城郡治在北伍城县（即今三台县城），辖北伍城和怀归两县。泰始五年（469），在雒县侨置西遂宁郡，郡治在今广汉市新华镇。改遂宁郡名为东遂宁郡，郡治仍在巴兴县，东遂宁郡辖巴兴、德阳、晋兴和小汉（广汉县改名）四县。萧梁时期（502—557），东遂宁郡治迁移到小溪县（德阳县更名）。西魏废帝二年（553），宇文泰平定蜀地，今日四川地区归入西魏版图。

据《元和郡县志》载，西魏恭帝时（554—556），改西宕渠郡为涌泉郡，郡治迁移到涌泉县（治今射洪市洋溪镇），辖涌泉和广魏（广汉更名）两县。分北伍城县，建射江县，县治在今射洪市金华镇。今遂宁市境属怀化郡、东遂宁郡、涌泉郡、昌城郡，县地及治所全在遂宁市境内的有方义、长江、射江、广魏和涌泉五县，县地部分在遂宁市境、治所在外县的有始兴县。北周闵帝元年（557），改东遂宁郡为石山郡，并于郡地建遂州以统领之。州、郡治方义县。遂州辖石山、怀化两郡。武帝建德四年（575），增置安居郡，隶属普州，郡治柔刚县（今安居区安居镇），辖柔刚县。今遂宁市境内设有一州四郡治地，即遂州及石山、怀化、涌泉和安居郡。县地及治所全在遂宁市境的有方义、长江、柔刚、射洪（射江改名）、广汉（广魏更名）和通井（涌泉更名）六县。

---

① 遂宁市志编纂委员会：《遂宁市志》上，方志出版社，2006年版，第66-67页。

县地部分在遂宁市境、治所在外县的有始兴县。

隋开皇三年（583），遂州设置总管府。开皇十八年（598），遂州领方义、长江和青石（始兴更名）三县。大业三年（607），遂州改为遂宁郡，郡治所不变。今遂宁市分属遂宁、资阳（资州更名）和新城（新州改名）三郡，县地及治所全在遂宁市境内的有方义、长江、安居、射洪和通泉五县，县地部分在遂宁市境、治所在外县的有青石县。

唐武德元年（618），罢遂宁郡复置遂州。唐玄宗开元时，在遂州设立遂州都督府，隶属剑南道东川。天宝元年（742），撤遂州置遂宁郡。乾元元年（758），复撤遂宁郡置遂州，领辖遂宁、方义、长江、青石和蓬溪五个县。今日遂宁市境内分属遂州、梓州和普州。县地及治所全在遂宁市境内的有方义、长江、射洪、通泉、蓬溪和安居六县，县地部分在遂宁市境、县治在外的有遂宁、青石和崇龛（治今重庆市潼南区崇龛山附近）三县。

有唐一代，遂宁的经济和文化获得了巨大的发展。唐代著名诗人白居易云："遂居蜀之腴。"（《白氏长庆集》卷第三十一）晚唐著名诗人杜牧云："遂宁旁缘巴徼，号为沃野。"（《樊川文集》第十八）唐代遂宁诗歌繁荣，最重要的诗人有四个：一是梓州射洪县的陈子昂，二是遂州方义县的张九宗，三是遂州长江县主簿贾岛，四是遂州方义县的高僧船子德诚。

唐代遂宁教育发达，出现了陈子昂、张九宗等进士。遂宁市历史上第一位进士为射洪陈子昂，他在武则天垂拱年间（685—688）考中进士。一百年后，遂宁市出现了第二位进士张九宗，他在唐德宗贞元年间（785—805）考中进士。

陈子昂（659—700），字伯玉，梓州射洪县（今射洪市）人，唐代著名诗人，初唐诗文革新人物之一。因曾任右拾遗，后世称陈拾遗。一代唐音起射洪，陈子昂的文才与韬略赢得了后世隆誉。杜甫称赞他："有才继骚雅，哲匠不比肩。公生扬马后，名与日月悬……终古立忠义，感遇有遗篇。"（杜甫《陈拾遗故宅》）韩愈称赞他："国朝盛文章，子昂始高蹈。"（韩愈《荐士》）都对他在唐诗发展上的功绩有高度肯定，也反映了唐代诗人的公论。但鄙视陈子昂的人不是没有，偏狭地纠结于他是武则天的御用之人，这个人就是清代初年的王士祯。王士祯有"一代诗宗""文坛领袖"之誉。诗宗对文宗，真是狭路相逢。王士祯在《香祖笔记》中写下了罕见的诛心之论："《陈子昂文集》十卷，诗赋二卷，杂文八卷，与《陈氏别传》及《经籍志》合。子昂五言诗力变齐、梁，不须言，其表、序、碑、记等作，沿袭颓波，无可观者。第七卷《上大周受命颂表》一篇，《大周受命颂》四章，曰《神凤》，曰《赤雀》《庆云》《甿颂》，其辞谄诞不经……集中又有《请追上太原王帝号表》，太原王者士彟也。此与扬雄《剧秦美新》无异，殆又过之，其下笔时不知世有节义廉耻事矣。子昂真无忌惮之小人哉！诗虽美，吾不欲观之矣。子昂后死贪令段简之手，殆高祖、太宗之灵假手殛之耳。”尤其是文章结尾，可见怨毒之深。另一反对陈子昂的人，是他的射洪老乡文映江。文先生为清末民初射洪人，人称文麻子，清末拔贡，参加潼川府考试时主考官对他的批语是：“文冠通场，字丑八县。”可见其人工诗文，但字奇丑，当时潼川府管辖八个县，故有此批语矣。1996 年，射洪县政协文史委编辑有《文映江诗文稿》。文映江属于诙谐文人，类似民国时期在成都的刘师亮，对陈子昂最鄙视，曾为射洪县太和镇久馨烟厂书台牌卷烟商标撰诗，写诗批评陈子昂，其一：“绝代才华事女奴，子昂当日读何书？不如一管香烟好，脍炙人寰味有余。”其二：“金轮皇帝廿余年，火灭灰飞一寸烟。底事颂言受周命，子昂貌亦六郎莲。”①，说陈子昂连一支香烟都不如，则过于片面矣。

第二节 张九宗书院

张九宗书院创建于唐代贞元年间，是遂宁市创建时间最早的书院，也是我国创建时间较早的书院。创建者是遂宁刺史张九宗，故名“张九宗书院”。张九宗书院创办地点位于乔琳所建遂州学宫旧址，张九宗讲学其中，亲植柏樟，“遂宁文学自九宗倡焉”。张九宗书院后来毁于五代末年孟知祥之乱。

一、乔琳建立遂州学宫

乔琳（？—784），山西太原（今太原市万柏林区）人，唐朝时期宰相。进士及第，官成武县尉，迁监察御史、巴州司户，历任南郭县令及果、绵、遂、怀四州刺史。唐德宗继位后，授御史大夫、同平章事，成为宰相。后迁工部尚书。朱泚之乱时，随唐德宗出幸奉天，迁吏部尚书。后来，以老迈为由，削发为僧。后为叛臣朱泚所虏，授吏部尚书。朱泚败亡，乔琳因罪被杀。

乔琳虽为叛臣，但他对遂宁却有一定贡献。南宋兵部尚书杨辅（遂宁人）在《迁学记》中说：“吾州自改郡以来，其学徙置而可考者，于今盖三迁矣。唐贞元初，刺史乔琳立学官，礼儒士，而得张九宗。后三十年，九宗守乡郡，复立废学，则仍乔之旧

① 中国人民政治协商会议四川省射洪县委员会文史资料委员会:《射洪文史资料》第六辑，1988 年版，第 15-16 页。

也。在今城南，于遂门为近。”①

贞元初，即公元 785 年左右。上述说法有误，因乔琳于公元 784 年已经被杀，可见建学宫应在他为遂州刺史的至德年间，即 756—758 年。

二、张九宗任遂州刺史期间，创办九宗书院

张九宗，生卒年不详，唐朝遂州方义县（即今遂宁市船山区）人。年幼时，在遂州学宫读书。唐贞元初年，考中进士，是遂宁市船山区历史上第一位进士。张九宗中进士后，担任过戎州（今四川省宜宾市）、同州（今陕西省大荔县）、华州（今陕西省华州区）、普州（今四川省安岳县）、遂州（今四川省遂宁市）、邛州（今四川省邛崃市）等州刺史。唐贞元年间（785—805），出任遂州刺史兼御史中丞。张九宗在遂州刺史任上，看见遂州学宫废坏，致力恢复，在遂州城南的书台山（今遂宁市第一中学后）原来废弃的学宫旧基上面，创办了书院，称为“九宗书院”。

三、张九宗书院的建立，开创了四川创建书院之先河

学术界一般认为，书院最早建于唐代。唐玄宗开元年间（713—741），创建丽正殿书院、集贤殿书院，是兼具某些政治职能的图书搜集、整理和收藏机构。唐朝也有一些私人读书处，称为书院，基本上是学者个人读书或研讨学问的地方，其间有少数书院，已有讲学活动，具有教育的功能，但作为书院制度，还处在肇始阶段。遂州张九宗书院是巴蜀地区乃至全国最早的书院之一。

胡昭曦《四川书院史》载：“张九宗书院，在遂宁县。《大明一统志》载：‘张九宗书院，在遂宁县书台山，唐贞元间建。’《舆地纪胜》载：‘书台山，在（潼川）府城西南，以唐张九宗得名。’‘张九宗，唐元和五年（810 年）为刺史，撰修花台寺记并书。’嘉庆《四川通志》云：‘张九宗书院，在遂宁县西南书台山下，唐贞观九年建。’照《大明一统志》和《舆地纪胜》的记载，此处“唐贞观九年’（635 年）当是唐德宗‘贞元九年’（793 年） 之误。张九宗书院始建于公元 793 年。”②

张九宗在遂州刺史任上，创办九宗书院。据说他亲自讲学其中，还亲植柏樟，成为众多学子向往的求学之地。

---

① 杨世洪：《遂宁县志校注》（光绪五年本）上，巴蜀书社，2019 年版，第 357 页。
② 胡昭曦：《四川书院史》，四川大学出版社，2006 年版，第 4-5 页。

四、遂宁文学从张九宗开始逐步走向繁荣

唐代末年，群雄并起，我国进入“五代十国”时期。唐代天成四年（929年），东川节度使董璋、西川节度使孟知祥在蜀中叛乱。遂州设武信军节度使，著名将领夏鲁奇坐镇遂州，节制遂州、昌州、合州、渝州和泸州。长兴元年（930年）十月，孟知祥、董璋率领精兵三万人，围攻遂州，夏鲁奇率军民守城苦战。二年（931年）正月，援兵不到，遂州城中断粮，遂州城陷。在最后时刻，夏鲁奇将妻子、儿子沉于遂州衙署后井中，然后自刎殉国，时年49岁。张九宗书院也在这场惨烈的兵祸中毁坏。明朝初年，王廷恕在《重修学宫记》中说：“唐宋迄元，擢第而跻膴仕者为蜀之冠。”①唐宋时期，遂宁文风鼎盛，张九宗书院功不可没。

① 杨世洪：《遂宁县志校注》（康熙二十九年本）上，巴蜀书社，2019年版，第121页。

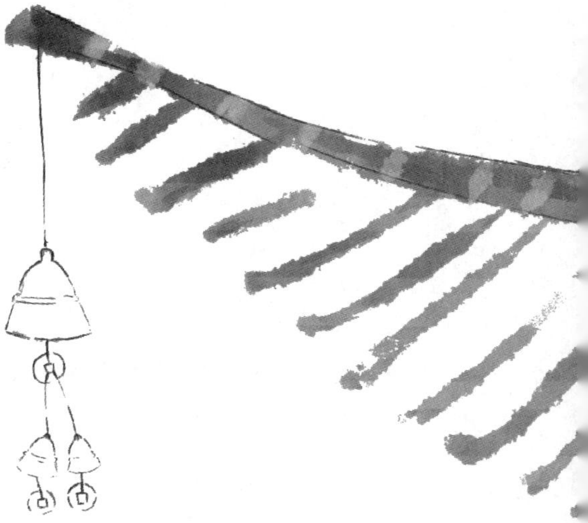

第二章 遂宁宋代书院

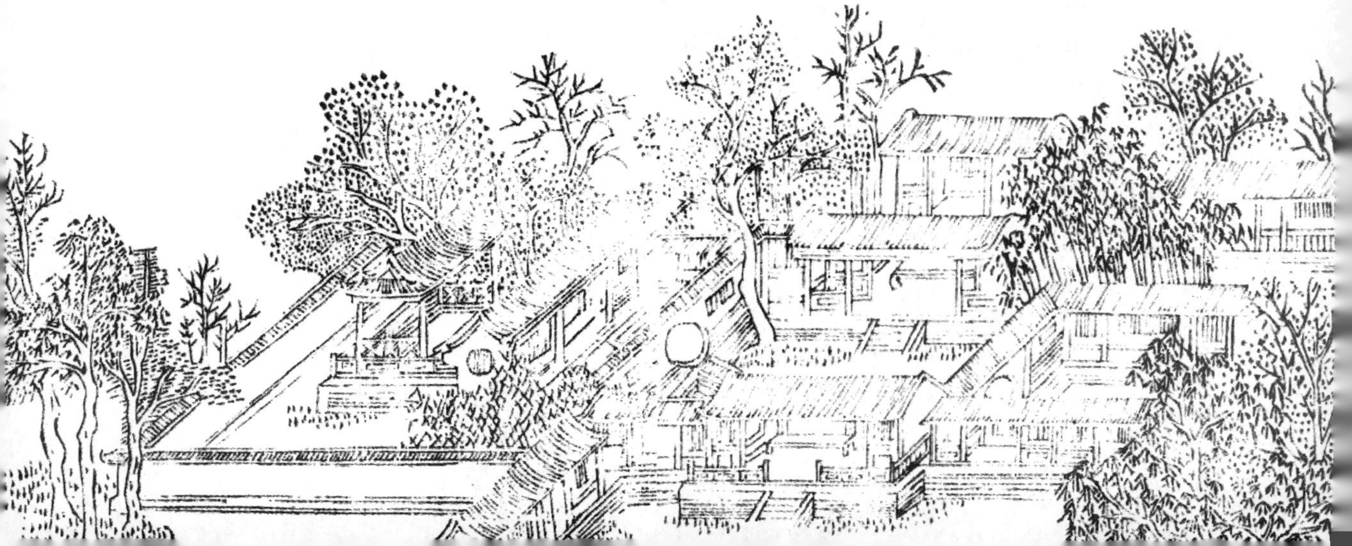

第一节 概述

宋代文化繁荣，教育发达。北宋时期，书院普遍兴起，书院进入了一个实质性的发展期。北宋书院围绕科举考试组织自己的教学，强化了从唐代以来就有的教育功能。北宋著名书院有岳麓书院、白鹿洞书院、应天府书院、嵩阳书院、石鼓书院和茅山书院等。到南宋，书院有了很大的发展，确立了书院制度。乡村书院大量出现，今江西、福建、湖南、浙江、四川、广东、安徽、广西等地，都有新的书院建立。宋代四川书院，北宋创建的不多，南宋时最为发达。《中国书院制度研究》统计，宋代，全国书院总数 711 所，四川书院总数 29 所，四川在全国位居第 6 名。

北宋太祖设全国为道。宋太宗之时又设全国为路，路下设府、州、军、监，其下设县。全国形成路、州（府、军、监）、县三级政区。宋代咸平四年（1001），巴蜀地区被划分为“四路”，总称四川路，此为四川得名的开始。宋代政和五年（1115），升遂州为遂宁府，辖小溪（方义改名）、蓬溪、长江、青石和遂宁五县。南宋理宗宝祐六年（1258），改遂宁府为遂宁都督府。今遂宁市境属于遂宁都督府。县地及其治所全部在遂宁市境内的有小溪、蓬溪、长江、射洪和通泉四个县；县地部分在遂宁市境，县治在外有遂宁、青石和安岳县。①

遂宁市历史上最繁荣的时期在两宋。这一时期的遂宁，无论在政治上、军事上、经济上还是文化上，都达到了其他朝代未能赶超的高度。遂宁在宋代有两个主要别称：武信、遂府。

武信，即武信军、武信军节度。唐昭宗光化二年（899）（一说是昭宗乾宁四年），王建请置，治所在遂州，领遂州（治今遂宁市）、合州（治今合川区）、泸州（治今泸州市）、渝州（治今重庆市）和昌州（治今荣昌区）等五州。五代因之。北宋时期，仍然为武信军节度，提举遂、合等七州兵甲兼梓、夔两路兵马钤辖。其后移钤辖司于泸州，止提举遂、合、昌、普、资五州兵甲。武信军节度使较著者有夏鲁奇、陈尧咨、毕再遇等。

遂府，即遂宁府的简称。遂宁在北宋初年为遂州，辖小溪县、蓬溪县、长江县、青石县和遂宁县。宋神宗元丰八年（1085）三月，镇宁军节度使、检校太尉、宁国公赵佶进封遂宁郡王。自此，遂州成为宋徽宗潜邸。据传，哲宗元符二年（1099）秋冬间，遂宁县慧明院忽现佛像五次，父老都说：“遂宁佛出。”此为宋徽宗即位前之祥兆。

① 遂宁市志编纂委员会：《遂宁市志》上，方志出版社，2006 年版，第 67 页。

宋徽宗即位，乃于政和五年（1115）升遂州为遂宁府；宣和五年（1123），又升遂宁府为遂宁都督府，为大藩。

南宋吏部尚书许应龙（1169—1249）在《刘端友知遂宁府制》中说："武信乃西蜀之巨镇，重臣法从多均逸于此。"南宋祝穆《方舆胜览》载：遂州"地重潜藩，节镇素雄于一面；道院邃清，备载晁子西之记。权专会府，甲兵兼总于七州；禅关胜绝，更稽丁晋公之诗"。南宋兵部侍郎刘仪凤（四川安岳县人）《南楼记》云："平原沃野，贯以涪江，气象宽舒，为东蜀之都会。"南宋学者李石《南楼赋》云："山维东蜀，如连如伏，此贞观之所以建督府，而我宋之所以壮龙邸也；水控内道，或正或谲，此刘裕之所以策谯纵，而鲁奇之所以抗闰孟也。"

图 2-1　宋代蓬溪县城西鹫峰寺白塔（余水清画）

遂州因是徽宗潜邸，自州升府，是为大藩，故宋代的遂宁府知府大部分为"重臣法从"，即皇帝近臣。如殿中侍御史、杜甫十三世孙杜莘老（1107—1164），宋高宗绍兴三十一年（1161）冬以显谟阁知遂宁府。刘光祖（1142—1222），宋宁宗时以宝谟阁待制知遂宁府。礼部侍郎宁宗庆元五年（1199）状元许奕（1170—1219），宋代嘉定初知遂宁府。宋代著名蜀学家、政治家魏了翁（1178—1237），宋代嘉定初知遂宁府。兵部侍郎杜孝严（1178—1237），嘉定中以华文阁待制知遂宁府。更有"丹棱四李"：李焘，南宋著名历史学家，在遂宁知府任上完成《续资治通鉴长编》；李熹，李焘弟，知遂宁府时治民以宽厚存心，凡地方无名之赋悉奏蠲免；李壁，李焘子，以端明殿学士知遂宁府，平张福之乱；李埴，李焘七子，以焕章阁待制知遂宁府，政主简静。一家四人先后担任遂宁知府，均有善政。

这些著名政治家、学者、诗人在遂宁府任职期间，大都关心民生、发展经济、振兴文教，留下了不少动人的诗文。最具代表者有李焘、李新、李石、魏了翁等人。

北宋徽宗宣和年间（1119—1125），遂宁府知府的马咸（号清虚先生）撰有《遂宁好》一词并序："武信旧藩，遂宁新府。乃东川之会邑，据涪水之上游。人物富繁，山川洒落……宴东馆之靓深，傲北湖之清旷。遂宁好，胜地产糖霜。不待千年成琥珀，直疑六月冻琼浆。"在此之前，宋神宗熙宁年间遂州知州向哲始创了这个词牌。马咸依律而歌，可惜今天只留存下来一首。但是，仅仅这一首词，便给我们展现了宋代遂宁府经济和文化发展的繁荣。

宋代遂宁本地诗人的代表为著名学者王灼。王灼，字晦叔，号颐堂，宋遂宁府小溪县（今遂宁市船山区）凤台坝人。宋代著名学者、诗人、音乐家和科学家。他所撰写的《碧鸡漫志》一书，是我国第一部词学专著。另撰有《糖霜谱》七篇，为中国第一部糖业（冰糖）科技专著。王灼在其诗词中描绘了遂宁府书台山、云灵观、灵泉山、长江县、鹤鸣山、金壁池、广利禅寺等我们熟悉的遂宁风物。

两宋时期，遂宁府高僧甚多，以船山区雪窦重显、射洪市北磵居简、大英县痴绝道冲最为知名，他们都工文善诗。雪窦重显在《送俞居士归蜀》中云："何处深栖役梦频，青城抛却数溪云。如今老大归难得，只写情怀远送君。"思乡之情，一读即知。北磵居简是宋代通泉县（今射洪市青岗镇）人，著名诗僧，今存诗歌有1600余首；著述颇多，有《北磵文集》《北磵诗集》等传世，他的著作与思想对日本的"五山文学"产生过影响。痴绝道冲禅师在对遂宁同乡船子德诚的《赞》中，抒发了浓浓的思乡之情："与师同是遂宁人，来访遗踪愧后生。当日相逢定槌杀，也教知道有乡亲。"船子为唐末遂州小溪县人，道冲系南宋遂宁府长江县人，故曰"同是遂宁人"。

两宋时期，四川进士总数达4300余人。宋代是巴蜀地区出状元最多的时代。宋代四川著名文学家有眉山苏轼、苏辙，盐亭文同，丹棱唐庚，成都范镇，安岳冯山；史学家有丹棱李焘，井研李心传，成都范祖禹，新津张唐英，成都吴缜；政治家有阆中陈尧佐，新津张商英，绵竹张浚，仁寿虞允文，资阳赵雄；学者有蒲江魏了翁、资中李石、安岳秦九韶、三台杨天惠、大邑计有功、剑阁黄裳、遂宁王灼。其中宋代四川地区进士数量前三名的州府是：第一名眉州，970人；第二名成都府，661人；第三名遂宁府，493人。眉州和成都府的进士超过了南宋首都杭州的653名进士，学风之盛，可谓登峰造极。①

两宋时期，遂宁文风鼎盛，科甲连绵，人才辈出。在宋代举行的84次科考中，遂宁有22次考上的进士在10人（含10人）以上，其中，在15人（含15名）以上的有5次：绍兴三十年（1160）22人、乾道二年（1166）29人、淳熙五年（1178）15人、嘉泰二年（1202）17人、嘉定七年（1214）15人。有宋一代，遂宁地区涌现出了谢金

① 西蜀中人：《四川历代进士知多少》，巴蜀方志公众号，2022-10-22。

（蓬溪）、于至（遂宁）、傅耆（遂宁）、张述（长江）、冯正符（遂宁）、杜陟（长江）、张行（遂宁）、李曼（射洪）、赵开（安居）、张汝霖（遂宁）、冯康国（遂宁）、杨甲（遂宁）、杨辅（遂宁）、冯檝（蓬溪）、王极（遂宁）等进士精英。出现了不少父子、兄弟、祖孙、叔侄进士，尤其是令狐氏家族，誉为科第世家，令狐氏之令狐习、宾、鹏、绛、谓、午、丙、友龙、己之、产、深、概、棐、震己等十余人均中进士。

明嘉靖《潼川志》卷之六《选举志》甲科（进士）名录载：宋代熙宁二年（1069），遂州考中进士冯正雅。九年（1076），考中张行，张述侄孙。元丰五年（1082），考中冯正卿，冯正雅弟；考中刘杰、刘得象兄弟，考中张祖闵。八年（1085），考中刘发，刘杰之弟；考中张祖参，张祖闵弟。绍兴二年（1132），考中张晓，张行之子；考中王莘，王佐之子；考中何懋，何鼎子。绍兴五年（1135）、八年（1138）、二十一年（1151），遂宁俱十二人考中。十八年（1148），考中冯杨，冯楫之弟。绍兴五年（1135），蓬溪考中赵炳，赵溥之子。淳熙八年（1181），遂宁考中李伸倚，李彦辅子。绍熙元年（1190），遂宁考中 14 人。四年（1193），遂宁考中 14 人。庆元五年（1199），遂宁考中 14 人。开禧元年（1205），遂宁考中何叔丁，何尊之之弟；考中张伯昭，张修己之孙。九年（1216），考中王极，王翔之弟；考中姚己，浩之孙；考中冯斗南，冯唐国之孙。十三年（1220），考中何式，何已之之子；考中鲜于应庚，鲜于季寅侄。端平二年（1235），考中张得一，张退之之侄，省元；考中令狐棐，令狐潩之侄；考中赵经议，宗室，赵继谓弟。

陈名扬《南宋四川宗室进士研究》（载《地方文化研究辑刊》第二十辑）说："南宋四川宗室进士主要分布在川峡四路中的成都府路、潼川府路、利州路。南宋四川宗室进士共有 111 人，从数量上来看，潼川府路宗室进士人数最多，达 89 名；成都府路次之，有宗室进士 21 名；夔州路最少，一人未载。从府、州、军、监来看，遂宁府宗室进士 39 名，高居全川第一。"

宋代遂州有张九宗书院、金华书院等。

张九宗书院，在潼川府遂宁县西南书台山下，建于唐代贞元九年（793 年）。清代乾隆遂宁知县汪世椿（湖北房县进士）在《改建书院碑记》云："《邑志》：宋嘉泰（1201—1204）中，徙置学宫于治南书台山下，其地为唐张九宗读书地。邑文学自九宗倡。是今之学宫即古之旧址。"[①]嘉庆《四川通志》载，张九宗书院"宋嘉泰初，改建儒学"。明代礼部尚书加武英殿大学士席书撰《重修学宫记》云："按宋学士郡人杨辅记载，遂宁学初无定址，至嘉泰壬戌（1202）徙至城南书台山。更三迁而至今，长此不移，今

① 杨世洪：《遂宁县志校注》（光绪五年本）上，巴蜀书社，2019 年版，第 581-582 页。

大成殿，即嘉泰（1201-1204）初迁建。”[①]《舆地纪胜》载：“书台山，在府城西南，以唐张九宗得名……今建学宫于其上。”从以上记载可见，张九宗书院很可能从唐代延续至宋代，或者在宋时重建，直到宋宁宗嘉泰二年（1202）改建为遂宁府学宫，此后，遂宁张九宗书院不复存在了。

宋代嘉定间（1208-1224），书台山附近有二雁塔，刻录唐、宋以来科甲名士，每年十人左右。殿后廊有石刻《考经》，相传为宋徽宗亲书。有宋一代，培养弟子约 800 余名。唐、宋至元，考中进士者，为全蜀书院之冠。故明代礼部尚书加武英殿大学士席书在《重修学宫记》中说：“吾邦先正，若张九宗之儒致，傅伯成之性学，五杨氏之勋业，次而令狐氏之科第，盖尝仰止二山者。”[②]宋代“令狐氏之科第”，与张九宗的儒学、傅耆的理学、杨辅杨甲兄弟的勋业一样崇高，令人钦仰。

第二节　金华书院

明嘉靖《潼川志》卷一《地理志·风俗》载：“射洪，江山秀丽，风俗淳庞，民知好义，士知好学。”

金华书院，因位于射洪金华山麓得名。宋代建于射洪县原县治金华镇西南（今金华中学校址），原为唐代著名诗人陈子昂读书处。宋元战乱时，毁坏无存。

图 2-3　陈子昂读书台（源自清嘉庆本《射洪县志》）

① 杨世洪：《遂宁县志校注》光绪五年本上，巴蜀书社，2019 年版，第 419 页。
② 杨世洪：《遂宁县志校注》光绪五年本上，巴蜀书社，2019 年版，第 420 页。

元代至正元年（1341），射洪知县柏延呈请在原址修建拾遗书院，用来祭祀陈子昂。不久，柏延离任，拾遗书院没有建成。至正九年（1349），射洪知县周镐（字廷望）慨然以建拾遗书院为己任，在选择书院地址的时候，于瓦砾中得到一块宋代残碑，碑上额题为《金华书院记》，始知宋代曾在此地建立过金华书院，于是捐俸重修。第二年（1350）秋天，新建成正祠4间，塑立陈子昂像于其中。又建立了书楼、斋房和门庑等多间，并用官田300亩充作学田，收租金以供膏火。

元代遂宁进士文礼恺的《金华书院记》中阐述了金华书院修建的经过："至正改元（1341）冬，监县柏延建言，请择地创拾遗书院，又援墨池、草堂、眉山例，请建山长员，以职教祀，朝省是其言。以祠宇未葺，学田未置，下有司经度，会柏延迁秩，未果。九年（1349）春，周侯廷望来尹县，巡视县治之西，前界庙学之壖，后枕金华之麓，有隙地焉。芟薙，规为蔬圃，偶于瓦砾中得仆碑，虽漫，其题识云《金华书院记》。侯惊且喜，曰：'方议相攸址，不图前代已有其处，且名副其实，岂可复易？'于是捐奉鸠材，募工董役。越明年秋八月，仍故基构正祠四楹，位先生像于中。又明年春二月，构书楼、门庑、斋房若干楹。"

由此可知，元代在建金华书院时，发现一块前代宋碑，名为《金华书院记》，证明宋代射洪县已经创建了金华书院。

明代末年，书院不幸在战乱之中毁坏。

清代乾隆十九年（1754），射洪知县宋景涞（浙江仁和进士）重建金华书院。乾隆二十七年（1762），射洪知县何辰（顺天宛平举人）补修。清代道光中，射洪知县钱秉德（浙江举人）又募金增修，延师课士，并亲自给学生讲授程朱学说。清末射洪才子邬建侯题金华书院联云："教成子弟龙相似，清到先生鹤不如。"光绪二十七年（1901），金华书院改为射洪县第一高等小学堂。

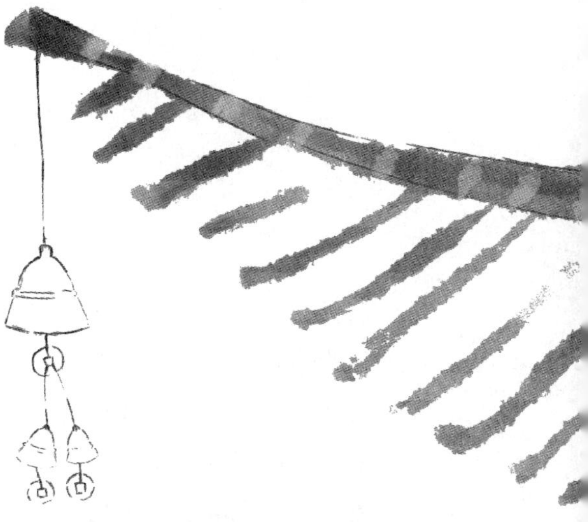

第三章　遂宁元代书院

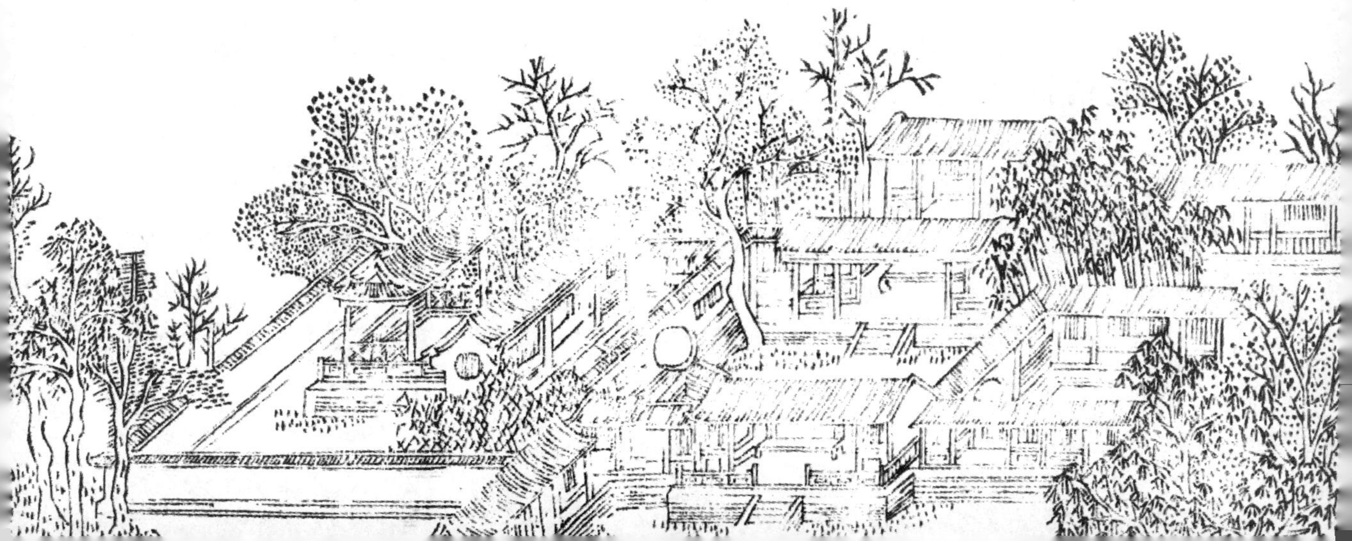

第一节　概述

元代，是书院扩展期。元代统治者不仅仅是草莽英雄，他们对儒家文化也比较重视。大军过处，明令保护书院、学校。在元代，我国书院走上了越来越宽广的道路，以多姿多彩的文化教育功效，为古代书院历史增添了一抹绚丽的色彩。元代，全国书院总数 296 所，四川书院总数 11 所，四川在全国位居第 11 名。究其原因，主要是宋元在四川长期战争的影响。

宋末元初，巴山蜀水经过长期残酷的战争，灶冷无烟，人口骤减，土地荒芜，部分州县已无民可治。朝廷于是颁定标准：五万户以上为上州，三万户以上为中州，其余为下州；三万户以上为上县，一万户以上为中县，其余为下县。各地州县，或废或降或并或省：成都路变动州县 19 个，广元路 27 个，顺庆路 17 个，潼川路 15 个，重庆路 14 个，夔路 8 个。其中，潼川府仅辖 4 县，即遂宁州的小溪、蓬溪和绵州两个县。

元代至元十九年（1282），合并青石、遂宁两县入小溪县（治今遂宁市船山区），长江县并入蓬溪县，改遂宁都督府为遂宁州，隶属于四川行中书省潼川府（治今三台县潼川镇），遂宁州辖小溪、蓬溪两县。

至元二十年（1283），通泉县因为战乱后土地荒废，合并入射洪县，隶属于潼川府。

南宋末年，四川一直作为抗元的最前线，蒙元军队的大虐杀导致四川人口几遭屠尽，天府之国一夜之间化为焦土，蜀学微绝，文物泯尽。终元一世，四川只出了 62 位进士。纵有点点微光，但终究不过流萤。

遂宁在宋元战争中也惨遭荼毒，唐宋以来数百年文明积蓄毁灭殆尽。遂宁望族纷纷出川，流寓于荆湖、江南等地，其中以谢端家族、王璲家族为代表。有元一代，遂宁经济不振，但在文学上，也有所建树。代表作家有二：一为文礼恺，一为谢端。

文礼恺，字梦得，元代遂宁（今船山区）人。博学多才，元仁宗延祐二年（1315）考中进士。其文章，雅重于时，人们誉为“朝阳鸣凤”。 文礼恺代表作有《重修旌忠庙记》《金华书院记》《张横渠先生祠记》《修岐山县庙学记》等。

谢端（1279—1340），字敬德，号桤斋，四川遂宁（今船山区）人。元代著名文学家，《元史》评价他说：“元世蜀士以文名者，曰虞集，而谢端其次。”谢端作文高古，不同流俗，简洁有法，辞旨微直，代表作有《加封孔子父母制》《贺亲祀南郊表》等。其诗雄逸，具有唐风。曾参与修纂《英宗实录》《明宗实录》《文宗实录》《宁宗实录》和《累朝功臣列传》等典籍。《元史》云：“至顺、元统以来，国家崇号，慈极升祔先朝，加封宣圣考妣，制册多出其手。”当时人们都称赞谢端具有史才。

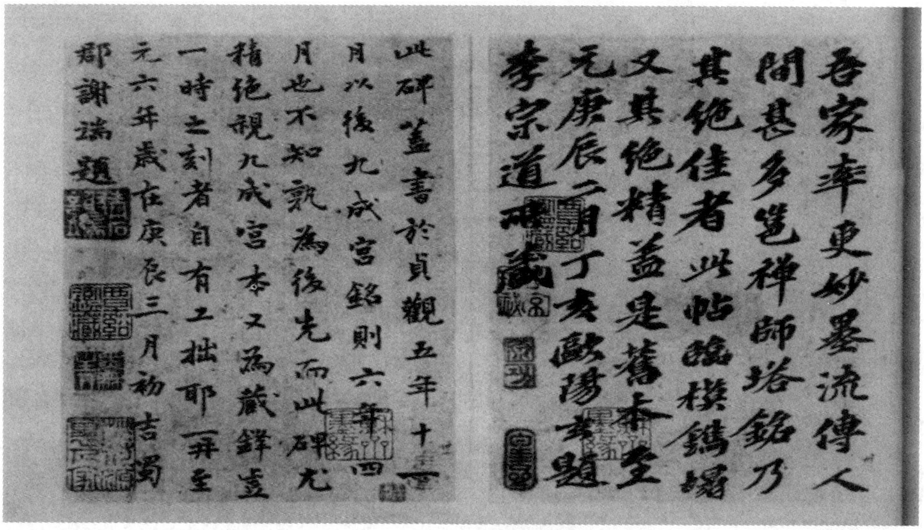

图 3-1　谢端跋欧阳询跋《化度寺邕禅师塔铭》

元代遂宁文化衰退，教育式微，进士仅有 6 人，除文礼恺、谢端外，还有：

王献，元代至正十年（1350）进士，官将仕郎、邛州判官。

何玙，元代至正二十六年（1366）进士。

冯元，字如晦，元代至正间进士。工隶书，通五经，为学者所推崇。累主四川贡举，多得人，后来隐居不仕。家虽贫，性好施舍，助人为乐。

许维祯，字周卿，进士。元代至元十五年（1278），出任淮安总管府判官。

第二节　拾遗书院

拾遗书院，在宋代为金华书院，后毁于战乱，因此又名金华书院。元代于原址重新建立，位于射洪县治（今射洪市金华镇）西南。明万历《重修潼川州志》卷四载：“拾遗书院，在县西南。”

元代文礼恺《金华书院记》载：“国家自延祐始设科，悉革浮靡陋习，专选经明行修之士。故天下郡县，凡先哲著德立言有功于名教，往往即其生长燕游之地，祠而奉之。因即其祠，增馆舍，贮经籍，延师儒以讲道，遵前贤，励后学也。唐拾遗陈子昂先生，梓之射洪人，其读书址在县之金华，其墓在县之独坐，其文翰议论在史册，天下学者，至今景慕如在目前。至正改元（1341）冬，监县柏延建言，请择地创拾遗书院。”

拾遗书院，于清代又重新更名为金华书院。

清代潼川府知府沈清任（浙江杭州人，乾隆进士，翁方纲同年好友）撰有《金华书院讲堂跋》一文，载于清嘉庆《射洪县志》卷十五《艺文志》中。跋云：

> 陈伯玉先生，为初唐诸儒冠冕，所为诗文，一洗六代淫靡之习，金华山读书台，其遗迹也。后人思其明德，创修书院，为诸生肄业之所，即金华为名，亦高山仰止义耶？长白绩公松亭，以天潢名士，出宰蜀疆，权篆斯邑，大兴文教，葺而新之，属余书“讲堂”二字悬额其中。诸生之肄业者，履其地而思其人，能以拾遗为镜而景行焉，庶不负培养之意也欤！

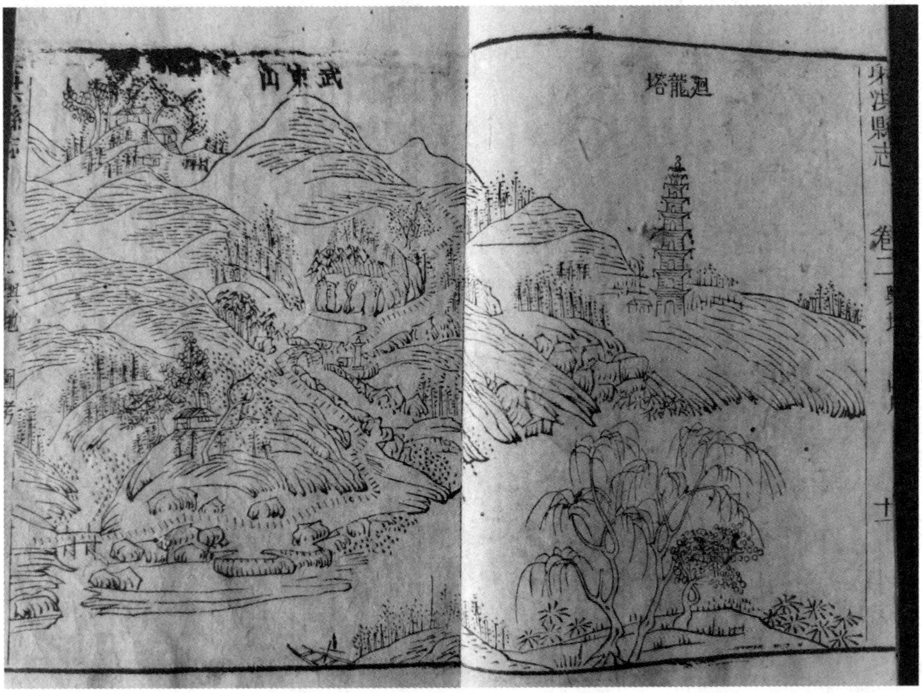

图 3-2　陈子昂出生地射洪武东山（源自《射洪县志》）

清代金华书院有《学规条约十二则》，载于清嘉庆《射洪县志》卷八《学校志》。具体内容如下：

> 一、为学之道，莫先于忠孝大节。山长于每月之朔望日，引诸生宣讲圣谕广训数条，俾学者晓然于君亲大义。凡有奉到上谕，关系士习风俗者，皆宜敬谨誊缮，悬贮讲堂。又凡奉上宪刊发《学约遗规》等书，各移贮一部。每逢会讲经书之期，务须宣读上谕，并拈讲《学约遗规》数则。此皆切中学者身心之要，使之触目警心，知所遵循。

二、作圣之基，莫切于朱子《小学》一书，许鲁斋曰：“《小学》一书，吾信之如神明，奉之如父母。”今人溺时文，艳科第，不能居敬穷理、置身圣贤之域者，只缘少此一段工夫。学者果能于此中加意寻求读书乐处，不患不成大器矣。

三、曾子曰：“以文会友。”学者考文所以证道，证道所以修身。古者以诗书六艺之文教弟子，非徒帖括了事也。诸生执经请业之余，习礼歌诗，从容涵咏，凡射御书数等类，皆宜留心学习；推而上之，天文地理兵农礼乐之精微，讲究贯穿，卓然可见之施行。如程伊川称安定之门人，往往知稽古爱民矣，则于为政也何有？夫稽古者，经义斋之事也，爱民者，治事斋之事也，其门人如范纯仁、钱公辅、刘彝、孙觉辈，文章经济皆从两斋工夫做出。学者尚其善为取法焉可矣。

四、书院之建，既在城市，一切非礼之事，尤易陷溺人心，引入邪僻。近来风气，在书院肄业者，赌博淫秽往往不免，其端在不知廉耻故耳。孟子曰：“耻之于人大矣。”不耻不若人，何若人有？古人云：廉耻已丧于未仕之前，功名可想于既仕之后。凡有蹈此辙者，急宜痛惩前非，当思读书为圣贤地步，作文代孔孟立言，谨言慎行，砥砺名节，则心术正而士气振矣。

五、制艺各有渊源，上者取精经史，融会传注，次者亦必遵循理法，出入大家。虽立意遣词，标新领异，才各不同，总宜格遵功令，以清真雅正为主，不得为无稽之谈、险怪之语。且得失穷通，自有定数，平时书院会课，先存侥幸之心，舍其在我，好为诡御，即此心术不端，他日必非善类。防微杜渐，作者阅者不可不慎。

六、书院启馆之后，山长率领肄业生童，每月朔望日恭谒神座，行四拜礼；师生行三揖礼。初二、十六两日会讲；讲毕，有愿习射者，于射圃各射箭五枝。初三、十八两日课文。每岁四仲月下旬，则为大会；宣讲之后，乃课文艺。凡肄业及取准附课之人，是日务期齐集，毋得一人不到。（按，宋元间，书院后旧有陈公祠。今拟修祠未果，朔望日行香无地，姑俟之异日可矣。）

七、肄业生童，必经官考，选素行端谨、文艺卓越之士，方送入书院肄业，不得滥觞。其或乡居道远，或现在训读，不能入院肄业者，亦一体考取，准其附课。

八、书院每岁必须延请山长，总于本邑宿彦中，求其学优品高、众所推服者，礼聘掌教。如邑中果不得其人，乃于四方延请，慎毋令请席久旷。倘有闲缺时日，节省费用，务宜存积，以便增置田产，扩充屋宇器物，不得移充他项公用。官长及在院诸生，互相稽察，庶免侵渔。

九、书院乃讲学育才之地，理宜静肃。在院肄业会课者，方许住宿往来，一切闲人，禁止出入。地方官长，率同绅士护持，不得借作公廨，并僦寓外人，以免作践。

十、书院旧有斋长，今每岁于肄业生员中，公举二人，经理督率院务，并理一切经费出入，岁终公同核销存案，不得假手书吏，致滋弊端。

十一、书院学田十余处，岁共收租钱三百余千，除山长束脩月费外，其余概作肄业生童膏火奖赏。其在院肄业准取正课者，每月给与膏火，会课之期复给奖赏。其未在院肄业，仅取附课者，有奖赏无膏火。

十二、学夫一名，在书院居住，平时司启闭，供洒扫，典司院内器皿以备用。每年酌给工食钱十二千，使有专责，毋得推诿。

学规作为一种重要的教育教学规章制度，能够有效地规范和约束书院师生的言行举止，保证书院教育培养、目标的顺利实现，在书院发展史上起着非常重要的引领作用。

书院学规，自宋代初具规模，明代基本完善。清代以来，种类繁多，涵盖了学约、学则、学箴、戒条、教条、章程和教规等，内容也更加完善丰富，涉及到办院宗旨、修身养性、治学门径，以及祭祀、图书、经费、告假、诉讼、戒吸食鸦片及嫖赌等，体现了崇儒重学的价值倾向和制度化管理的追求，值得我们深入探究，以资借鉴。

清代金华书院有学田十余处。清光绪《射洪县志》载："嘉庆六年，邑处士黄正伦，子维栋、维梁，施大榆坝二郎庙侧公产一业，岁收佃租钱一百四十千。其余大小学田共十五处，岁收租钱一百七十余千。本城及柳树镇集规杂项，岁共帮入书院钱数百千。俱作每岁山长束脩及肄业生童膏火之费。"①

金华书院藏书丰富。清乾隆时期，潼川府知府张松孙（1730—1795，江苏苏州人）十分重视潼川府所辖各县书院藏书：

予于癸卯（1783）初冬莅梓州任，两年来，既已重修郡城文庙，葺治书院，添建草堂，合祀李杜两公矣。每行部至属邑，谒庙之后，必诣书院，与生徒考业课功，有可造就者，酌示鼓励而奖观之。询书院，中俱乏书文存贮。夫郡县，于学校之外，复设书院，延请名师训练，实为乐育人才之地。乃慨夫蜀省素少藏书，而坊肆绝无善本。版科两试，校阅生童文字，或认理之不明，歧涂滋谬；或措词之鲜当，隔膜贻讥；甚连篇别字，似是而非。皆由家

① 四川省射洪县地方志编纂委员会：《历代射洪县志汇编》，1995年版，第449页。

弦户诵之书，不辨亥豕鲁鱼之谬，以讹传讹，恬不为怪。是以英敏者每师心之自用，空疏者恒数典之多忘，病入膏肓，莫可救药。予为振兴起见，爰于江南捐俸远购书文数种，札发各县，转发书院，交塾师收贮训课，另册造入，交代只许在院肄业生童互相写传诵，不得携散失落。有志读书士子，萤窗雪案，务须发愤攻苦，寸阴自惜，以期奋翮青云，有厚望焉。[①]

书院藏书书目如下：

《四书体注》一部、《古文赏音》一部、《左绣》一部、《新刻离骚》一部、《题镜》一部、《唐人试帖》一部、《存真集》一部、《发蒙小品》两部、《王罕皆八集》一部、《后八集》一部、《明文初学集》一部。

① 四川省射洪县地方志编纂委员会：《历代射洪县志汇编》，1995年版，第179-180页。

第四章　遂宁明代书院

第一节　概述

在明代，书院继续发展。从明代洪武至天顺年间（1368—1464），全国创建和兴复书院 140 多所；成化至弘治年间（1465—1505），创建和兴复书院 170 余所。书院向边疆地区推广，云南、甘肃、东北辽东地区第一次出现了书院。明代书院的全盛期在正德年间，书院的鼎盛得益于王阳明（1472—1528），他是朱熹之后的又一位大儒，“心学”创始人。心学新理论的崛起，推动了书院的复兴，最终使得明代书院的建设进入了一个辉煌的时期。明代，四川书院有所发展。据胡昭曦《四川书院史》统计，明代，全国书院总数 1699 所，四川书院总数 95 所，四川在全国位居第 13 名。

明嘉靖《潼川志》卷一《地理志·形胜》载：“遂宁，剑南大镇，西接成都，东连巴蜀，乃东川之会邑，据涪水之上游。节度使夏鲁奇檄曰：‘有城如斗，有璧如金。’李石《赋》曰：‘山维东蜀，如连如伏，此唐贞观之所建都府而我宋之所以壮龙邸也。’”明嘉靖《潼川志》卷一《地理志·风俗》载：“遂宁，民勤耕织而少工商，士习诗书而敦礼教。马咸曰：‘人物富繁，江山洒落。’冯玄曰：‘人心信厚，不下齐鲁。’”

明洪武九年（1376），全国实行改行中书省为承宣布政使司，废路改府，省州改县，后又废府改州。布政司使下设府（州）和县两级。遂宁州降为遂宁县。明代基层实行里甲制。明洪武十四年（1381），编赋役黄册，以 110 户为一里，10 户为长，100 户为十甲，每一长统十甲，名称叫一图。明代遂宁县，一共编为 17 里，即：在城里、仁信里、善荣里、忠诚里、大炉里、安居里、大宾里、兴贤里、福昌里、永乐里、乐安里、河郁里、大安里、安仁里、淳化里、大昌里、昭化里。蓬溪县，编为 6 乡，即：蓬溪乡、安通乡、永安乡、茸山乡、鹤鸣乡、仁和乡。射洪县编为 4 乡，即：务本乡、沿流乡、怀德乡、丰乐乡。

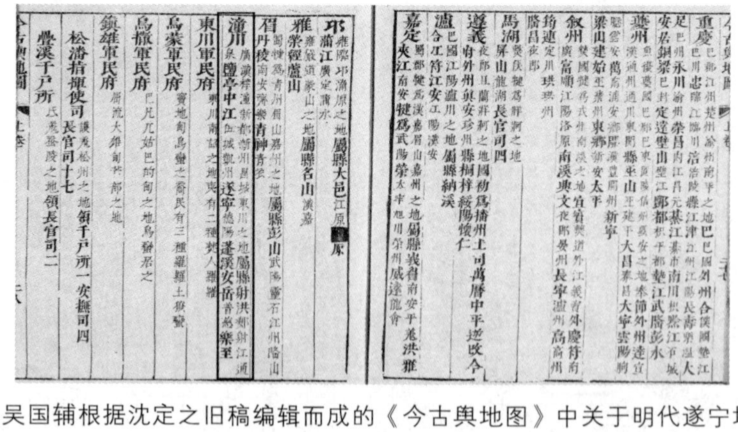

图 4-1　明吴国辅根据沈定之旧稿编辑而成的《今古舆地图》中关于明代遂宁地区的记载

（来源：蓬溪县博物馆）

明代后期，遂宁经济文化逐渐恢复，人口逐步增长。据明代嘉靖《潼川志·赋役志》记载：

> 遂宁县 户：二千一百八十有三（军户四百七十有七，民户一千四百二十有一，杂户二百八十有五）。口：三万三百一十有七（男一万六千四百有六，女一万三千九百一十有一）。
>
> 蓬溪县 户：八百六十有一。口：一万一千四百一十有一（男五千八百四十有六，女五千五百六十有五）。
>
> 射洪县 户：五百七十有二。口：一万一千六百九十有五（男六千五百六十有五，女五千一百三十）。

由此可知，明代嘉靖时期，遂宁县 30 317 人（男 16 406，女 13 911）；蓬溪县 11 411 人（男 5 846，女 5 565）；射洪县 11 695 人（男 6 565，女 5 130）。

明代四川省考中进士 1427 人，位列全国第 8 名。明代四川进士的数量和质量虽然不能与江浙地区相比，但是亮点颇多。著名的进士有杨慎、杨廷和、席书、黄珂、赵贞吉、陈以勤、陈于陛、杨最、任瀚、黄辉、杨名、陈讲、任渊、熊过、晏铎、谢东山、张佳胤、吕大器、吕潜等，均知名于时。

遂宁县明代进士 27 人，居四川全省第 10 名；蓬溪县明代进士 9 人，居四川全省第 23 名；射洪县明代进士 7 人，居四川全省第 24 名。

据明代万历《潼川州志》记载，遂宁科第连绵，名宦辈出，诞生了王璲、席氏三凤（席书、席春、席象）、杨氏父子（杨澄、杨最）、陈讲、黄氏父子（黄珂、黄华）、章评、杨氏兄弟（杨名、杨台）、谢东山、谭氏兄弟（谭缵、谭维）、吕氏父子（吕大器、吕潜）、李实、杨甲仁等著名人物。从明代遂宁县桥梁名称和牌坊名称，可以概见遂宁科第兴盛、名宦甚众。

明代遂宁县桥梁有：御史桥，在县东；翰林桥，在县南；尚宝桥，在县北；金紫桥，在县西；探花桥，在广德寺前；清风桥，在县北七里，席书有《记》；宫保桥，在县西二十里。这些桥梁，均是以明代遂宁名宦官职命名的。

明代遂宁县坊表有：尚书里：黄珂。父祖尚书：席瑄、席思恭、席祖宪。兄弟学士：席书、席春。乡会文魁：席象。柱国少保：席书。尚宝正卿、小宗伯：席中。探花及第：杨名。兄弟元魁：杨名、杨台。世进士凡二：黄珂、黄华；徐纲、徐承嗣。桥梓联芳：赵澹、赵春。云汉天章：章评。文运维新：杨台、刘惟一、黄岗。

明代蓬溪县坊表有：世科：谭宣、谭宗泗、谭阊、谭缵、谭维。翔凤：罗贤。腾霄：苏惠和。鹗荐：任德。进士：张庠。登科：徐仁。攀龙：陈大本。封君：谭宗简。祖孙进士：谭宗泗、谭阊。兄弟进士：谭缵、谭维。龙门第一：郭谟。

明代射洪县坊表有：绣衣、都宪：杨澄。太仆、继奎：杨最。司马：杨仪。科甲联芳、云青继美：刘贤、刘迥。父子进士、父子同科：杨澄、杨最。

据《杨忠节公家谱》《射洪县志》《蓬溪县志》等载：杨澄父亲杨绍广，明代蓬溪县仲家滩（今蓬溪县常乐镇仲家桥）人，本姓仲，为蓬溪仲海山子，射洪杨景安甥。杨景安无子，绍广遂承其嗣，为射洪杨氏立业始祖。

明代宣德七年（1432）乡试，蓬溪考中谭宣，字克明，治易，中亚魁，仕河源知县。谭氏祖籍湖北，明初入蜀，卜居蓬溪县赤城，入川始祖为谭希哲。谭宣为希哲之曾孙。有明一代，蓬溪谭氏有 6 人考中进士，为蜀北望族。

正统六年（1441）乡试，遂宁考中黄宗泗，字崇鲁，仕大姚知县，均徭平赋，纾罚省刑，平苗乱，卓有政绩。著有《南庄集》。卒年七十有八，以子珂赠南京工部尚书。

正统十二年（1447）乡试，遂宁考中张睿，字希贤，仕福建盐运司同知。

景泰七年（1456）乡试，遂宁考中苟登，字从善，天赋之子。

天顺三年（1459）乡试，射洪考中杨澄，字宪父，中成化五年（1469）进士，出巡山西，大振风纪。子最，以风节著闻，人谓其有后云。

成化元年（1465）乡试，蓬溪考中谭宗泗，中成化八年（1472）进士，授贵池知县。

成化四年（1468）乡试，遂宁考中潘伦，字孟彝，潘敏之孙，仕海州学正。徐纲，字廷宪，中成化十四年（1478）进士，授江阴知县，老成长厚，实心爱民，升大理知府，入觐过家，以病卒。

成化十三年（1477）乡试，遂宁考中张猷，字大升，仕武清训导。黄珂，字鸣玉，宗泗子，登成化二十年（1484）进士。丙子（1516）升工部尚书，越明年四疏乞休，始待允，给驿还乡，仍令有司给米三石、舆隶三人。今上登极元年（1522），以尊号推恩，进荣禄大夫。是冬（1522），以病卒，赠太子少保，谥简肃，遣官祭葬。大学士杨廷和志其墓。

成化二十二年（1486）乡试，蓬溪考中苏惠和，出任湖北保康首任知县，勤政善政，施德于民，为著名廉吏。明万历《潼川州志》载："苏惠和，蓬宁人，明成化二十二年举人，历仕保康县知县。"蓬宁，"蓬溪"之误。

谭缵，字符孝，四川蓬溪县人。正德十二年（1517）进士，与弟谭维一门兄弟进士，时人立石坊以扬名。官御史。初授行人，外升江西道监察御史，议大礼时，被廷杖。又参劾权贵强夺民田事，几遭不测。嘉靖七年（1528）建知德书院，撰有《增修厄台改为绝粮祠知德书院碑记》。嘉靖十年，谭缵与端廷赦、唐愈贤交率劾之，张璁因此还乡。历官巡按直隶、信阳兵备副使。嘉靖十一年（1532）升河南副使，不久退休，卒。著有《宝梵寺修造记》，又有《钱氏为陶记碑》。谭缵之玄孙谭文化、谭文杰、谭文在，均举人。岁贡谭冠，仕通判，擢同知，以子谭闾赠奉政大夫。岁贡谭廷楠，谭维之孙。

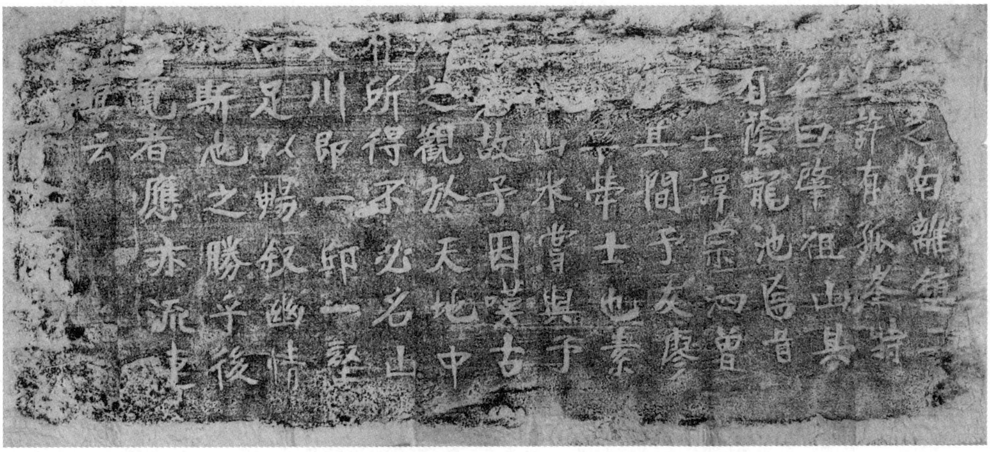

图 4-3 明代蓬溪进士谭宗泗（1438-1497）肇祖山荫龙池摩崖石刻，位于今大英县天保镇（欧阳福提供）

明代遂宁私学发达，书院较多，有 10 余所，分别是：

斗城书院，明嘉靖九年（1530），遂宁知县郑重威和被贬家居的太史杨名创办在城中百福寺前，初名“武信书院”，后改名“斗城书院”。万历《重修潼川州志》卷四载：“斗城书院，在治东，嘉靖九年知县郑重威建，杨名有《记》。”清康熙六十一年（1722）秋，迁于县署西边，改称“松峰书院”。乾隆十二年（1747），迁松峰书院于文昌宫，称“鱼山书院”。四十三年（1778），再迁于城南学宫右侧书台山，更名为“书台书院”。光绪三十一年（1905）改为遂宁县立高等小学堂。

梵云书院，在遂宁城南梵云山开善寺，于明初创办。明正德十四年（1519）乡试解元、后任兴平知县的章评，曾在此讲学。

黄南庄书屋，位于遂宁市安居区玉峰镇蕨山，明代创建，进士黄宗泗读书处。明万历《潼川州志》卷五载：“蕨山寺，南四十里，上有黄南庄宗泗书屋。”

黄简肃书院，位于遂宁广德寺附近。明万历《潼川州志》卷五载：“广德寺，在卧龙山麓，唐克幽禅师修，正统间赐额，上有黄简肃公书院。”黄简肃，即明代南京工部尚书黄珂，谥“简肃”。

三仲书堂，在遂宁长乐山，明代遂宁席书、席春、席家读书处。明万历《潼川州志》卷五载：“龙峤寺，在长乐山，上有三仲书堂，席少傅兄弟读书处。”

方洲书屋，明朝嘉靖十二年（1533）创建，在遂宁横山镇蟠龙山，为明时太史杨名（字方洲）讲学处。一说在船山区凤台坝。

五休书院，位于射洪市金华镇上方寺，明代创建，杨澄晚年读书处。明万历《潼川州志》卷五载：“上方寺，北一里，有五休书院，杨中丞澄致政归创建，为游适之所。”

瑞芝书院，位于射洪市金华镇，明代射洪进士杨仪创建。杨名撰有《射洪瑞芝书院记》，载明代嘉靖《潼川志·艺文志》。

赤城书院，位于蓬溪县城西南，嘉靖二十三年（1544）蓬溪知县陈扆建。明嘉靖《潼川志》卷二《建置志》载：“赤城书院，即预备仓旧址，知县陈扆建。”

蓬莱书院，明万历三年（1575），蓬溪知县李建中创立于县东门丰泽庙左侧（原芝溪区公所处）。清雍正十一年（1733），知县王允浩重修。

石鱼书院，明天启元年（1626）创建于蓬溪城东石鱼山文昌阁后（今赤城植物油厂后），清初停办。

梅山书屋，明朝时创建，在遂宁仁里乡灵泉寺侧，为明朝进士、司谏席彖的读书处。席彖号梅山，书院因此得名。明万历《潼川州志》卷五载：“资圣寺，在灵泉山，上有席司谏书屋。”

双凤书屋，明代创建，在遂宁凤台坝，明代席书、席春、席彖读书处。明万历《潼川州志》卷五载：“凤台寺，上有双凤书屋，席太史兄弟读书所也。”

云丰书院，一作云峰书院，明朝末年由遂宁会龙场（今安居区会龙镇）乡人筹资创建，后遭兵燹。清道光五年（1825），乡人周、严两姓捐资重建。光绪二十四年（1898）维新变法后，改为“云丰蒙养学堂”。民国初年改为县立第十高等小学校。

第二节　斗城书院

斗城书院，明嘉靖九年（1530），遂宁知县郑重威和被贬家居的探花杨名创办在遂宁城中天上街百福寺前，初名“武信书院”，因遂宁别称“斗城”，故后改名为“斗城书院”。

明万历《重修潼川州志》卷四载：“斗城书院，在治东，嘉靖九年知县郑重威建，杨名有《记》。”

清代乾隆十二年（1747）《遂宁县志》载：“斗城书院，在治东百福寺（即万寿寺）前。嘉靖九年（1530），知县郑重威建，后为席文襄祠，今祠废，有文襄祠堂碑四座存焉。”

郑重威，字子修，号东溪，明代湖北监利人，嘉靖五年（1526）进士。后出任遂宁知县，修建遂宁斗城书院，养育学子，遂宁遂有弦歌之风。后擢升四川按察司副使。

图 4-4　遂宁县书院图[来源：清乾隆五十二年（1787）《遂宁县志》]

杨名（1505—1559），字实卿，号方洲，明代遂宁县凤台坝（今遂宁市船山区新桥镇凤台村）人，一说为遂宁市安居区聚贤镇凉亭沟村银杏湾人。嘉靖七年（1528）四川乡试考中解元（全省第一名）。嘉靖八年（1529）殿试考中探花（全国第三名），授翰林院编修，后任经筵展书官。嘉靖十一年（1532）十月，彗星出现，嘉靖帝下诏求建议。于是杨名应诏，两次上书提出建议意见。杨名说嘉靖帝喜怒无常，心中有偏向，又弹劾当朝权贵吏部尚书汪鋐心行反复。嘉靖帝看了杨名上疏后，十分震怒，命将杨名投入监狱，发配戍守瞿塘卫（今湖北省宜昌市）。第二年，杨名才获得释放。朝廷大臣们多次推荐杨名任职，但始终没有起用。杨名家居遂宁二十多年，侍奉亲人，撰写《遂宁县志》，阐扬心学，发宏文脉，为遂宁文化所作贡献颇多。受四川巡抚刘大谟聘请，杨名与杨慎、王元正等人纂修有嘉靖《四川通志》。又修有嘉靖《大昌县志》（佚）。晚年，杨名在遂宁蟠龙山方洲书屋（位今船山区新桥镇凤台山）讲学授徒，提携后进，士民赞颂不已。杨名病卒后，安葬在遂宁县三溪之麓（今遂宁市船山区新桥镇凤台坝石马坪）。明穆宗隆庆皇帝即位，赠杨名为光禄寺少卿，入祀遂宁乡贤祠。杨名曾编夔州府三贤祠所祀周敦颐、王十朋、宋濂诗文，名为《三贤集》，共三卷。所著多不留稿，撰有《杨太史文集》（明嘉靖刻本）、《方洲集》（五卷），小说《犹及编》《观槿野言》《庚辛集》及诗文 40 卷，均佚。《皇明经世文编》录有《杨太史奏疏》，为嘉靖十一年十月杨名第二次上嘉靖皇帝书，千古名篇，至今彪炳。《明史》《明史稿》《国朝献征录》《名山藏》《皇明应谥名臣备考录》《明名臣言行录》《四川通志》《潼川州志》《遂宁县志》《巫山县志》等史乘，均有杨名传记。

杨名《斗城书院记》，载于明万历《重修潼川州志》卷四十《艺文志》中。杨名在《斗城书院记》中首先阐明创建斗城书院的目的是彰文献、储异才，他说："书院之建，非制也，然名郡巨邑必有之。盖以彰文献、储异才焉耳。"然后说："遂宁在蜀为腹，山川之奇，自昔称胜，人物文章，未可甲乙，顾独无此何与？"即遂宁为蜀中奥区，钟灵毓秀，人才辈出，但是还缺乏书院。

该书接着叙述遂宁知县郑重威创建斗城书院的经过：湖北监利进士郑重威，任遂宁知县一年，政绩显著，于是拜访父老，创修书院。郑重威亲自选择修建书院地址，最终确定在遂宁百福寺前通道修建书院。撤除百福寺金刚殿三楹，又购买民居空地，拓展地址，使书院地址既深且广。然后选择良辰吉日，动工兴建，指授规划，均亲力亲为。

斗城书院，规模宏广。书院后面为三间祠堂，用来祭奠遂宁历代先哲。祠前为两间厢房，用来放置祭器和书籍。中部为五间寝室，用来休息。中部两间厢房，供卫卒住宿和供厨房使用。前面为五间厅房，其中三间，供书院山长和教师居住。厅堂下两旁为十间书楼，左右对称。楼外为仪门，出南面数十步，为三面大门。大门上方匾额为："武信书院"。书院四周建有高大的垣墙，垣墙长 330 多米。所有修建所需费用和木瓦，都由佛寺提供。开工于嘉靖九年庚寅（1530）夏五月，落成于冬初。仅仅用时五个月，修建速度很快。

书院落成，遂宁典史李铠，率领遂宁县父老到杨名家里，请求杨名为斗城书院撰写一篇记文，杨名愉快答应下来。从此，斗城书院也名载史册、流芳百世了。

第三节 梵云书院

清代遂宁知县郭维宁赞扬遂宁说："涪水左潆，梵云右峙，沃野平畴，山川洒落。"梵云，即遂宁名山梵云山。

梵云书院，位于遂宁城南船山区梵云山（今桃花山），明代创办。明正德十四年（1519）解元、后任陕西省兴平县（今兴平市）知县的章评，曾在梵云书院讲学。民国《遂宁县志》载："梵云山，县南三里。东临涪水，西枕零星池，古名梵宇山，又名中隐山，明章评讲学处，唐天宝中改名。梵云春晓，十二景之一。"梵云山上有开善寺（又名碧游寺），山中古木参天，四时景色宜人，20 世纪 60 年代中期大部分建筑被毁坏。

一、明代章评讲学于梵云书院

章评，字嘉言，号斗阳、斗阳子（斗：指斗城，遂宁的别称），明代四川遂宁人。嘉靖十三年（1534）中举第四名。嘉靖三十八年（1559）出任陕西兴平县（今陕西兴平市）知县。章评在《可为堂记》中言："岁己未，既授兴平令。"己未，即明嘉靖三十八年（1559）。在任期间，重视文化教育，以礼义教人。每到月初和月中，召集学生讲解乡俗民约、律令礼义，并用自己的薪水亲自办理这些事。在兴平县城吕楠祠堂中兴办社学，题名"真儒堂"。后来，章评又参与调查访问，搜集资料，编纂嘉靖《兴平县志》。兴平有县志，开始于章评。章评任职期间，尊崇教化，减轻刑律，使县内政通人和，百废俱兴。隆庆年间，担任陕西葭州（今陕西佳县）知州。

章评为学者蒋信（1483—1559）门人，著名心学家王阳明再传弟子，为阳明学派蜀中后学代表。擅诗文，著有《斗阳诗集》。

章评曾讲学于遂宁梵云书院。明代著名思想家、阳明学派楚中首座弟子蒋信，为章评撰有《九山读书记》。该文介绍了章评在遂宁九座名山读书证道之事，阐述了章评"万物一体"的思想。这九座山是明代遂宁最重要的九座历史文化名山，在遂宁史上占有重要地位。"九山"为：广德山（即卧龙山）、灵泉山、鹤鸣山、梵云山、蕨山、箕头山、普光山、瑞相山、上乘山。章评带领弟子们游学于"九山"："或与诸子商经论史，或从野僧看花观竹，夜或开轩纳月，独坐冥心，或浩歌送月，倾觞赋诗，九山之景虽不同，而其怀则无乎不相与适也。”（《蒋道林文粹》卷四）这真是一幅典型而浪漫的古代学者讲学图。可以说，“九山”凝结了以章评为代表的阳明学派遂宁后学的精神气韵。

清代乾隆五十二年本《遂宁县志》载：“梵云山，在邑治之西，其上为开善寺。前明邑人章子嘉言讲学之处也。中有高陵吕泾野先生（明代学者、教育家吕楠）撰书《碑记》。颇详求仁之功，褒章子而勉其从游梵云之上者。夫言仁，洙泗之旨也，而于寺碑及之。则兹山之佳境，其有资于仁者，可想矣。盖厥势耸拔，厥形奇伟，四时之景，无不可爱，而莫妙于春，莫宜于晓。面东皇，迎朝旭，冲融天理之机，平旦光明之象，举可登其上而悟之。吾观旧志载章子之文，如记《王道街》《可为堂》诸作，其理粹然，其旨渊然，有春温和煦之气，具广大清明之概，岂其徘徊胜地，浏览风光，而藉以体吾仁者有素耶？”①

明代学者、陕西高陵人吕柟（1479—1542）撰《梵云寺讲学跋》云：“章子嘉言自少讲学于中，舞雩之乐，固有出于烟云之外者。吾观嘉言，取善于人，虽远不弃，则其所以进乎己者，可知矣。嘉言闻人之过，必尽忠告，则其所以处乎己者可知矣。吾与嘉言论仁，虽繁多其词，广大同之量，扩平生之欲，非嘉言，谁望耶？二三子从游梵云之上，果有志于仁，则求仁之方，求仁之道，非嘉言亦何所问辨也耶。”②

清代贤相张鹏翮《题梵云春晓》云：“浪暖桃花照紫袍，春风两两送轻舠。酒醒画栋珠帘卷，月满清溪夜笛高。树想栖鸾思往事，文余吐凤忆神皋。雨香云淡无寻处，林下琴书雅自操。”③

---

① 杨世洪：《遂宁县志校注》（乾隆五十二年本）上，巴蜀书社，2019年版，第106页。
② 杨世洪：《遂宁县志校注》（乾隆五十二年本）上，巴蜀书社，2019年版，第131页。
③ 杨世洪：《遂宁县志校注》（乾隆五十二年本）上，巴蜀书社，2019年版，第107页。

图 4-5 张鹏翮像（肖志画）

清代知府张勤望（张鹏翮之孙）《别东牟士庶》云："一生无命费周章，三十年来事渺茫。祖训膺心随处守，君恩镌骨不能忘。天涯原是飘零境，海角终成离恨乡。从此得闲光化里，梵云山下稻花香。"①

清代蜀中诗冠张船山《三月十一日李驭之云骧招游梵云山开善寺醉后有作刻寺东大竹上》云："风林酒一尊，笑语清如许。竹粉香蒙蒙，吹作晴天雨。朝衫污酒痕，随意坐林壑。借问同游人，何如谢康乐？"②

二、梵云十贤

梵云书院，贤才辈出，为遂宁文化的繁荣，做出了巨大贡献。唐代张九宗，宋代

① 杨世洪：《遂宁县志校注》（民国十八年本）下，巴蜀书社，2019 年版，第 436 页。
② 杨世洪：《遂宁县志校注》（光绪五年本）下，巴蜀书社，2019 年版，第 780 页。

傅耆、冯正符，元代谢端，明代席复、黄华、章评、余玮，清代彭王垣、曾芳桐，均在梵云书院讲过学，故合称“梵云十贤”， 张九宗、谢端和章评三贤事迹书中已有介绍，特将其余七贤简介于后。

傅耆，字伯成，宋代遂州遂宁县人。嘉祐六年（1061）进士，历任校书郎、嘉州平羌县令、成都灵泉县令，朝奉大夫、知资州，迁朝议大夫、知汉州，入元祐党籍。系周敦颐蜀中门人，与程颐交游，受朱熹称许。傅耆为北宋蜀学家、理学名儒。全祖望评傅耆说：“蜀中学派，当首先生。”

冯正符，字信道，北宋遂宁人，神宗熙宁九年（1076）进士，授蜀州晋原（今崇州市）主簿。著有《易解》《诗解》《春秋得法忘例论》《论语解》等。

席复，明初遂宁县人。号横冈，师从著名学者吴澄学习经史，播学于遂宁，讲授濂洛心性之学。其后裔席书、席春、席象一门三兄弟进士，时人称为“三凤”。

黄华（1502—？），字秀卿，号梓谷，明代遂宁县人，工部尚书黄珂次子、女诗人黄峨之兄。嘉靖十一年（1532）进士，任户部主事，转郎中，督饷有功，授松江知府。历江西副使，升江西布政使，进光禄寺卿。为人端严正直，以道学为己任。晚年告归遂宁，倡明道学，激引后进甚众。后卒于家，葬遂宁楼子沟。《遂宁县志》有传。著有《麟经解义》《文集》十二卷。

余玮，字璞夫，号方山。明代遂宁进士余本实子，随宦京师，未弱冠即从内江刘五清瑞讲求理学。寄其友人曰：“大丈夫当生有益于时，死有传于后，不止一第为荣也。”弘治十七年（1504），年十九，举于乡。与杨名游，得闻阳明良知之传。撰有《五经实解》《四书实解》《方山稿》等，墓在法宝寺。

彭王垣，遂宁仁里镇人，字君藩，号觉山。生而颖异，通诸子百家，为文数千言立就。康熙二年（1663）考中举人，任顺庆府（治今四川省南充市顺庆区）教授。为文华殿大学士遂宁张鹏翮之师。事迹载乾隆五十二年《遂宁县志》卷六、卷八，《锦里新编》卷七。著有《四书纂要》。

曾芳桐（1856—1919），字虞封，清末遂宁县人。廪生，曾任芦山县教谕。修孔庙，讲濂洛之学。州府旌表于朝，去则相歌咏，为《芦阳舆颂集》。勤学，善属文，撰《孝经集注》二卷、《诗文集》四卷，门人梓行。状元骆成骧撰《曾虞封先生传》，载民国《遂宁县志》卷四。

第四节　蓬莱书院

蓬溪厚德崇文，县学、书院、义学、文庙等历史悠久，千余年来，已成为这座山水田园小城中密不可分的部分。唐永淳元年正月十七日（682 年 3 月 1 日），析方义县（今遂宁市船山区）北部，置唐兴县（治地蓬溪县鸣凤镇下寺村），此为蓬溪置县之始。唐天宗元年八月二十四日（742 年 9 月 27 日），唐兴县更名为蓬溪县，蓬溪县名，千余年未变，沿用至今。明嘉靖《潼川志》卷一《地理志 · 形胜》载：“蓬溪，左控东川，右襟涪水。后有白塔之雄峙，前有飞阁之凌云。李元作文庙记乃曰：‘襟带西巴，面及左蜀。’”明嘉靖《潼川志》卷一《地理志 · 风俗》载：“蓬溪，地灵人杰，事简民纯，农务耕桑，士敦礼让。”

图 4-6　1940 年 1 月 5 日，梁思成在蓬溪文庙棂星门（来源：蓬溪县博物馆）

从目前所掌握的资料看，蓬溪县最早建立的书院，是建于明代嘉靖二十三年（1544）的赤城书院。明代嘉靖《潼川志》卷之二《建置志》载：“赤城书院，即预备仓旧址，知县陈宬建。”赤城书院位于蓬溪县城西南，蓬溪知县陈宬建于嘉靖二十三年（1544）。陈宬，云南举人，嘉靖二十年（1541）知蓬溪县。

蓬溪县第二所书院是蓬莱书院。明万历三年（1575），蓬溪知县李建中创立于县东门丰泽庙左侧（赤城镇东街原芝溪区公所处）。清雍正十一年（1733），知县王允浩重修。

一、明代李建中创建蓬莱书院

李建中是明代伟大医药学家、“医圣”李时珍（1518—1593）的长子，湖北蕲州瓦硝坝（今属湖北省蕲春县蕲州镇东门居委会）人。《明史》卷二九九《方伎列传》中有“李时珍传”。原文如下：

> 李时珍，字东璧，蕲州人。好读医书，医家《本草》，自神农所传止三百六十五种，梁陶弘景所增亦如之，唐苏恭增一百一十四种，宋刘翰又增一百二十种，至掌禹锡、唐慎微辈，先后增补合一千五百五十八种，时称大备。然品类既烦，名称多杂，或一物而析为二三，或二物而混为一品，时珍病之。乃穷搜博采，芟烦补阙，历三十年，阅书八百余家，稿三易而成书，曰《本草纲目》。增药三百七十四种，厘为一十六部，合成五十二卷。首标正名为纲，余各附释为目，次以集解详其出产、形色，又次以气味、主治、附方。书成，将上之朝，时珍遽卒。未几，神宗诏修国史，购四方书籍。其子建元以父遗表及是书来献，天子嘉之，命刊行天下，自是士大夫家有其书。时珍官楚王府奉祠正，子建中，四川蓬溪知县。①

《明史》卷九八《艺文志三》还著录了李时珍《濒湖脉学》一卷、《奇经八脉考》一卷，并特别称颂“时珍《本草纲目》一书，用力深久”。

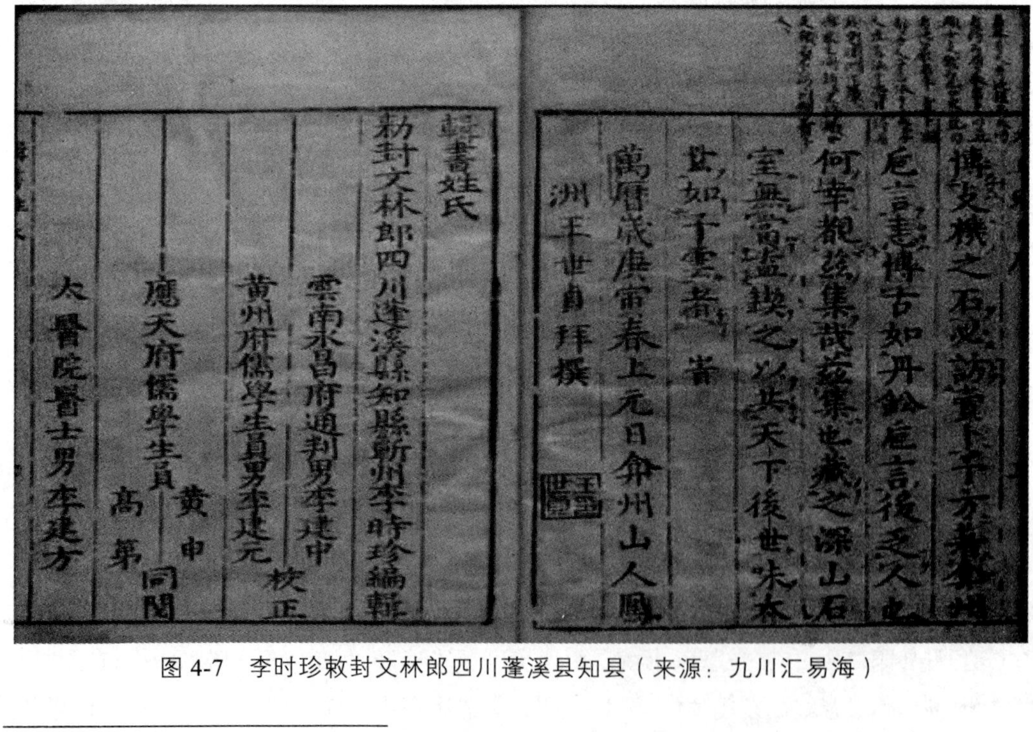
何幸覩玆集哉玆集也藏之深山石室無當盍鍥之以共天下後世味太
史如子雲者
萬曆歲庚寅春上元日弇州山人鳳洲王世貞拜撰

輯書姓氏
勅封文林郎四川蓬溪縣知縣蘄州李時珍編輯
雲南永昌府通判男李建中 校正
黄州府儒學生員男李建元
應天府儒學生員黄申 高第 同閱
太醫院醫士男李建方

图 4-7　李时珍敕封文林郎四川蓬溪县知县（来源：九川汇易海）

① （清）张廷玉等：《明史》，中华书局，1974 年版，第 7653 页。

李时珍有四子：李建中、李建元、李建方、李建木，只有长子李建中考中举人，做了县官。清代康熙三年（1664）《蕲州志》卷八《人物志·政迹》中有李建中传，该志卷十《艺文志》中收录了一篇未注明作者的《李建中传》。清乾隆以来的《蕲州志》，在《人物志》中均有《李建中传》，系抄录康熙三年《蕲州志•艺文志》的《李建中传》，略加改写，传末注明为“顾景星撰”。

据清代《蕲州志》等史书记载，李建中，字龙源，李时珍长子。明代嘉靖四十三年（1564）举人。隆庆五年（1571）出任河南省光山县教谕。万历三年（1575），李时珍五十八岁，李建中擢四川蓬溪县知县，阶文林郎（正七品官）。李氏家族开始改变了世代平民的地位，李建中出任蓬溪县知县，有利于李时珍安心进行《本草纲目》的编写工作。

李建中任蓬溪知县期间，以清廉著称。李建中在蓬溪抑豪强，清兼并，人称“李青天”。他以廉率下，经常身穿布袍、头戴角巾，往来赤城、青石、明月之间。蓬溪天旱，为民求雨，境内大降甘霖，百姓呼为“李公雨”。据乾隆本《蓬溪县志•官师》记载，与李建中同年到任的还有蓬溪县主簿李显林（湖广监生）、蓬溪县典史蔡一元（湖广吏员），三人都是湖广人。李建中在蓬溪建树颇多。据乾隆本《蓬溪县志•书院》记载：“书院之设，即古者乡塾之遗意。万历三年（1575），邑令李建中创建于东门外丰泽庙之左。背山临流，竹树蓊郁，题其名曰蓬莱书院。”万历七年（1579），李建中又在蓬溪县城丰泽庙建“一泓清可”坊，署款为“知蓬溪县事楚蕲龙源李建中。”又于蓬溪县长滩寺（今属大英县隆盛镇）为野庭山人、四川巡抚罗瑶撰并书的七律《秋夜长滩寺次韵》建立诗碑，署款为“蓬溪县知县李建中刊。”（载道光本《蓬溪县志》中《古迹志》与《金石志》）。李建中任蓬溪知县期间，曾多次到蓬溪县明月、文井、蓬南等地采挖中草药，然后寄回蕲春老家，供父亲李时珍撰写《本草纲目》时使用。

明万历六年（1578），李时珍《本草纲目》撰成，李建中上表向明神宗请封，李时珍即得到“奉敕进封文林郎、四川蓬溪知县”的荣誉称号。《本草纲目》第一卷《序例·历代诸家本草》中，于《本草纲目》条下载：“明楚府奉祠、敕封文林郎、蓬溪知县，蕲州李时珍东璧撰。搜罗百氏，访采四方。始于嘉靖壬子（1552），终于万历戊寅（1578），稿凡三易。”《本草纲目》卷首载湖广黄州府儒学增广生员李建元《进〈本草纲目〉疏》中说：“臣故父李时珍，原任楚府奉祠，奉敕进封文林郎、四川蓬溪知县。生平笃学，刻意纂修。曾著本草一部，甫及刻成，忽值数尽，撰有遗表，令臣代献。”李时珍敕封为文林郎四川蓬溪知县是由长子李建中官职得到的荣衔，照当时的说法，李时珍也算是一个“封翁”了。

后来，李建中一度代理安岳知县、遂宁知县，万历十三年（1585）升云南永昌府

（治所在今云南保山市）同知，因父母年七十，就没有去上任，多次请求辞职，获准回乡侍奉双亲。他对四川尤其是蓬溪感情深厚，著有《蜀游草》《明月山房诗》数卷。因蓬溪县境内有明月山，故以山名名其诗集。

李建中六十多岁时去世，墓在湖北省蕲春县盘龙嘴一带。多年后，因嗣子李树初显贵，被追赠为中宪大夫。今蓬溪县红海景区建有李时珍纪念馆，塑有李时珍、李建中父子像，纪念李氏父子为蓬溪文化做出的巨大贡献。

二、清代蓬溪知县王允浩重修蓬莱书院

明末清初，蓬莱书院年久废弛，讲席虚悬，于是改为客馆。清代雍正十一年（1733）春，蓬溪知县王允浩在其旧址上，又重修蓬莱书院。王知县召集乡里俊士，诵读其中。自己则亲往书院，校课不怠，蓬溪文风因此振兴，一片婆心，万世罕见。

王允浩，字正伯，江西省鄱阳举人。雍正九年（1731），王允浩出任蓬溪县知县。惠康保民，捐俸银廉，在蓬溪县城北跪象山、县城西得胜桥左岭两地，设置义冢。后来，因政绩卓著，被保举迁升，蓬溪百姓为其立“去思亭”，记其遗爱。

王允浩重修蓬莱书院，清代蓬溪举人蒲荐馨撰有《蓬莱书院记》，载清道光二十五年本《蓬溪县志》中。

蒲荐馨（1652—1741），字孚顒，清代蓬溪县大石镇人，教育家蒲拱辰嗣子。康熙二十年（1681）四川乡试，考中第九名举人，任洪雅县教谕，升顺庆府（治今四川省南充市顺庆区）教授。任职十余年，勤勤恳恳，成效突出。后因病回蓬溪，卒年 90 岁，县人称他高风亮节。蒲荐馨后代中，有 3 人考中进士（孙蒲心豫、曾孙蒲文甲、七世孙蒲预麟）、2 人考中举人、5 人考取贡生，不愧为蓬溪“科第世家”。

蒲拱辰（1610—1684），蒲荐馨养父，清顺治十四年（1657）举人。幼家贫，研读经史不废。考中举人后，自甘淡泊，不喜做官，以教授生徒为业。教学循循善诱，学生甚多，杨兆龙（解元）、王许（亚魁）、梁再灏（解元）等名士，都是他的弟子。蓬溪本荒僻之地，清初振兴蓬溪文教，开始于蒲拱辰。清光绪三十四年（1908）刻本《蓬溪奚氏宗谱》载：“蓬溪东乡以科甲世其家者，人咸以奚氏、蒲氏并称。蒲氏以拱辰开其端，奚氏则以公（指蓬溪奚汉文）倡其首。旧志比拱辰为蓬溪之文翁。”当时人们把蒲拱辰比拟为“蓬溪文翁”，可见评价之高。《四川通志》《四川历代文化名人辞典》有蒲拱辰传。

清乾隆十四年（1749），四川学政葛峻起，赴蓬溪县，撰《宿蓬莱书院》诗云：“华馆临清沼，高斋静且幽。何年需讲席？此地胜瀛洲。子弟多才俊，师儒愧校雠。徘徊

倚窗牖，修竹响飕飕。”赞美蓬莱书院环境清幽宜人，人才辈出，是读书的好地方。

清代蓬溪拔贡杨其说，曾主讲于蓬莱书院，学生很多。《蓬溪县志》载：“杨其说，邑拔贡生，方正自持。尝主讲蓬莱书院，首重经学，勤于训课，一时从游者甚众。以余资出贷贫人，不纳券，不取息积，久不责偿。人皆服其高义。”

第五节　石鱼书院

石鱼书院，又名“石鱼山书院”，位于蓬溪城东石鱼山文昌阁右（赤城镇解放路原粮库后）。明天启六年（1626）蓬溪知县杨学孔创建。明代正德间，岩崩现北郭神主像，县人因修建祠宇，凿石得石鱼，鳞甲俨然，故名“石鱼山”。

杨学孔，别号泗源，云南举人。明代天启、崇祯年间出任蓬溪县知县，建立石鱼书院，并捐俸改建正殿，增修殿宇，安置桌凳在书院中，供学生使用。置山场田土，收租谷来供师生束脩膏火。清初仍教学不辍。至道光间，石鱼书院才废弃。

图 4-8　蓬溪县城奎阁（余水清画）

明代崇祯元年（1628），蓬溪进士杨作楫撰有《修建石鱼山书院记》，载于清乾隆五十一年本《蓬溪县志》中。

杨作楫，明末蓬溪人。曾祖杨春翔，祖杨玙，父杨其清，兄弟有杨作楷、杨作梁、杨作楹、杨作栻。杨作楷为例员。杨作楫为万历三十五年（1607）进士，选翰林院庶吉士，三年（1610）后升翰林院编修。万历三十七（1609）至三十九年（1611），任山西省闻喜县知县，因政绩卓异，升任山西提督学政、山西按察使，转调山东右布政使、河南布政使。万历四十三年（1615），任江西布政使。崇祯初年，擢河南巡抚。明代崇祯末年，杨作楫卸任归里，家无余资，田舍仍旧，只有书史。著有《修建石鱼山书院记》《重修明月寺碑记》《重修学宫记》等文。杨作楫在《修建石鱼山书院记》中说：“蓬莱山中阳子曾注解《大洞仙经》。”这是最早记载卫琪（号中阳子）在蓬溪县蓬莱山注释《大洞仙经》的文献，也是蓬溪为洞经音乐发源地的重要证据，此文载于清嘉庆本《四川通志》。

清代乾隆五十四年（1789）夏四月，蓬溪岁贡、青神县教谕杨特升撰《石鱼山奎星楼记》，载于清道光二十五年本《蓬溪县志》中。记文介绍了清代雍正年间修建石鱼书院奎星楼的经过。赞美石鱼书院风光旖旎：闲览崖畔，睹三台拱向，芝溪旋绕，星峰罗列，宝屏互关，真赤城胜概；表彰明清蓬溪知县杨学孔、潘之彪、王允浩三人振兴文教之意，使蓬溪“邑中人文蔚起，鳞炳蜚煌”。

第五章　遂宁清代书院（上）

第一节　概述

唐宋元明时期，四川书院虽有发展，但数量不多，与四川这样的大省地位很不相称；而且在全国各省书院数量的排序中，四川地区亦居中后。到了清代，四川书院数量大增，在全国跃居前列。据《中国书院制度研究》《四川书院史》统计：清代，全国书院总数 3868 所，四川书院总数 552 所，四川在全国位居第 2 名。咸同年间，四川书院学生达到 3 万余人。

清代书院在官方和民间两种力量的共同努力下，走向了前所未有的繁盛时期。清代 268 年间，书院遍布十八行省。

图 5-1　船山区凤栖书院（宋以荣摄影）

清代是我国书院历史上，书院分布最为广泛的时期，同时也是书院积弊日益显露的时期。到光绪年间，书院无法再继续发展下去，不得不进行改制。光绪三十一年（1905）八月，清廷为形势所迫，下令废除了延续千余年的科举制度，加速了书院改学堂的步伐，全国范围内的书院陆续改为学堂或被废弃。

明末清初，巴蜀地区先后经历了数十年的战乱，遂宁、射洪、蓬溪县城一度成为空城，为虎狼所盘踞。清顺治十年（1653），遂宁县并入蓬溪县。顺治十七年（1660），遂宁县复置。安岳县于清顺治十五年（1658）并入蓬溪县，康熙五年（1666）并入遂宁县，后为吴三桂占据，十九年（1680）收复，改并与乐至县共设一知县。清初，射洪县属潼川直隶州（治地在今三台县城）。清雍正十二年（1734）升潼川州为潼川府，隶属潼川府。清嘉庆七年（1802）置川北道（治地在今阆中市），领顺庆、保宁、潼川三府，射洪县隶属川北道潼川府，直至清亡。

清代顺治十五年（1658）至顺治十七年（1660），共三年时间，蓬溪县管辖今蓬溪县、大英县、潼南区、船山区、安居区、安岳县等六个县区，面积约 8100 余平方公里，是蓬溪县历史上管辖面积最大的时期。其时，蓬溪知县是江南寿州（治今安徽省淮南市寿县）举人梁泰来，顺治十二年（1655）至康熙四年（1665）任职十年，升永平府（治今河北省秦皇岛市卢龙县）同知，蓬溪百姓为他建有“去思碑”。光绪《永平府志·名宦志》载：“梁泰来，字吉人，江南寿州人举人，康熙四年任永平同知。署府篆，静自持，推诚待物，民不忍欺，时称长者，上官多器重之。”说明梁泰来在蓬溪县和永平府都是一位清官、好官，深受百姓爱戴。

图 5-2　《遂宁舆图》清乾隆初年董邦达手绘，为遂宁历史上第一张彩色舆图

（源自《四川全图》）

因战争的破坏，清初四川人口百不存一。清代一共录取进士 26000 余名，其中四川 789 人，仅占全清进士总数的三十五分之一，位列全国第 13 名。

明代正德《四川志》载："蜀之教化始于文翁，遂之教化始于九宗。"唐代遂州刺史乔琳创学宫于城南，礼贤下士，而得张九宗，于是开创遂宁教育的先河。历经唐、宋、元、明、清诸朝，遂宁教育千载不衰。清代遂宁学宫设于遂宁城南书台山东麓，蓬溪学宫设于县城北跪象山下，射洪学宫设于金华镇。各县学宫既是州县县学，又是祭祀孔子的文庙。学宫设置教谕、训导各一人，由教谕主持，训导辅佐。清代遂宁学宫在光绪时期，增广生 24 名，廪膳生 20 名，附学生 20 名，共为 64 名。道光《蓬溪县志》载："蓬溪旧设教谕一员，训导一员。雍正二年（1724）裁训导员，拨管乐至县学。县学额取八名，廪生二十名，增生二十名，二年一贡。武童岁试额八名。"光绪《射洪县志》载："原额十二名，咸丰年间陆续加广，永定四名，共十六名；增生二十名，廪生二十名，二年一贡。"

明清时期，全国各地涌现出了不少书香世家、文化望族，尤其以南方为最。这些科举世家出身的世家望族诸如遂宁市蓬溪席氏、安居黄氏、船山吕氏、船山李氏、蓬溪张氏、射洪杨氏、蓬溪谭氏、蓬溪蒲氏等，大多属于学文学官宦型家族。这些家族出身的世家子弟不管是出仕为官，还是退隐林下以及授业传道，大多以学术文化传播、培养人才为己任，不仅为本家族而且为封建国家培养了不少人才。

清代遂宁书院林立，有 60 余所，几乎各镇乡都创办了书院。由于教育较普及，遂宁还涌现出了不少科举世家、书香门第。如张鹏翮、张问陶家族，号称"清代蜀中第一家"；李实、李仙根家族，为巴蜀文化世家，李仙根为清代巴蜀唯一一位榜眼。依据四川大学李朝正教授整理的《清代四川进士征略》一书统计，清代遂宁县进士 11 人，位居四川第 17 名；射洪县进士 6 人，位居四川第 42 名；蓬溪县进士 5 人，位居四川第 54 名。见表 5.1~5.3

表 5-1 遂宁县（船山区、安居区）唐、宋、元、明、清文科进士名录

朝代	年号	姓名
唐	贞元	张九宗
宋	太平兴国	谢金
	端拱	张审言、冯琏
	淳化	胡曰宾、倪旦
	大中祥符	庞互、于至
	景祐	张述
	庆历	张叔献、冯祺、杜陟、李颂

续表

朝代	年号	姓名
宋	皇祐	赵师尹
	嘉祐	刘源、杜航、傅耆
	熙宁	冯正雅、董臻、刘处厚、何舜宾、赵嗣叶、张行、冯正符、杨蠲
	元丰	陈特、谢温其、冯正卿、刘杰、宋圣宠、刘得象、张祖闵、刘发、张祖参
	元祐	王廷杰、袁谦
	绍圣	姜仲修、杨发、王贲、张廷珪、李良翰、李居中、杜懋
	元符	冯造
	崇宁	王恬、李大直、张南宫、杜浩、张汝霖、杨武
	大观	张杰、赵冲、王廷价、徐邦杰、何鼎
	政和	刘震、刘丰、王佐、袁诚
	宣和	冯桓、锁政、陈持、冯楫、王棠、杨渭老、宋致一、徐揭、冯南楮、赵沂、任钺、李樗、贾诚、李彦辅、陈谘、冯律、刘昌、张深
	建炎	令狐刁、令孤宾、徐徕、何南仲、陈性、杜居实、陈谠、陈王业、郑邦哲、赵思温、何之才、赵天宠、冯康国
	绍兴	张晓、姜宿、王莘、杨开、刘冕、何懋、刘准、李敦复、任造、赵显孝、杨依、冯昌朝、宋茂、陈心、冯铸、张良翰、陈绍业、何俦、上官廷彦、冯党、刘辅宗、杜鼐、钧轸、何天光、文敦、李由直、冯朝宗、王廷珪、王廷翰、刘劢、王廷佐、谭武、王求、王朝、谢祖信、王旦、杜藻、陈复亨、姜正臣、刘纬、令狐鹏、杨誉、冯廷训、张立己、赵湘、张邦杰、张尧咨、赵去问、冯用休、胥当、赵大问、冯杨、任悦、冯逖、李俨、张权、王森、何和、杜鼐、徐奭、冯舒、王冲、赵拱、韩彦、程铎、郑彝宪、冯樱、樊璇、杨兴宗、赵仍、谭德臣、王琥、杨世称、杜时可、何邦光、袁澄、姚泽、杨艮、雍伯御、陈廷玨、郑承、李廷杰、李林、谢霆、姚浩、张鼎、赵岳、杨昉、尹宗、于咏、任天麟、郭冕、庞良臣、陈鎬、李旦、赵三捷、白杰、赵巩祥、李俦、杨邦彦、刘宋翰、马昌彦、张修己、王传、冯衡
	隆兴	赵济川、杨万、李棠、李献可、赵汪、令狐古、冯量、雍之邵、刘敷、令狐绛、赵浑
	乾道	杨甲、杨辅、冯怡，、王焯、冯如松、令狐继隆、续耆、李骥、令狐谔、黎纶、刘庚、谢济川、冯济、张仲、赵宗翰、黄粹中、杜居易、李裕、赵夔、桑实、赵亶、喻鼎、杜雄飞、葛懋、赵嵩、雍孝广、赵岑俱特奏名、张翼、雍山、李延、杨世方、陈刚、文伯振、冯直臣、胥挺、冯图南、李澈、陈祖仁、赵善从、吴大年、李震、刘子隆、柳荣祖、赵庚

续表

朝代	年号	姓名
宋	淳熙	黎昭乂、张德炎、冯发、谢世英、赵汝乙、黄余庆、陈若砺、袁莘老、王瓘、冯巽、张涛、赵汝涧、李复、杜发、王芝、王敏行、何子庚、冯申祖、任阅、冯承祖、王愈、瞿民裕、李樗、徐迅、李寅、赵午、李延正、赵石祥、何宗、李伸、韩圭、邓明甫、姚自舜、公孙乙、杨清烈、邓良甫、罗应辰、令狐午、雍禧、李延光、谢良、赵汝莘、赵汝璲、赵希异、冯嘉、李坤臣、王宾
	绍熙	任震一、李钧、鲜于季寅、赵善拭、李自仁、刘卯、勾龙时行、王骥、母震、韩有开、赵安国、冯掞、樊澄、杜多行黄申之、杨有文、赵木祥、赵师珊、张仲午、赵崇范、文浩、张灏、黎昭度、李霍、黎昭信、令狐炳、鲜于钧、徐焕之
	庆元	冯邦佐、何尊、赵希行、李熙之、李震、王惊、杨叔豹、杨亢、李沾、王森、赵善粢、王禧、白梦庚、王翔、酸兄、张石、庞时敏、谢祖舜、黄霞卿、赵钧、冯觉、张旦
	嘉泰	徐应祥、冯益重、王敏求、莘炎已、李元起、李正炎、杨旦、张符、白梦麟、王子渊、赵汝墩、赵汝重、赵善遡、附兴祖、黄思逊、吴光、何兴重俱特奏名
	开禧	陈昂、李祈、卞明、文子枘、何叔下、张伯昭、赵崇实、赵崇逻、张天宠、李济
	嘉定	令狐友龙、张已之、赵徽、张简、李仲莘、赵崇宇，赵迈、尹亮、王震、何已之、赵坤、赵崇旰、冯华祖、李光业、邓伯夔、胡桂、李南运、张殖、陈坤、马炳文、任丙发、刘已之、刘季寅、令狐淏、令狐已之、赵玓、赵与俣、杨之翰、王馔、陈庆孙、冯补之、谢世芳、王极、姚已、吕季寅、冯斗南、赵师洲、赵崇齐、杨惠叔、王卣、杜卯、何式、鲜于应庚、杨瑞应、张乃大、附鸣凤、任辰之、冯重华、杜源子、贾子坤、赵广爰、赵崇畹
	宝庆	黎澍、冯大震、何逢吉、赵崇坚、赵崇偞、赵善秦、牟用卯、令狐彦深
	绍定	冯绅、王中立、徐禧、赵崇篚、赵希期、赵与传、宋元英、党鹏一、刘斌、赵广徵、王已之、令狐概淏子、鲜于应文、张巽明、赵希震、赵继谔、刘龙行、令狐震之、赵必钫、张谦则
	端平	张得一、令狐裴、严迈、文溉、李正子、赵继议
	淳祐	赵日起、谢允迪、张顺臣、杜铸、令狐震已、史应运、张午仲、赵浩然、李华、赵从容、赵从畹、邓南省、文渊、邓堂、冯清贤、王虎变、尉越、唐文若、赵必昉、李有传、于元通、姚鼎发、刘洪济
	宝祐	陈灿、刘光午、冯南炳、于东卯、鲜于应昌、张甲龙、何炎午、南杰、雍纪、赵继珪、赵孟檦、冯概、张用泰、赵与权、赵与龙

续表

朝代	年号	姓名
宋	咸淳	贾昌忠、贾纯孝
元	至正	王猷
	大德	何玓、许维祯、冯元、席复、文礼恺、谢端
明	永乐	赵鉴
	景泰	黄纪、张賛、俞纪
	天顺	张伦
	成化	徐纲、黄珂、王勤、余本实
	弘治	席书、王翀、黄伟
	正德	杜寀、王完、王宁、席彖、席春、王瑄、陈讲
	嘉靖	杨名、黄崋、冯绶、席上珍、徐承嗣
	万历	方叔忠、王之杰
	崇祯	吕大器、李实、吕潜
清	顺治	李仙根
	康熙	张鹏翮
	乾隆	唐弘宇、任文翌、张问陶
	嘉庆	曾守锐
	道光	陈文笏
	咸丰	徐忠锐
	光绪	张维翰、余适中、李培兰、王懋昭、李仕麟、徐冕

表 5.2　射洪县唐、宋、元、明、清文科进士名录

朝代	年号	姓名
唐	文明	陈子昂
宋	雍熙	何保之
	景祐	青阳楷
	宝元	严拱之
	庆历	谢平、蒲玉度
	皇祐	宋伏宝、王球、谢坦
	嘉祐	李蔓
	元丰	王维
	绍兴	王昉、刘韪、毋过、唐僅

续表

朝代	年号	姓名
宋	乾道	王利用
	年份无考	杨坤
	嘉定	蹇彝、岑象求
	宝祐	李天骥
	绍定	蹇维之
元	至治	母心慈
	至顺	张文暹
明	成化	杨澄
	弘治	刘贤
	正德	杨最、杨仪、刘迥
	嘉靖	谢載、谢东山
清	乾隆	赵圣佐
	道光	张崇恪
	咸丰	罗锦城
	同治	夏肇庸
	光绪	张尧燊

表 5.3　蓬溪县（含大英县）宋、明、清文科进士名录

朝代	年号	姓名
宋	太平兴国	谢金（长江县，今大英县）
	雍熙	陈诰
	庆历	杜陟（长江县，今大英县）、胥天锡
	景祐	张述（长江县，今大英县）
	政和	冯檝
	宣和	赵沂（长江县，今大英县）
	绍兴	冯用休（长江县，今大英县）
	乾道	赵溥、赵炳、赵球、雍山
	淳熙	李鼐、陈甲
	庆元	赵迈
	开禧	何政隆

续表

朝代	年号	姓名
宋	嘉定	李琳、陈洪梅、刘辉
	宝祐	雍汜、李有大
	年份无考	杜知臣（长江县，今大英县）
明	成化	谭宗泗
	正德	张庠、谭缵、谭闇
	嘉靖	谭维
	隆庆	王庭
	万历	杨作楫
	天启	谭文化
清	乾隆	蒲心豫、王旭龄
	嘉庆	蒲文甲、奚大壮
	同治	蒲预麟、何兆熊

第二节　书台书院

书台书院，位于遂宁城西南书台山，故名“书台书院”。书台书院的前身为遂宁唐代张九宗书院。唐代至德间乔琳建遂州学宫于城南，后来遂州刺史张九宗就在遂州学宫旧址上建立书院，名“九宗书院”，并在书院讲学，遂宁文学从张九宗开始走向繁昌。九宗书院后来毁于五代末孟知祥之乱。

宋庆历四年（1044），遂州知州廖询复建书院于遂宁城东，后来又被涪江水冲毁。宋嘉泰二年（1202）转运史王勋、知府赵善宣将书院迁建于遂宁书台山麓，易名为“书台书院”。嘉定间书台山附近有二雁塔，刻有唐、宋以来遂州科甲名录。殿廊有石刻《孝经》，相传为宋徽宗手书。

明洪武四年（1371），松江钱恕出任遂宁县知县，与州同陈善授捐俸重修书台书院。重新绘制七十二贤以及历代道学宗儒像，奉祀在书院里。延请名师教育诸生。每月初一和十五，亲自到书台书院讲学。嘉靖九年（1530）知县郑重威重建，二十一年（1542）扩大规模，规制完备。崇祯末毁于兵火。

清康熙六十一年（1722）秋，斗城书院迁于遂宁县署西边，改名为“松峰书院”。

清乾隆十二年(1747),迁松峰书院于文昌宫,改称“鱼山书院”。乾隆四十三年(1778),举人席有源、李晋阳集资呈准知县汪世椿,鱼山书院迁于遂宁城南学宫右侧书台山,命名为“书台书院”。讲堂名“撷秀”,厅堂匾“学山”。书斋7间,东名“明志”,西为“致远”。后渐倾圮。嘉庆十八年(1813)邑人捐资重修。二十一年(1816),遂宁知县赵由忠补修,新建讲堂3间、书斋2间。二十三年(1818),遂宁知县余承捐俸补建崇圣祠、亭阁及书斋,规模与前代无异。道光二十八年(1848),遂宁知县鸣谦再次补修,院内风景优美,岚光翠柏,蔚然深秀,历代鸿儒名臣,蝉联辈出。光绪三十一年(1905),改为天台寺初级小学。

书台山位于遂宁城西南,北邻天榜(船山),南靠金鱼(金鱼山),两山侍卫,三山连看形象若笔架和书台,故得其名,也是遂宁十二景之中的一景“书台应瑞”。今日书台山林木苍翠,山下南北埝碧水东流,遂宁一中书声琅琅。悠久的历史文化,在漫漫的时间长河中美化了遂宁的景致,丰富了遂宁的内涵,增添了遂宁的情韵。

一、遂宁中学与书台书院

书台书院是遂宁中学前身之一,其性质为官办学校,与学宫有着密切的关系。书院是育人之所,是学宫的辅佐。按明清科举制,学宫为邑庠,是县的最高学府。书院的学生经过考试录取,才能进入学宫为生员(即庠生),庠生始有资格参加乡试。遂宁学宫文风鼎盛,书院为其输送生员之功不可磨灭。

明嘉靖年间(1533—1566),湖广监利进士郑重威出任遂宁知县,重视教化,又恰值遂宁人探花杨名被贬家居,遂与邑令共同创建书院于百福寺前,名曰“武信”,后更名为“斗城书院”。其创建的具体时间,现存文献记载不详,但从杨名1532年(明嘉靖十一年)10月上书被贬,谪戍瞿塘,翌年才获释回家,可以推知武信书院的建立最早也只能在1533年杨名回家之后。遗憾的是不仅确切时间不得而知,甚至连修建规模怎样也无文献可考。这个书院,不久便栋折榱倾,烟消云散。

到清康熙五十九年(1720),旗籍贡生庄承祚任遂宁知县,看见斗城书院残破,乃于康熙六十一年(1722)秋,筹资改建书院于县署之西,更名为“松峰书院”。

又过了21年,到乾隆八年(1743),浙江省桐乡市石门举人田朝鼎(字象三)出任遂宁知县,提倡教育,乃改建书院于文昌宫后,易名为“鱼山书院”。但是栋宇零星,且接近闹市,不是读书之所,遂宁乡绅也早谋改建。

乾隆三十五年(1770),湖北进士汪世椿出任遂宁知县,打算筹资修建书院,但值战乱,遂宁为进剿金酋,无力改建。到乾隆四十三年(1778),战乱始平,遂宁举人席有源、李晋阳，向知县请求，于是汪世椿拿出俸银，资助书院修建。席、李的同学，也各有资助。

后来，历年既久，书院栋宇倾斜，墙垣坍塌，窗牖门户凋敝。嘉庆十七年（1812），广元拔贡赵由忠任遂宁县教谕，见此情景，急忙与县人商议，并禀请知县，于是补修书院。

又过了三十多年，书院栋折榱颓，遂宁人士于道光二十七年（1847）重修书院，到道光二十八年（1848）还未落成，当时汉军笔贴式鸣谦来遂宁作知县，下车伊始，督促施工，到这年九月经过一年多时间，书院重修始告成。鸣谦应县人的请求撰写了《重修书台书院序》以记其事。鸣谦在总结前人经验的基础上提出了“明体达用、卓然为当代伟器”“诩文明、助化导”的教育思想，对遂宁教育有重要影响。在书台书院的影响下，遂宁县境内先后创立鹿鸣书院、凤鸣书院、敷文书院、仁和书院、玉堂书院、莲峰书院等二十余所。

书台书院于1905年与学宫合并，建立遂宁县高等小学堂，翻开了历史新的一页。从明嘉靖年间创建到1905年办小学堂，经历了近四百八十年历史。在这400多年的历史长河中，积淀了深厚的教育文化，形成了独特的教育思想，虽然历史已进入21世纪，旧建筑已为高楼大厦所取代，而涪江南去，浪已“淘尽千古风流人物”，但不可否认的事实是，书台书院所书写的一页历史，无论过去和现在都闪烁着耀眼的光芒。

二、历代名士与书台书院

汪世椿，原名朝阳，字调元，湖北房县人，清乾隆二十六年（1761）进士，三十五（1770）至四十四（1779），官四川遂宁知县。才学兼优，勤于教养，平易有守，严肃有恩，庭无留狱，复创建龙神祠。乾隆四十三年（1778）于遂宁城南学宫（今遂宁一中）侧建立书台书院，以延续张九宗文脉。士民戴德，因于龙神祠塑汪世椿像，用来祭祀他。

李庭赓，字殿飏，清代遂宁县举人。历主书台书院、德阳书院和蓬溪县蓬莱书院讲席。最早在遂宁倡立女校，编有《女子新修身教科书》，并注证《文昌阴骘文》《关帝觉世经》行世，翻刻释道经典，不下数十种。晚年尤深明性命之学，临终前一日，口占《劝修净土》诗32首，复题《皈依净土》词满庭芳一阕。李廷赓次子李前烈，字笃生，举人，年十二入遂宁县学，为学使赏识，赠扇一柄，上题诗云：“石经裕殿富文章，秀挹嘉陵风水香。名士我才收北郡，神童今又见东阳。笺疏莫止传樵范，词藻非徒继马扬。蜀学从来比邹鲁，勿忘此谒到宫墙。”次年以优等成为廪生，调成都尊经书院肄业，以好学伤身成病，卒年十八，士林痛惜。

清代遂宁诗人张知简所撰《春日过书台书院怆然于怀遂赋长句》云："山色于今尚郁葱，碧梧枝老凤巢空。参天翠柏霜皮槁，映日桃花粉蕾红。芳草幽苔留古意，菟葵燕麦荡春风。戴雋飞集门阴后，斥鷃啁啾绕径中。"

当代遂宁诗人唐毅《遂宁十二景·书台应瑞》说："这是在春天与夏天之间，平原的市声伴着书声，越过厚重的时光，一方高台，一种仰止。这是在人文与山水之间，逶迤的翠岭化作碧涛，掀动诗意的阅读，时而淡定，时而奇崛。这是在历史与现实之间，唐朝的刺史已经走远，留下端正的坐姿，红了樱桃，绿了芭蕉。这是在安然与游离之间，最早的大学群英荟萃，多少攒动的儒冠，也许简约，也许堂皇。这是在纵向与横向之间，绵延的文脉有如清风，如此宁静的固守，杨柳依依，雨雪霏霏。"

第三节　环溪书院

环溪书院，位于蓬溪县北门外（今赤城镇中河街春韵酒店）。旧在县西门内，即文昌宫旧址（今西街下河小学）。

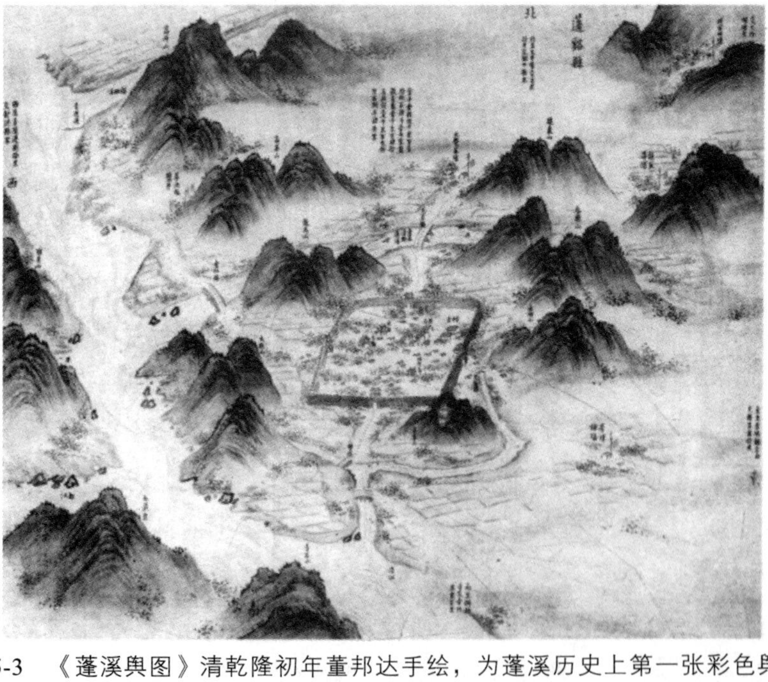

图 5-3　《蓬溪舆图》清乾隆初年董邦达手绘，为蓬溪历史上第一张彩色舆图

（来源：《四川全图》）

一、环溪书院沿革

清代嘉庆四年（1799），蓬溪知县李炘购蓬溪县城西王姓民房七间，为诵习之所，城下溪水环绕，潆回溶漾，故取名为“环溪书院”。后来，选集生徒，请师教育，并置水田以作束脩膏火。李知县认为“守土之官，任师保之责，所使广教化、美风俗”，应“嘉惠士林，栽培后进”，“使人文蒸蒸日上”。嘉庆五年（1800），李炘因公调离蓬溪。二十二年（1817），书院废，设立文昌宫。二十三年（1818），知县吕肇堂，将“环溪书院”移建在蓬溪北门外学署右侧，有讲堂、内外厅堂、厢房共26间，规模壮观。书院墙壁上，还刻有22条学规，如“居是院者，朋友互相讲习，日取圣贤遗训，身体而力行之。道以圣贤为轨，文以德行为基，学以经史为宗，行以伦常为重。”

清代蓬溪县宝龙场（今重庆市潼南区宝龙镇）张茂甲，为人爽直仗义，置斜石板水田64亩，全部捐给蓬溪环溪书院，田租收入作为环溪书院费用。蓬溪知县徐杨文保将此事报告上官，奖给张茂甲州同职衔。民国《潼南县志》第六《耆旧志·行谊》载有张茂甲生平事迹。

清代，蓬溪学子大多在此求学。近代名人张澜、纪大经、冯真武、卢子鹤、庄喜泉等曾在环溪书院就读。

环溪书院学生卢子鹤（1879—1963），字廷栋，四川蓬溪人。曾任川北讨袁军政务秘书长、川北道代理道尹。后来，长期从事教育工作和慈善事业。中华人民共和国成立后，历任川北区各界人民代表会议协商委员会副主席、四区（川东、川南、川西、川北）各界人民代表会议协商委员会联合办事处副主席、四川省监委副主任。为第一、二届全国人大代表。1963年，卢子鹤逝世，成都著名书画家刘东父撰《挽卢子鹤》诗云：“诗人老去尚操觚，应有遗篇字字珠。漫说通家惭孔李，肯将世族念刘卢。老成踵武型犹在，民主同心道不孤。一夕少微星遽陨，素琴空忆草堂图。”

1924年，在文昌宫设立蓬溪县立初级中学； 1944年，开办高中，1950年并入蓬溪中学。2006 年蓬溪中学迁入城南新区学苑路（原址作为下河小学）。蓬溪中学新址占地面积291亩，建筑面积11万余平方米，是一所集自然景观和人文景观于一体的现代山水园林式学校，堪称川中同类学校一流。今蓬溪中学内建有八角亭，景观名为“环溪听涛”，蓬溪传承千年的书院文化延续至今。

二、知县李炘与环溪书院

清代蓬溪知县李炘撰《建环溪书院置买学田记》，载清道光二十五年本《蓬溪县志》，介绍了创建环溪书院的经过：蓬溪“旧有蓬莱书院，久而废弛，后值军务繁兴，改作客馆，讲席虚悬”。嘉庆四年（1799）三月，李炘任蓬溪知县。“另购城西王姓民房一座，为诵习之所。城下溪水环绕，余尝筑堤其下，潆洄溶漾，因名之曰环溪书院。”是年（1799）冬，李炘卸任，因事赴成都。

嘉庆五年（1800）三月，李炘复署蓬溪知县。其时，白莲教起义波及蓬溪射洪等地，“兵燹之际，烽烟满目，瓦砾塞途，独余建环溪书院，尚依然无恙。”李炘于是对环溪书院“复加修葺，选集生徒，延师教之，不逾月间，诵读、月课如故”。

李炘还购置学田，作束脩、膏火。“自捐廉俸，买回前充郡院郑姓学田一分，另售之，得五百金，复有庠生陈汝珍、江右民、黄桂芳等捐银千百金，益以公项，共成三千四百金。买郭姓田井山场若干顷，计亩收租，修脯膏火，可以不缺，今而后，庶足以垂久远欤!”

李炘，顺天宛平（今北京丰台区）人，其祖父李杏浦官至都察院左都御史。李炘于嘉庆四年（1799）、嘉庆五年，两次任蓬溪知县，轻徭薄赋，关心民苦；捐俸银修葺学宫；筑西门堰；修建奎阁，至今仍存。他曾在蓬溪县衙书一联云：“官从千山万水而来，若坏半点良心，何以得归桑梓；民当四尽三空之日，但留一分余地，譬如积与儿孙”。每日观看，自我约束，以此提醒自己一举一动都要对得起蓬溪百姓。李炘发展蓬溪教育，创办环溪书院，“踵而增之，阔而大之，嘉惠士林，栽培后进，使人文蒸蒸日上”，功不可没。

三、知县吕肇堂与环溪书院

清道光二年（1822），蓬溪进士奚大壮撰《环溪书院并义学记》（载清道光二十五年本《蓬溪县志》），叙写蓬溪知县吕肇堂迁建环溪书院经过：

嘉庆十九年（1814），吕肇堂出任蓬溪知县，“自下车来，劝课农桑，安良除暴，美不胜纪，尤于学校人才，加意培植”。

吕肇堂还在蓬溪，兴办小学、义学10余所。“昔无所谓小学者，今设十余所矣。如上乡之锣锅、槐花、明月、大石、小潼；河西之蓬莱、河边；下乡之任隆、黄泥、高坪、米心、玉溪、太和、太平、古溪、蓬南各场镇”，均设小学。“西南两乡距城较远，分置蓬山、玉山书院二处。又建立文昌专祠，即其前列考棚，又葺完塔顶，突兀峥嵘，有健笔凌云之势，更修东关毛公滩石桥。公权衡在心，首捐廉俸，合邑士庶感公德意，相率踊跃输将，是以事无不济，而利被者广。”

昔时文翁兴学，风教大行，比于齐鲁；吕知县劝学重农，勤恳若此，令人钦仰。

吕肇堂，字朗山，江西崇仁县举人，嘉庆十九年（1814）至道光四年（1824）先后两任蓬溪知县，历时八年半。为官正直，奉公廉洁，兴建书院，创修文昌宫，重视教育，注意保护修复蓬溪文物古迹。去任之时，邑人卧辙攀留，一时赠送诗作，汇刊成书，名曰《去思编》。清代蓬溪诗人王衮在《挽吕朗山》诗中云："弹指年华逝水忙，天风吹折鲁灵光。官斋问字情难再，茧纸留春墨尚香。寒月风号丁令鹤，青山人说召公棠。抚怀一片伤心事，杯酒何年奠陆庄。"县人建有"吕公祠"纪念他。

奚大壮（1775—1829），字安止，号雨谷，四川蓬溪人。清嘉庆十年（1805）二甲第 89 名进士。官湖北应城县知县、兴国州知州。晚年主讲成都墨池书院，著有《雨谷诗集》2 卷、《雨谷文集》2 卷。其事迹道光《蓬溪县志·人物志》中有记载。

四、解元徐建永记录移建环溪书院

清道光蓬溪解元徐建永撰《移建环溪书院记》一文，记载了移建环溪书院的过程。

蓬溪环溪书院之设，开始于嘉庆五年（1800），当时军需倥偬，李炘署蓬溪知县，购置王姓房舍仅七间。嘉庆十七年（1812），吕肇堂知蓬溪县，打算改修环溪书院，因其他事情耽搁了。嘉庆二十五年（1820），吕肇堂回任蓬溪知县，恰好贵州都匀李畹侯先生来任环溪书院主讲，李先生与蓬溪县教谕罗开科（叙永廪贡）是好朋友。说："把环溪书院迁到蓬溪学宫的右侧，那个地方风水很好。"罗开科教谕把李先生的话转告给知县李炘。李炘说："我们多邀约几个人去看看吧！"李炘又对李先生说："我与您共同来教育这些学生吧，日月积累，会慢慢好起来的。"李先生回答说："好的。"

李炘准备开工，但缺乏资金。蓬溪百姓知道后，说："李知县和罗教谕给我们培养子弟，出钱出力，我们怎么能坐视不管呢？"于是大家纷纷捐款，相继得到三百余金。李炘高兴地说："蓬溪老百姓这么讲信义，迁建书院之事不难了。但是，我公务繁忙，谁可以来管理迁建书院之事呢？"生员们说："李知县为我们办事，我们如果不管迁建之事的话，那就不是人了！"于是贡生陈席珍，生员江文渊、张忍济，主动要求出来管理环溪书院迁建的事。

刚好，四川学政聂铣敏（1775—1828，湖南衡山人，蓬溪奚大壮同年进士）路过蓬溪，对迁建环溪书院之事作了高度评价，并亲自为环溪书院题写匾额，还为环溪书院撰书了楹联，蓬溪士民激动万分，纷纷出钱出力。六月开工迁建，第二年辛巳（1821）秋月便竣工了。

罗开科教谕负责考勤，并监督出纳和建立书院讲堂。环溪书院迁建后，大堂内外厢房，共计二十六间，寝室、厨房都齐备。整个迁建费用总计一千九百缗有奇。

李炘知县和罗开科教谕都不言功，但是蓬溪百姓不敢忘。因此，便把迁建经过记了下来。

图 5-4　清代道光时期蓬溪县城图

五、循吏诗翁宋家蒸与环溪书院

清代光绪六年（1880），蓬溪知县宋家蒸撰《增定环溪书院条规记》一文，记载了环溪书院二十二条学规章程的产生经过，并向蓬溪生员们提出殷切希望。宋家蒸说：

蓬溪，环山带水，其西流经北城外者，名叫“蓬溪”，县以蓬溪得名。其枕山临溪，宫阙巍然特起的地方，就是学宫。

学宫之右为环溪书院。始建于前知县李炘，改建于前知县吕肇堂。吕肇堂知县是其江西同乡、先辈，任蓬溪知县十年。距今六十年了，而吕肇堂知县的循良名声，还在蓬溪传播不衰。振兴书院，培养英才，就是一个方面。

最近惟蓬溪生员杨旭林、韩绪辉两人，管理环溪书院经费两年，清理田土，节约经费，书院经费渐有起色。从此，生员进京赶考的旅费，月课的膏火费，基本可以满足了。两人又召集蓬溪绅士和耆老商议，制定环溪书院《条规》，凡二十二条。真是用心良苦，虑事周全。

宋家蒸于 1879 年 8 月，因公来到蓬溪。1880 年 3 月，奉命出任蓬溪知县。因公事接见两人，取《条规》稍为修订，叫他们将《条规》刻于环溪书院的墙壁上，永久流传：

学以经史为宗，行以伦常为重，道以圣贤为轨，文以德行为基。严义利之辨，则不眩于行；祛浮华之习，则不流于伪。毋幸进以猎科名，毋奔竞以苟富贵，毋忿疾以损德性，毋躁妄以遏天机。操守严于平居，器识期于远大。修辞立诚，则月课之文艺，亦拜献之先资也；修身为本，则齐家之模范，即治平之勋业也。居是院者，朋友互相讲习，日取圣贤遗训，身体而力行之。他日师儒之任，贤良之选，皆今日学者事也。诸生其敬听之，予以有厚望焉！

宋家蒸（1829—1892），字云浦，一字筠圃，江西省奉新北乡（今宋埠镇）人。咸丰九年（1859）江西乡试举人第 28 名。同治二年（1863）三甲第 36 名同进士出身。同治三年（1864），任徽州歙县知县。光绪三年（1877）分发四川，任营山知县，廉勤爱民。后来，又署夹江任知县一年。

光绪六年（1880）三月，宋家蒸正式调任蓬溪知县，蓬溪百姓早就听闻宋家蒸在夹江县的卓著政绩，莅任之日，受到蓬溪百姓的夹道欢迎。宋家蒸坚持“为官一任，造福一方”的原则，勤于民事，力裁陋规，以除民累，设局点放牛痘以保婴儿。四川总督丁宝桢曾手书“清风四野”四字表彰之。宋家蒸与蓬溪学者、举人钟瑞廷（今大英县象山镇人）等友善，著有《钟瑞廷墓志铭》《钟贞女诗》《新修栖流所碑记》《增定环溪书院条规记》《隆道书院记》等。

宋家蒸处理政务之余，常深入田间地头，走遍蓬溪山水。宋家蒸瞻仰蓬溪冬笋沟教孝台后，写下了《孟宗故里行》一诗，诗云：“教孝台边竹几竿，至情感格古称难。树风永抱孤儿痛，冬笋盈盈不忍餐。”还撰有《正月既望因公聚宿康关寺中，地近长江旧县，有怀贾浪仙》诗：“旅次春灯寂，禅林夜月清。簿疑归佛国，诗特锡山名。备患须储粟，无能愧代耕。长江流日夜，望古不胜情。”对唐代长江县主簿贾岛深表怀念之情。《因公驻蓬溪取县志阅之有怀》一诗，对蓬溪历史上之名宦、先贤以及教孝台、龙多山、卓筒井等进行了咏诵，表现出诗人对蓬溪的热爱。在《步白塔下，时小病初愈未及登眺》一诗中，对蓬溪宋代所建鹫峰寺白塔赞美不已：“涌出浮屠古寺前，孤高而寿托禅天。直凌霄汉三千尺，净阅沧桑八百年。风雨自来凭震撼，云山到此足流连。未妨偶阻登临关，小病维摩始霍然。”白塔历经八百年的风风雨雨，但雄姿不减，游人络绎。张家观，原名灵鹫院，位于今附北白毛沟，宋家蒸在《九月六日因公晚宿张家观》一诗中云：“山空寺古客来迟，秋树红花落酒卮。记取今宵清绝处，梵王宫里月斜时。”清幽冲淡，诗味浓烈。在官三年，惠政甚多。去任之际，县人送以诗，有“自乐鳏居自乐贫，琴堂常报一腔春”之句，实录也。此后，宋家蒸还暂任过盐亭知县，《蓬溪县志》将其列入名宦传。

光绪十四年（1888），宋家蒸改任峨眉知县。光绪十五年（1889），峨眉大治的消息传开，洪雅县百姓向上宪请愿，提出了“借用一年”的请求。上宪无奈，只得允其所请。署理洪雅知县时间虽短，但他区分轻重缓急，处理了历年积存下来的几项疑难案件，洪雅百姓无不为之欢欣鼓舞。光绪十六年（1890），宋家蒸回任峨眉知县。光绪十八年（1892）冬，因积劳成疾，卒于任所，享年64岁。宋家蒸入川之后，因其勤政爱民，政绩卓著，先后担任过营山、夹江、蓬溪、盐亭、洪雅、峨眉共6个县的知县，历任各县都请求将他的事迹作为崇祀本县名宦存案，四川总督丁宝桢亲自为他书写了“风清四野”四字，并在交通要道旁竖立了碑石来表彰他的事迹。光绪二十一年（1895）秋，峨眉百姓为铭记宋家蒸恩德，特于峨眉河畔北门桥旁为之立《宋公德政碑》，该碑历120余年之后，迄今仍在，2013年被乐山市人民政府列为第三批乐山市级文物保护单位。东河河道总督、广东巡抚许振祎是宋家蒸的同乡同年。宋家蒸逝世后，许振祎撰《云浦公传》，对宋家蒸的为人、为官、为诗都十分了解，特别是他的诗歌“格调高古，天趣横生”，人称“循吏诗翁”。撰有《述闻斋诗集》17卷、《谱杏轩词草 》4卷、《峨眉寓云诗集》等。

六、杨传裔与环溪书院

杨传裔（1842—1909），名锡圭，字肯堂，清代蓬溪县东乡姬家坝（今属重庆市潼南区桂林街道）人。父杨世垕（1807—1869），隐居未仕。据有关史料记载，杨氏入川始祖杨光基，清康熙年间由湖南辰溪入蜀，卜居蓬溪县姬家坝。杨光基曾孙有杨世绥、杨世垕等。杨世绥就是曾任中华人民共和国主席的杨尚昆（1907—1998）的曾祖父。

杨传裔幼年聪颖，28岁，考取潼川府学附生，不久，因成绩优异，补为廪生，文誉日盛，在遂宁县智慧寺（位于今重庆市潼南区双江镇）设帐授徒。清光绪十四年（1888）戊子科四川乡试举人第32名。第二年，参加会试，推为领袖。居京师潼川会馆山石园中，花木丛幽，好留客饮。四川赴京举人，如秀山李稷勋，华阳文龙、尹昌龄，荣县黄茂、黄英兄弟，灌县王昌龄等，常到潼川会馆，与杨传裔谈谐闲坐，月上散去，各有所得。后落第，参加大挑，任会典馆誊录、议叙知县，三掌蓬溪环溪书院。

杨传裔淡于仕进，喜于教授，素为县人所敬仰。主讲蓬溪县环溪书院十余年，每天黎明即起，点勘经史，以授生徒。他的学生，考中附生、廪生的甚多。因此，文誉踵起，同党钦佩，为环溪书院的发展繁荣作出了贡献。

民国《潼南县志》第九《艺文志》，载有四川灌县（今都江堰市）举人王昌龄（瑞徵）撰写的《杨君肯堂墓志铭》，介绍了杨传裔生平事迹。

第四节 龙翔书院

龙翔书院，位于遂宁市安居区横山镇龙翔村，嘉庆十九年（1814）由乡人银理斋等捐募筹资创建，因其地发脉龙头，故名“龙翔书院”。著名诗人张问彤曾在此讲学。清末改为遂宁县立第八高小校。民国时期，校址迁至横山镇，现为安居区横山初级中学校。

一、清代蜀中著名诗人张问彤与龙翔书院

张问彤（1768—1832），字受之，号饮杜，四川遂宁人。与张问安、张问陶为从兄弟。少负隽才，工古文词。乾隆五十七年（1792）考中解元。嘉庆元年（1796）荐孝廉方正，补什邡教谕，日以讲学为事。晚授山西和顺县知县，山西巡抚欲留其在省垣以备顾问，以知州升用，不久病逝，葬于遂宁市船山区新桥镇四村象山。问彤工诗，与问安、问陶时有唱酬，然独主少陵，故名其诗集曰《饮杜诗集》。张问安、张问陶、张问彤合称“遂宁三张”。孙桐生《国朝全蜀诗钞》卷三十三载：“受之少负隽才，举乡试第一，士论推重。七上春官不第，以荐孝廉方正，得官广文，未展其才，人颇惜之。佳句如‘春静人来少，庭闲鸟下双’‘地寒晴养麦，天暖雨肥鱼’‘偶因沽酒知鱼价，恰为锄花破藓斑’‘梦里还家兵世界，病中愁日闰支干’‘心肝不死忧家国，诗句无灵愧弟兄’，俱新雅。”其《秋怀》诗中，有一首怀船山云：“闲官秋气味，十载奉京师。狂得时人骂，诗从外国知。车螯肥入市，霜菊傲当篱。嗜酒无钱甚，惟应句益奇。”张问彤著作现存有《饮杜诗集》和《饮杜文集》两种。《饮杜文集》为清道光五年（1825）刊刻本，谭言霭（四川安岳人，翰林、官至御史）作序，称问彤“为文胎息两汉，出入唐宋元明诸大家，兼取众长，莫名一体。”遂宁市图书馆有藏。《饮杜诗集》分上下两卷，收诗200余首，有清道光四年（1824）刊刻本，在蓬莱镇（今四川大英县治）刊印，诗集有王检（四川泸州人，进士、官至山东按察使）所作叙，叙中称问彤诗“谨严”“醇雅，不愧古作者”，“饮杜与船山，固旗鼓相当，未易轩轾云。”可见时人对其诗评价之高。诗集在四川大学图书馆有藏。

图 5-5　张问彤祖居地船山区赤崖山（汤元宁摄影）

张问彤前后主讲龙翔书院六年，撰有《创建龙翔书院碑记》。该文记载了龙翔书院创建过程："邑西三十里，有山曰'龙头'，地与横山寺相近。其间贤父兄虑子弟之失其教也，而买黄氏之居，创为书院；复买其田六十余亩，以为延师之需。""逾年，银理斋翁始募建大门，竖立坊匾，土墙悉易以石。费钱二百余千，不足之数，己力肩之。中间余改馆书台，诸君乃得以厚其盖覆，治其阶除，其旁之垣墙，后之山脚，皆选石层叠之，坚整厚实，可历久远。更补东偏之缺。盖始自甲戌（1814），迄于甲申（1824），而规模备矣。"

创建龙翔书院者，有银理斋昆仲及郑书、王景运、吴东望等 10 人，经过 10 年时间，才修建完成，而银理斋贡献最多。张问彤特撰《银理斋八十寿序》表彰他。

二、龙翔书院历史沿革

清嘉庆十九年（1814），张问彤到龙翔书院主持教务。嘉庆十九年（1814）至道光四年（1824），乡人银理斋等捐资整修、扩建龙翔书院。民国五年（1916），龙翔书院改为遂宁县立第八高级小学校。民国二十六年（1937），龙翔书院迁至横山场镇禹王宫，与横山乡小学合并，两校融为一体，横山乡小学就是龙翔书院的延续。

三、龙翔书院的位置和建筑

龙翔书院坐落在气势雄伟、树木葱茏的卧牛山麓，坐北朝南。书院的主体建筑包括学生用房、教师用房、文昌殿和教室四部分。

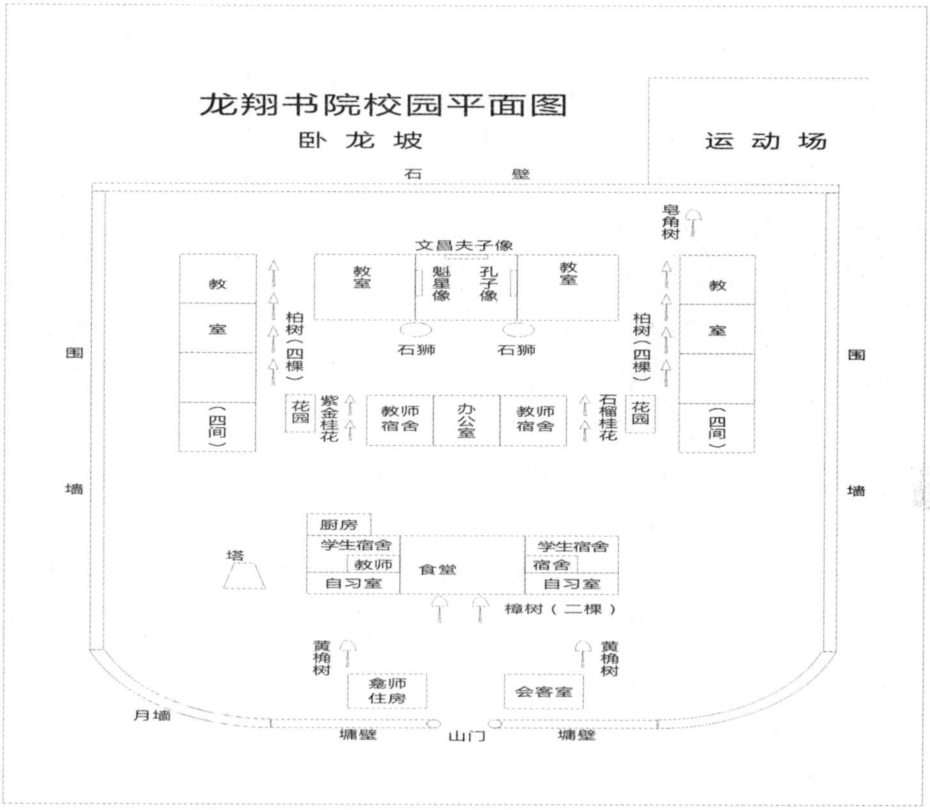

图 5-6　龙翔书院校园平面图（刘耀空提供）

龙翔书院的主体建筑分为三层，每层递高 1 米左右。

第一层是学生生活区，有厨房、食堂和学生的宿舍，还有早晚自习室。第二、三层是教学区。第二层间是办公室，两侧是教师宿舍，教师宿舍两侧各有一个花园。办公室屋顶为琉璃瓦。教师宿舍为普通木结构建筑，技术要求高，工艺精湛，一般房屋宽 5 米，深 6 米，高 6 米，门窗、梁柱精工制作，梁上绘有彩画，吊瓜作了雕镂。第三层正中是孔子殿，靠后壁中间立有文昌夫子的全身石质像，高 1.6 米，背后刻有文字，系曾在该校求学后来做了官的学子所赠，落款为“同治”年间。右边墙壁上龛有木质魁星塑像，也是为官的学生所赠。左墙边立有六块石碑，其中四块高 2 米，两块高 1.4 米，上面刻着有功名的学生的名字。孔子殿门上挂有一块长木匾，上题“园桥观听”四字，匾的一端书“同治□年福建漳州知府郭□□赠”十多个小字。孔子殿两侧是教室。第一、二两层建筑的中间均有穿堂，到孔子殿很方便。

第二、三层的两侧各有竖排的教室四间，教室前栽有等距离的柏树各4株，高20米。

在第一层的右侧有一座四方五层的石塔（化钱炉），这层的中间台阶两端有一对栩栩如生的石狮，由此通过穿堂直达孔子殿。石塔的右前不远有一棵黄葛树，在第一层的左下角也有一棵黄葛树，它们的树围有三米多，十来个小学生牵头才能围住，树干中空，书院办小学后孩子们爱钻进洞里捉迷藏、捉猫头鹰，树高，枝长，叶茂，相互交错，人可以攀着枝杈，从这棵树走到另一棵树上去，两树相距十余米。树枝上有寄生的黄连树和地生包，这样大的黄葛树很少见。在山门和第一层之间，过道两旁各有香樟树一棵，树围1.6米。

第三层建筑之后是条石砌成的石墙，高2米，石墙后面是悬崖绝壁的卧牛坡。校门前是墉壁，石头砌成，高3米，朱红色，墉壁中央是校门，墉壁上各有一只雕龙，两龙头相对，尾朝外，活灵活现。

连接围墙和墉壁的是弧形的月墙，由石壁、围墙、月墙和墉壁构成的外围设施，只要一关上门，书院就十分安全。

山门内两侧各有住房一间，是龛师的住处。书院后面偏左侧是运动场，由两块地平整而成，面积4000平方米，民国初年有一个足球场，也是童子军操练的场所。

书院的公学产业，有水田和旱地200亩（1亩≈666.67平方米）左右，部分田地由当地的乡绅捐赠，多数田地用现洋购买，资金系官吏、热心教育的人士和部分学生的家长所捐赠，对田产实行佃地收租。关于资金的管理和使用有两种说法：一种是将收取的资金上交政府，办学经费由政府拨付；另一种说法是由书院直接收取租金。

龛师相当于寺庙的庙祝，常年住在书院执行公务，是护院的责任人，由公产拨出20挑（4亩1亩≈666.67平方米）水田作为其收入来源。

民国中期，龙翔书院改名为遂宁县立第八小学，1937年将书院的教师和教学设施调到横山场镇的禹王宫与乡小学合并。

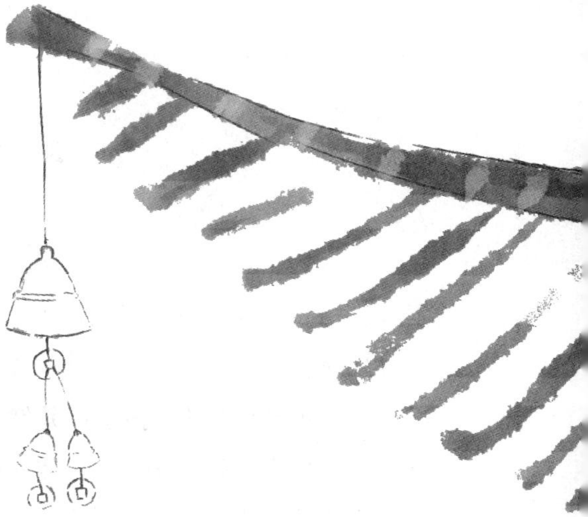

第六章　遂宁清代书院（下）

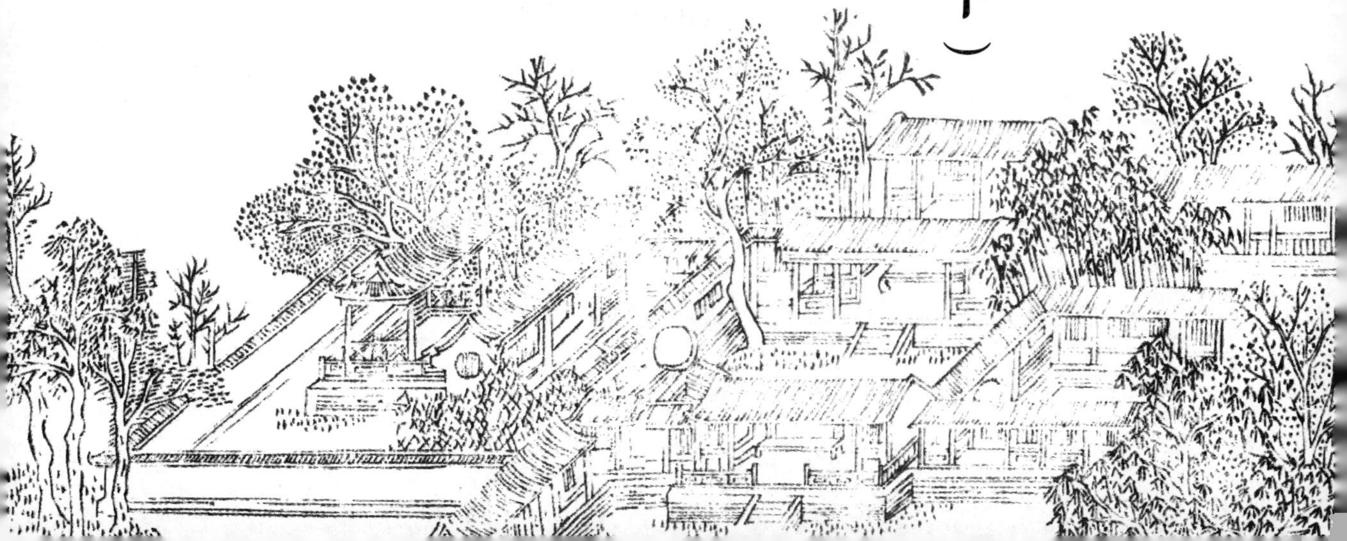

第一节 广寒书院

广寒书院，位于射洪市太和镇西门外。清道光二十八年（1848），射洪知县何玉成创建，生员任国才、杨桥等董其事，聘举人金森亭主讲。来学者不远数十百里，弦诵之声可与金华书院并称，因此学徒日众。清同治十三年（1874），斋长杨桥、监生胡寅等扩建。执经讲业，较前倍多。从此“人才蔚起，举贤书列明经者，所在不乏。”初租用广寒寺僧舍，后迁至广寒山麓荷花池畔广寒驿行馆（即今射洪中学校）。光绪二十七年（1901），改为射洪县第二高等小学堂。

图 6-1 《射洪舆图》清乾隆初年董邦达手绘，为射洪历史上第一张彩色舆图

（来源:《四川全图》）

一、射洪进士夏肇庸、抗英英雄何玉成与广寒书院

夏肇庸，字京珊，清代射洪县太和镇西郊人。同治三年（1864）举人，同治七年（1868）进士，选授山西交城、和顺县知县。喜文墨，学问宏博，知识淹贯。撰有《蓉村诗稿》4 卷、《京珊文钞》《清江擢秀集》《文品》等。另与人合修有《交城县志》10 卷。

清同治三年（1864），夏肇庸撰有《新建广寒书院碑记》，原载清光绪《射洪县志》卷之十六《艺文志（下）》，记录了新建广寒书院经过。

蜀之文教，始于文翁，而射洪在西汉为郪县地，学校之设，时间久远。因史志缺失，射洪县书院详情，已不可查。射洪原有金华书院，以陈子昂读书处命名，表达景仰之意。

清代射洪县城金华镇北距三台 40 里，东南界距蓬溪、遂宁，约百里而远，贫寒之家，很难到县城读书学习。

清道光二十八年（1848），射洪知县何玉成因公事到太镇，召集生员任国才、杨桥等说，太镇溪山秀丽，人物文雅，为射洪市镇之冠。如果以路程远近来看，太镇恰好居于全县中部，如果在此地增设一书院，使射洪县偏远之处的生童便于到这里读书，可以提高射洪民众的文化水平。生员们都回答说“好！”

新建书院之议确定，发文禀告潼川府知府，四川巡抚、四川布政使也深表奖励，并且谆谆告诫，妥立章程，期垂久远。公文发下后，知县何玉成，任命任国才、杨桥二人，管理新建之事。太和镇西南部，行台久芜，略加修葺，为讲诵之所，以“广寒书院”为名。

广寒书院规模粗具，射洪五庙首领愿仿金华书院旧例，由杂粮斗局，捐助膏火钱一百二十串，丝秤、猪店，也来捐助。士民段永泰、谢上才、谢上义等，也各有捐助，共计每年所获三百金。首聘举人金森亭主讲，学生不远数十百里而来，弦诵之声与金华书院相等。

广寒书院创建后，太和镇人才蔚起，考中进士、举人者，所在不乏，而考上秀才者，累累若贯珠。书院之建，会逢其时。何玉成知县倡率，任、杨诸君子赞襄，太镇士民出金资助，有维持羽翼之功，皆不可泯灭。射洪必将有宏通踔厉之才，应运而起，而不仅仅只有陈子昂、杨最独擅千古。

何玉成，原名琳，以字行，号琢石，广东番禺县慕德里司萧冈乡（今广州市境白云区）人，三元里抗英英雄。家贫，嘉庆二十二年（1818）考中生员，道光十一年（1831）中举人。鸦片战争爆发后，他在本乡怀清社学办团练。写有《辛丑首夏书事》等诗，揭露帝国主义侵略和鸦片输入对中国人民的危害。道光二十一年，英军犯广州，占四方炮台，家居离此不远的何玉成曾“联合本司各社学，保守乡间。”是年五月，广州北郊三元里农民首举义旗抗英，何玉成积极响应，参与乡组织义勇队伍，鼓励乡民勇杀英兵，大败英国侵略军于牛栏岗。事后，清官方授予何玉成“六品军功”。

道光二十四年（1844），何玉成赴京参加会试，大挑一等。道光二十六年（1846）冬，出任四川射洪知县。道光三十年（1850）回任。咸丰六年（1856）第二次回任。前后三任射洪知县，历时十载。于太和镇建广寒书院，延师课读。在射洪县衙署内建“眠琴书屋”，聚集县内俊秀子弟诵读其中，亲授讲义文法，每月课考试，奖励优生，处罚差生。与前任知县萧淦，先后坚持约共十五年，均勤恳不懈。县人士，参加乡试、会试，科名继起，实基于此。何玉成流官万里，任射洪知县十年，曾题诗云：“南国烟凄散梓城，流官万里去行程。十年难醒他乡梦，百岁长留倦客情。寥落江头怀旧德，寂然碑板隐功名。从来扬善须勤力，化育春风有政声。”

射洪市青堤乡义渡边，今尚存一块何玉成撰写的碑文石刻，文曰：

从来义举集众力者，必有过人之才，识斯善举乃能善其善，乃能成也。道光丙午（1846）冬，余莅任斯邑。越明年（1847），公余之暇，访求利弊等，兴三费设局，劝捐绅粮等举。邑明经邬君登琪总其事，四阅寒暑，收货买业，邬之力居多，而尤家食办公，不靡月费，更倡同事以捐输，因深重其为人。继之前乎此者，邑南青堤镇渡口，久经土人霸据勒索万端，为行人病。爰集同事大兴义举，舍己倡捐，后募本邑及三、遂、蓬、安诸善士，得六千余金，买渡置业造船，不一载而告成。而救弊补偏，又积十数载之勤劳，始称完善。或偶话及，不自任功。且以为斯役也，则始立业者杨君浚亭，捐施码头者文君思安，赞襄其事者文君陪章，皆诸君子之力，其谦善有如此，兹当功竣，邑人请序颠末，以勒诸石，并为后之作善不终者劝于既善，当年乐善好施者众且速，而嘉邬君之虑，始图终集群力以成斯举也，于是乎序。清咸丰七年（1857）射洪知县何玉成撰。光绪元年（1875）七月二十四日公立。二零一六年六月射洪县文物管理所重刻。

《潼州府志》《射洪县志》政绩篇均有何玉成传。

图 6-2　四川省射洪市青堤乡义渡边清代知县何玉成撰碑文石刻

咸丰末年，何玉成告老还乡，为番禺乡人推举主持保良局，曾力保被朝廷追杀的红巾军多人。同治二年（1863），何玉成改怀清社学为佛岭社学。何玉成故居揽翠山房至今犹存。他曾以所居之名自刻诗稿，久佚。中华人民共和国成立后广东省文史馆收集得数十首，辑成《揽翠山房诗辑》，其中不少是抗英斗争的重要史料。

二、射洪中学与广寒书院

据新修《射洪县志》《射洪中学校史》等书记载：射洪中学的前身是创建于晚清的广寒书院，已历150余年峥嵘岁月。随着社会变迁，学校自身也随着社会的变化而发展，成为育人的摇篮，并代有英才，莘莘学子遍布祖国的大江南北，遍布海内外各地，为社会和人类文明奉献着他们的聪明才智，这不仅是射洪中学对社会的回报，更是射洪人民对社会的巨大贡献。

（一）射洪书院的起源

射洪古属梁州，是一个古老的文化区。但在秦灭巴蜀统一四川以前，这里地处蜀国东鄙，文化教育相对滞后。秦统一全国后虽也有一定发展，但素重律吏，并学之官府，因此一般人的文化素质较低。直到西汉中期，文翁来到四川时，仍发现这里的人民质朴粗俗，较少文化，于是遴选张叔等18弟子到长安学习。这些弟子学成归来后，文翁便派这些弟子到各地去兴办教育，从此四川学风大开，汉武帝亦下令郡县仿效文翁兴办学校。

汉高祖六年（前201年），西汉政府析蜀郡置广汉郡（郡治今射洪县南通泉坝），下辖13县地。今射洪分属广汉县（治今射洪县南通泉坝）和郪县（治今三台县南郪江乡境）。广汉县管辖涪江以东和梓江左岸一带；郪县管辖涪江以西和梓江右岸一带。文献虽没有记载广汉郡兴学育才的情况，但可以推想，当时文翁兴办学校，作为三蜀之一的广汉郡不可能不兴办学校。因此识者谓“蜀之文教，肇于文翁高朕，而射邑在西汉为郪地，学校之设，从来远矣。”

射洪学校在汉唐有郡学、县学，在宋有县学、书院，但直到北宋中期，由于“吾乡土瘠而民贫，中人之家，终岁勤动，犹有不足之忧……里闾父老平居，诏其子弟不过力耕获，畏法令，如是而止耳。有儒衣冠者，辄相聚讥笑，以为弃常业，舍先务，妄意于不可，必与游惰者比。”①经济的相对落后影响了学校的发展，直到北宋中期改革科举制度，“崇尚经术，罢黜传注，公选文学行义之士”，邻县学子蔚起，兴学育才之风波及县境，射洪知县方大力培植县学，并建孔庙，创金华书院，射洪的文风才大开，学校教育也相对进入到一个繁荣时期。

到元至正元年（1341）冬，知县柏延建言择地创建拾遗书院，请建山长一员，以职教祀。“朝廷是其言，以柯宇未葺，学田未置，下有司经度。”后因柏延调离未果。

① 四川省射洪县方志编等委员会：《历代射洪县志汇编》，1995年版，第72页。

至正九年（1349）春，周镐（字廷望）调任射洪知县，重拾旧议，捐己俸，鸠材募工，亲董厥役，至次年秋八月，修成一座正祠四间的书院，至正十一年（1351）二月，复建书楼、斋房、大门，并置学田三百余亩，重修的书院，袭宋命名为金华书院。元代的金华书院与宋代不同的是已纳入官学体系，其山长的推举、任用、考课、迁转与县学教授、学正学录、教谕一样，学录、教谕历两考合格者可升为学正或山长，学正和山长历一考合格者可升为教授。

明代前期政府规定“非科举者毋得与官”，在州县学校普遍兴起的情况下，书院并不发达。到明中叶以后，科举考试日益形式化，官学生员醉心于八股举业而不顾其他真实学问，学校的教学活动很少进行，只管月书季考。在官办学校的教育职能日渐沦丧的情况下，书院代之而起。书院与官学相比，更为注重研习真实学问，而且教学方法和师生关系都比官学好。

清代初年对于书院颇加抑制，害怕书院讲学宣言反清复明。如顺治九年（1652）令敕“各提学官督率教官，务令诸生将平日所习经书义理，著意讲求，躬行实践，不许别创书院，群聚结党，及号召地方游食之徒，空谈废业。”即其著例。直至雍正十一年（1733）清廷才命各省省城设立书院，金华书院才得重新开院，但此时金华书院实际已成为官学之一类，形式上或与宋明书院相类，而实际内容已经不同，着重准备科举考试，以考课为中心工作，成为科举的附庸或者空讲一些理学而已。广寒书院正是在这种情况下“仿金华书院旧例”而创建的。

（二）广寒书院的兴建与发展

清朝初年，随太和镇市镇始兴，居民聚居，人口渐多，有了兴建书院的物质条件，而治城所在地的金华，因北界三台四十里，而近东南界蓬溪、遂宁率百里之远，“寒素之家，艰于负笈。”为了方便学子就近入学，县人一直筹划在太和镇兴建一所学校。清光绪二十八年（1848），太和镇监生夏德兴等禀请兴建书院，广东番禺举人、时任射洪知县的何玉成应夏德兴所请到太和镇广寒寺附近察看，相中紧傍广寒驿的广寒学堂旧地，随后召集文生任国才、田万青、杨桥等商议建立书院事宜，并指出“兹地溪山郁盘，人物都雅，宜为邑市镇之冠，且以道里计，适当县治之中，于此设书院，使下游生童便于肄业，因广吾邑乐育之风，盖亦古者党庠塾序之遗也。”何玉成的主张得到广泛响应，随即上报省府，得到总督、布政司的“深嘉奖励，且谆谕妥立章程，期垂久远。”得到层峰批准后，何玉成拨济民局余款，命文生任国才、杨桥主持修建书院。“时廪生马开基、夏肇庸议修文风阁于斗龙背，一月得金四百有奇……事寝，遂将此项移入书院。”继由“杂粮斗局，助膏火钱壹百二十串为倡”，猪店丝秤等抽税也归给书院，加之市镇居民“出金粟相资助”，通计每岁“所获三百金”，作为书院的日常经费。随后开工修建，并用广寒学堂旧地名称，取其“于月殿霓裳之义，天然吻合，其科第之联兆”之义，命名为“广寒书院”。书院建成后，首聘孝廉金森亭主讲席，初租赁广寒寺僧舍，道光三十年（1850）始移入广寒驿行馆，“膏火课士，学徒日众”。

同治十二年（1873）斋长文生杨桥、监生胡寅等议扩建增饰，“延学博杨甲秀赴院详视，杨学博以向不吉，改向谢家坝增修，鸟革翚飞，成巨观矣，执经请业，较前倍多。”广寒书院的规模开始扩大。至光绪二十七年（1901）废科举办新学为止，广寒书院存在半个多世纪，从它兴起的那天起，“执经者不远数十百里，弦诵之声与金华（书院）等埒。”一改“太镇商贩之区，曩在嘉道之院，俗竞锥刀，人文闵寂”的状况。书院兴建后，“人才蔚起，举贤书列明经者，所在不乏，而登芹榜者，累累若贯珠”。培养了衡锦成等大批乡贤名士，为地方经济文化的发展作出了一定贡献。

第二节　旗山书院

旗山书院，清康熙三十年（1691），张焴在遂宁广济坝捐地办一塾馆以养训蒙童，后迁于河东棘子坝天公庙侧。经张懋正、刘秀荣、雷时行等捐募集资，扩建为书院，于道光八年（1828）动工，九年（1829）完工。因地处遂宁仁里场旗山西南麓，故名“旗山书院”。民国初年改为公立旗山小学校。今为遂宁市船山区河东实验小学校。

旗山，又作旂山，即大木山，位于遂宁城涪江东岸，今船山区永兴镇旗山村。其山势若龙旂，翠竹掩映，山间有溪流。遂宁先正，爰以山名为号。明代遂宁吕泌、清代遂宁张问莱皆号旂山，就是指这个旂山。清代这里建有旂山书院，书院内种植有大量菊花，有秀毓人文之谓，故称“旗山钟秀”，为遂宁古代十二景之一。

一、著名诗人张问彤与旗山书院

张问彤（1768—1832），字受之，号饮杜，遂宁相国张鹏翮弟张鹏翼玄孙，与张问安、张问陶为从兄弟，合称“遂宁三张”。乾隆五十七年（1792）解元，嘉庆元年（1796）孝廉方正，补什邡教谕。晚授山西和顺县知县。著有《饮杜诗集》《饮杜文集》存世。

张问彤撰有《建修旗山书院碑记》，原载民国《遂宁县志》卷七《书院》中。该文记录了旗山书院重修经过。

学校为教化的根据地。遂宁在书台山麓，过去创建有书院，但规制未宏，可容学生有限。今日人才济济，文治蒸蒸。县内各山居场镇，因相隔百里，路途遥远，故各地创兴义学，使县内人士得以就近读书学习。所以，龙翔书院、安溪书院，相继创办于县里；桂香书院、鉴亭书院，分建于县南。从游日众，成就惟多，远近观瞩，邻县共羡。

旗山书院，位于河东胜地，处于城市郊区，奠基最先，而完工独后。究其缘由，复杂多故。康熙三十年（1691），光禄公张烺，曾在遂宁广济坝捐地若干亩，建屋数间，打算开办书院。但当时兵燹之后，地僻民稀，书院没有建成，而民众却修建了寺庙。

后来，遂宁河东棘子坝有刘秀荣捐出产业，于是移建到天公庙。寺庙殿阁崇宏，祠宇焕彩。州同张懋正（字成一），竖立两廊，作为东西学舍，延师课士。但书院与寺院混在一起，历年既久，求神祈福的人很多，人们都认为这里是座寺院，只有晨钟暮鼓，没有了读书之声。于是，书院被寺院侵占，鸠据鹊巢。因此地位置优越，土地肥美，和尚浪荡，僧徒败坏，不可罄言。甚至寺院与书院争端不断，打起官司。遂宁知县邓林梅（字云川）贤明，公平断案。把收入分成三份：一份给寺庙供佛，二份给书院作办学经费。这样，对寺庙既无损，又兼顾了书院利益。百姓认为判得公允，上司也称适宜。

后来，遂宁贡生雷时行，义重急公，闻而兴起，不辞多费。首先捐二百四十缗，延请工匠，选择在旗山天公庙侧，重修书院。又捐一千三百贯，买亩收赋，书院经费由此增加。雷君首倡，百姓也乐意捐款，集腋成裘。建堂五间，前列回厅，左右联以书舍，课桌文案，办置齐备。学院垣墙，宏敞崭新。窗明几净，成千秋之大业，上栋下宇，供学子之进修。于是前人创建书院之理想，终于实现。

张烺、张懋正、刘秀荣、雷时行以及遂宁知县邓林梅等，为旗山书院的创建、迁建和重修，贡献甚大，永为人仰。

二、旗山书院主讲詹融宇

詹融宇，清代遂宁人，同治三年（1864）甲子科贡生。学问优长，状貌崖岸。少从安岳邹氏学习，归教乡里，历主讲旂山、安溪两书院，门弟子游庠、食饩者不下数十人。有“邹教出秋元，詹教出案首”之说，一时传为佳话。

詹融宇撰《继修旂山书院记》，载于清光绪《遂宁县志》卷四之下。

光绪二年（1876），詹融宇任旂山书院主讲。授课之暇，摩藓读碑，得知旗山书院历史。书院旁边有庙，祭祀上帝，故名“天公庙”。此庙原为张氏舍宅，詹融宇的姻亲张知铨的高祖张懋正，尝授徒于此。后来，刘秀莹以其所置数百金，捐给寺庙，庙由此稍大。寺庙僧死，将管钥交给张朝议，张朝议即张知铨的祖父。

其时，雷时行亦捐资，因别建书院，与寺庙相依，名曰“旂山书院”。以地命名，激励学生学习。在此延师课士，共计三十年。不料咸丰五年庚申（1860），云南李永和、蓝朝鼎起义，队伍曾发展到30余万人，活动范围遍及滇、川、鄂、陕、甘5省，坚持6年之久，沉重打击了清朝统治，客观上支援了太平天国起义。但由于没有一整套的规章制度，缺乏管理，也造成了打砸、抢劫、烧杀地方百姓的混乱局面，故史称“李乱”，或“李逆乱”。起义军围攻遂宁县城，遂宁城郊，十室九空。旗山书院整体建筑虽未遭毁，但门壁、窗棂、床榻、几案，均被损坏，只有栋、梁、榱保存下来。

张知铨担心先辈创建的旗山书院湮没被毁，于是捐出多年积蓄，用来继修书院。开工于同治六年丁卯（1867），不到一年就完成。用经费八百有奇，均为张知铨所捐。詹融宇深深仰慕张知铨先生急公好义，勇于有为。想让后代有所仿效，故写此记。

张知铨（1827—1899），字衡季，号西园，四川遂宁人。张鹏翼第六世孙，候选县丞、议叙同知衔，诰授奉政大夫。撰有《遂宁张文端公年谱》（1882），与堂兄张知雄修《遂宁张氏家乘》四卷。卒葬遂宁北坝。

张知铨为旗山书院的继修，贡献卓著，值得我们永远怀念。

第三节　象山书院

象山书院，位于大英县象山镇象山村金象山中麓（今大英县象山中学内）。清道光年间，乡绅钟祥光捐银200两建象山书院，咸丰元年（1851），钟瑞庭扩建书院。这里是民主革命时期李泛山少将利用教师身份在大英县境内建立的第一个中共地下党党支部——中共石板滩支部诞生地，也是中国民主同盟四川省支部象山23直属区分部所在地，还是川中游击纵队司令部成立地旧址，具有丰富的历史资源，是蕴含党的先进性深厚内涵的党史遗址遗迹。现为遂宁市文物保护单位、遂宁市中共党史学习教育基地，2022年入选四川省第二批革命文物名录。

一、清代举人钟瑞廷与象山书院

钟瑞廷（1805—1884），号梅花瘦人，清代蓬溪石板滩场（今大英县象山镇）人。咸丰九年（1859）举人，授中书科中书。由于时局动荡，遂决意不求仕进，著书自娱。曾主讲蓬莱、蓬山、象山、经义书院。为清代蜀学大家双流刘沅弟子，槐轩学派传人。撰有《易学探源》2卷、《易象显微》10卷、《龙溪诗草》2卷等。

图 6-4 钟瑞廷像（徐兴国画）

清光绪十年（1884）甲申夏六月，钟瑞廷撰《象山书院碑记》一文，载于光绪二十五年本《蓬溪续志》中，该碑记记载了象山书院创建情况及过程。

象山向来多聪明、奇伟之士，但清朝建立二百余年来，儒林道学绝少传人，科举考试中，也没有进士、举人。难道是受地域的限制？抑或没有读书的学校，不能培养出德才兼备的人？

咸丰元年（1851）初，我与同里黄显杰、张国訏、江美寿等，共谋在三台县和蓬溪县相邻的金象山侧创建一书院，因有金象山，故名“象山书院”。募集资金千金。开工建设，计五个月完工。可惜没有剩余经费，每年收取各行会寺庙资金作书院经费。

咸丰十年（1860），第二次鸦片战争，英法联军攻入北京，火烧圆明园，皇帝北狩，天下震动。象山书院于是搁废。同治五年（1866），我经过象山书院，深感痛惜，不禁叹息说：“学校关系到世运的盛衰、人才的成败、风俗的美丑和人心的醇薄。没有什么事情，比办学的事紧急。”我命长子钟永绍和弟子谭霖、唐瑞、赖启昌，重新募捐，募得资金一千三百多，办学经费稍稍宽裕点。同治八（1869）、九年（1870）间，我任象山书院主讲。其时，胡荣耀，把黄金湾田土以半价卖给书院。可惜水田多、旱地少，不便于耕种。光绪七年（1881），又募集资金，购买井湾义桥、茨土，同先前置业连成一片，遂称完善。

我乡自从创建象山书院以来，经过30余年发展，成效显著。其间考上秀才、廪生、贡生、举人、进士的，十里之内，相望不绝。

图6-5　钟瑞廷撰《象山书院碑记》（胡云柯拍摄）

最后，钟瑞廷要求：“学者诚能以陆子象山为法，尊德性而道问学，主静以端其本，慎动以审其几，严君子小人义利之辨，深思而力行之，造就既本躬行，心得以发为文章。得，则行道于天下，以辅世而长民；不得，则传道于吾徒，以砥行而厉俗。吾知人心之醇、风俗之美、人才之成、世运之盛，胥于是乎在。而儒林道学之传，其有几乎？庶科甲亦增贵焉。是在为学者之克厉其志耳！”可见，钟氏重视学生品德的培养教育，要求学生端品立行，方能成为国家之有用人才。一片苦心，跃然纸上。

二、象山书院沿革

清代古建象山书院今尚存，位于大英县象山镇象山中学内，坐东南向西北，复四合院布局，占地面积2 812平方米，建筑面积1 600余平方米。在形似太师椅的金象山中，象山书院院前开阔，院后有山峰作为屏障，院中古柏苍翠，桃林芬芳。从空中俯瞰书院，它似一只展翅的大鹏。

前厅为木结构单檐悬山式屋顶，穿斗式梁架，面阔 7 间 36.5 米，进深 4 间 5.1 米，通高 7.6 米，檐柱高 6.4 米，素面台基高 0.4 米，阶梯式踏道 3 级。

中厅为木构悬山顶，穿斗式梁架，面阔 8 间 18.5 米，进深 3 间 3.7 米，通高 4.1 米，素面台基高 0.8 米，阶梯式踏道 5 级。

图 6-6　大英县象山书院（胡传淮拍摄）

后厅为木构悬山顶，穿斗式梁架，面阔 6 间 24 米，进深 3 间 8.2 米，通高 8.1 米，素面台基高 2.1 米，阶梯式踏道 11 级。

厢房为面阔 5 间 29.7 米，进深 3 间 5.6 米。

中厅梁上有“清咸丰元年建”的题记。

象山书院藏于山林深处，育人无数。但真正令它扬名在外的是它曾是中国共产党地下党地下活动联络的后方基地之一。

象山书院在 1930 年建立“三蓬中联立象山小学”，即三台、蓬溪、中江联合成立象山小学。1931 年改建为“石板滩小学”。1935 年建立象山农校，1936 年招生，为初农第一班，学制三年、学校命名为“私立三蓬中象山初级农业职业学校”。1938 年，北京、成都、重庆等地地下共产党党员先后辗转来到象山，以教师身份作掩护，从事地下革命工作，如贺诚、李泛山、谭卫根、谭卫忠等革命志士便先后在此从事革命活动。1943 年，当抗日战争处于相持阶段的时候，象山书院有十名学生参加赴印远征军。

1949 年，遂宁、三台、中江、蓬溪等地方工委所组织的游击队，在书院成立川中纵队司令部，司令是遂宁人王子度。

1956 年开办“蓬溪县第五中学”，后更名“象山中学”。1970 年开设高中班，1971 年至 1974 年停办高中，1975 年恢复高中招生；1978 年初中停招，1981 年恢复至今。象山中学建立后，大量增添了教学楼和办公楼，书院只占象山中学的一小部分。

2012 年 8 月 15 日，象山书院公布为四川省遂宁市文物保护单位。

象山书院在历史变迁中历经风雨，后来几经修缮，砖瓦间略带了几缕现代气息，而建筑中的古色古香依然遮掩不住：木构悬山顶、穿斗式梁架，柱础镌浅浮雕纹饰、额枋、簷头、雀替等部件上均施油彩，对称呼应的走廊，幽静雅致的厅堂，展现着书院的严谨设计和精巧构建。大英的象山书院就在这淡雅的书院气息中，传承着革命先烈的铮铮傲骨。

经维修，象山书院现已作为象山中学行政办公用地及德育宣传教育基地。

2022 年，象山书院红色文化党史学习教育基地成功申创“遂宁市中共党史学习教育基地”，入选四川省第二批革命文物名录。

第四节　文明书院

文明书院，位于蓬溪县蓬南镇天平村西南 100 米（今蓬南中学内）。创建于清光绪十年（1884）。

一、文明书院概况

文明书院坐西北，面东南，四合院布局，占地 1 400 余平方米，建筑面积 800 余平方米。

正厅为木构悬山顶，穿斗式梁架，面阔 3 间 14.2 米，进深 4 间 8.8 米，通高 6.8 米，柱径 0.3 米，素面台基高 0.4 米。

前厅为木构悬山顶，穿斗式梁架，面阔 3 间 14.2 米，进深 3 间 7.2 米，通高 5.7 米，柱径 0.27 米，石板面台基高 2.3 米，台阶式踏道 13 级。

厢房面阔 9 间 26 米，进深 6 米。

前厅梁上有“清光绪十年建”的题记。

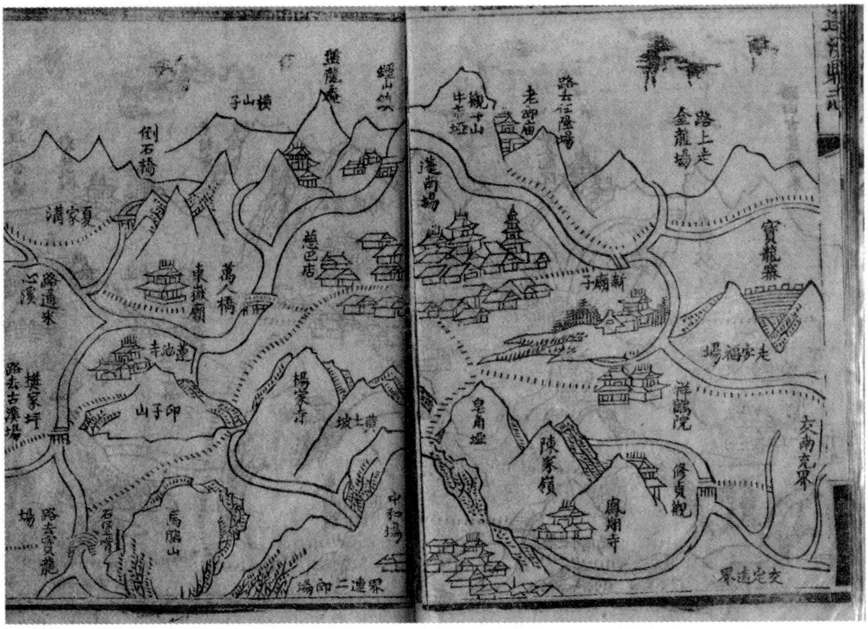

图 6-7 清代道光年间蓬南场地图（来源：道光《蓬溪县志》）

二、清代蓬溪知县周学铭与文明书院

周学铭（1859—1911），字味西，安徽建德（今安徽省东至县）人，两江总督周馥次子。

其父周馥（1837—1921），字玉山。安徽建德（今东至）人。清末洋务运动主要人物之一。历官天津兵备道、直隶按察使、直隶布政使、四川布政使、兵部尚书、山东巡抚、两江总督兼南洋大臣、闽浙总督、两广总督等职。卒后，溥仪谥之曰“悫慎”。著有《周悫慎公全集》。

周学铭于光绪十八年（1892）考中进士二甲第 4 名，选翰林院庶吉士。其兄周学海，亦于是科中进士。周氏兄弟双双中进士，“一门双进士”在当地引起轰动。周学铭选翰林院庶吉士，与蔡元培、张元济同科。光绪二十年（1894）散馆，以知县即用。傅增湘撰《建德周公墓志铭》说：“甲午散馆试列二等，故事得授京职，有阴尼之者，竟改知县，铨授四川蓬溪。”周学渊《周学铭文后记》载：“二兄能文而善书，当庶吉士朝考时，人皆谓必留馆。适阅卷大臣有与父有隙者，黜置二等，然犹在编修、部属之间，乃竟归知县班，签掣四川蓬溪县。二兄以京师不可久居，遂毅然赴任。”说明周学铭的考试成绩很好，但“阅卷大臣有与父有隙”者，做了手脚，因而没有考上一等，没有留馆作编修，而是被派到基层做知县。周学铭被吏部掣签到四川，于光绪二十二年（1896）二月至二十三年（1897）十一月，任蓬溪县知县。任职期间，倡值茶、桑，主编《蓬溪续志》，射洪杨焕之曾受业其门。光绪二十五年（1899），周馥出任四川布政使，到蓬溪，作有《过蓬溪县》一诗："篮舆百廿里，夜半到蓬溪。灯火迎郊市，衣冠杂耄倪。民醇勤稼穑，田少限山溪。欲究桑茶术，何人为指迷？"原注："予学铭前二年宰是邑，民颇爱戴，余来此，士民见者犹称颂不已。蓬民诉学铭劝民种茶桑；事未竟，去任述饬，后来宰斯土者继成之。"周学铭离任蓬溪后，擢升道员，授二品衔，改江西候补道，再署江西按察使。1904 年因父任两江总督，循例回避，改任湖南候补道。1910 年，周学铭接受父命，潜心纂修《建德县志》，为家乡留下了宝贵的志书和大量的历史资料。1911 年 3 月，周学铭病故于芜湖。

图 6-9　周学铭总纂光绪本《蓬溪县续志》十四卷（来源：光绪《蓬溪续志》）

周学铭在任蓬溪知县时，撰有《文明书院记》一文，载于清光绪二十五年本《蓬溪续志》中。该《记》对文明书院的缘起作了详细介绍。

蓬溪，是个山区县。县内设置有义学、私塾，教化子弟，有数十所，而开办书院又有数十所。分布在蓬溪中乡、东乡和西乡数十里之间。县人重视培植文化教育，可以说做到了极致。

蓬溪东乡（蓬溪县老二区），有一场镇，名叫蓬南场。一直没有建立书院作会文讲学之地，东乡百姓引以为憾。光绪十年（1884）甲申，群众商议集资在蓬南场南坡建立一所书院，由蒲国馨、张茂显负责。用筹集的经费，建厅二楹，分为上下。书院襟带溪流，风光旖旎。开建于光绪十年（1884）甲申之秋，落成于光绪十一年（1885）

乙酉。负责人为了表达期望，取名为“文明书院”。东乡的优秀学子，怀抱理想，在那里刻苦学习，已有多年了。

光绪二十三年（1897）丁酉，秀才蒋鸿仪等人，来请我撰写一篇记。书院之设，由来很久了。从宋代到今天，将近千年，全国府、州、县上千个，府县设置书院，星罗棋布，遍于国中。书院可以陶冶人才，振兴文教，补充官学教育的不足。当今学官为闲职，教育的责任，全靠书院。如果教师好，又教得好，学生能够学到知识，往往就是当时的名师。书院的设立，关系人才学术的盛衰。

第七章　遂宁书院人物

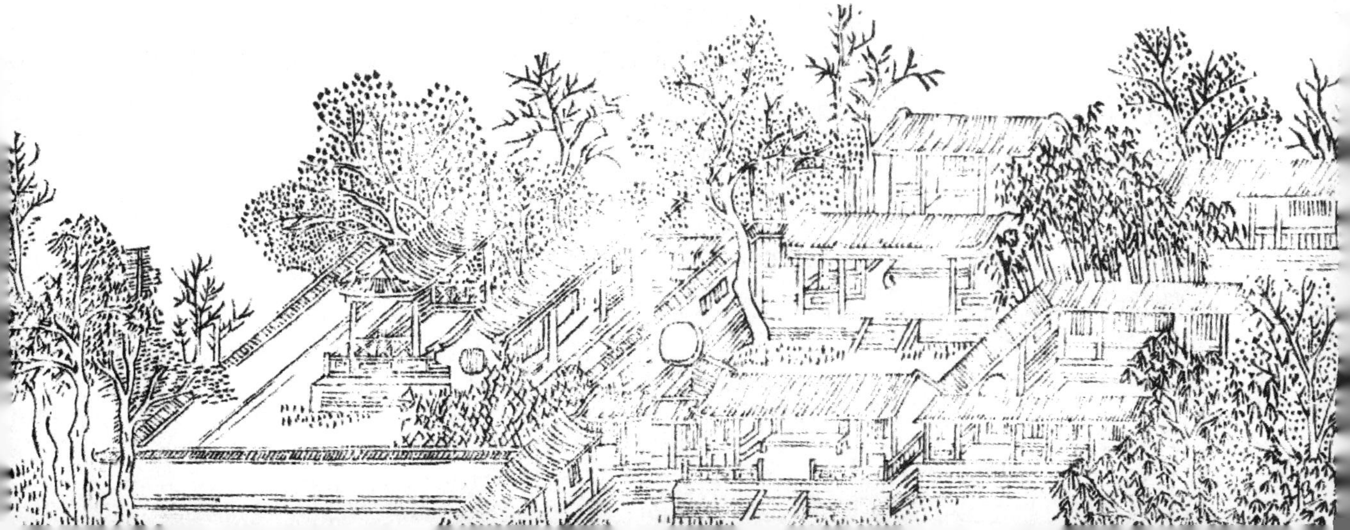

第一节　书院讲席

唐代九宗书院创建人张九宗

张九宗是遂宁早期历史文化名人。他超凡脱俗、颇具远见卓识，有着重大的建树，是非同凡响的政治家、教育家。他彪炳史册，功垂千秋，光耀万代，值得从生平事迹、为政主张、相应政绩、相关著述，特别是创办九宗书院、开坛讲学、培养人才、弘扬儒学、教化民风、兴文学、重文化、撰书碑铭等方面入手，全面整理发掘和大书特书。

图 7-1　遂宁中学高新校区张九宗塑像（宋以荣拍摄）

张九宗不仅在遂宁做过刺史，还创办过首屈一指，鼎鼎大名的“张九宗书院”，因此，将其认定为遂宁历史文化名人，这应当是无可非议的。对于张九宗，虽然我们目前尚难作出确切详尽的介绍，但至少可以从相关史料中获得一些基本信息。

第一，张九宗是遂宁人。关于其生平，在《遂宁历史人物传略·教育》中有“生平不详”之叙述。虽也曾有学者断言“张九宗为唐贞元时（785—805）人”，但并无确凿依据，也不合情理（无法证明他只活了 20 岁）。但从“唐德宗贞元元年（785）刺史乔琳建立学宫，九宗入学读书，成绩优异，深得乔琳赏识。贞元十一年（795）九宗中进士，出任戎州（今四川省宜宾县）刺史”的记载中可以推断，张九宗生活的年代大致为公元 770—840 年，当与曾任长江县（今四川大英县）主簿的著名苦吟诗人贾岛（779—843）是同时代人，只比一代文宗陈子昂晚 100 年左右，应属遂宁历史上的早期历史文化名人。

第二，张九宗出生于殷实富贵之家，从小就接受过良好教育。且智力极高，“自幼聪颖好学，文思过人”“成绩优异”，因此学业精进，学历很高，不仅是贞元（795）进士，而且还“长于文学，字画遒劲”，多才多艺，“遂宁寺观的碑铭多为其撰书”。这不是一般人所能企及的，因而还应当是遂州历史上早期著名的文学家、书画名人。

第三，张九宗很精明能干，有很好的管理天赋。曾出任戎州（今四川省宜宾县）刺史，还先后担任过同州（今陕西大荔县）、华州（今陕西华县）、晋州（今四川安岳县）、遂州（今四川遂宁）、邛州（今四川邛崃）等州刺史，且多为异地做官，经受过多岗锻炼和考验。由于他工作勤谨、高瞻远瞩，“注重民风、着重教化，治理有方，政绩显著”，因而口碑很好，深得赏识和重用，曾官至御史大夫，后又“持节封侯”，“归典乡郡”，可谓功德圆满、功成名就、光宗耀祖、荣归故里；一生勤谨有为，为官一任，造福一方；品德高尚，声名远播，是遂宁早期历史上深受民众拥戴、朝廷信任的不可多得的清官、好官，是非常优秀的管理人才。

第四，张九宗不仅自幼好学，而且对教育有着特殊的情感，在任刺史时就很重视教育，重视教育的社会功能，将教育提到了提高民众素质、营造良好社会环境的高度来认识和处置；对遂宁教育、对培养过自己的遂宁学宫的衰败痛心疾首，不仅“致力于恢复”，创造性地开办了九宗书院，而且还“亲自主讲，大力提倡教育，为兴建学校、培养人才作出了重要贡献”。他不是随心所欲，或仅仅出于个人的感恩情结，更不是在晚年有了闲暇，要为自己找乐趣或安身之所而兴建学校，这既充分体现了其超凡脱俗的雄才大略，更充分展示了其为官一任，造福一方，高瞻远瞩，重视教育，重视人才培养，重视民众素质提升，重视社会建设的品德风尚，是一位颇具远见卓识，非同凡响的政治家。同时也充分表明了遂宁人杰地灵，尊师重教的光荣传统。

第五，张九宗不仅好学，而且还善思，善创，是一个教育家。他不仅创建了书院，创立了特殊的教育教学机构，而且还十分重视书院的办学理念、环境建设和气氛营造。他不仅亲自动手，于书院周围“亲植柏樟，在学校垣墙外亲植柏树千株，在梵云山遍植佳木奇花异草畜养鸟兽”，重视校园环境建设；还十分重视校园文化建设，重视书院的品牌和品质品位提升，于大门上亲自书撰楹联“欲藉水山来养性，更凭花鸟去偷春”，营造了“牛羊衔草窥环佩，鸟雀离花听管弦”和“梵云春晓画图间”的优美育人环境与名胜景观，“使之势摩霄汉，佳气葱郁，景色壮丽，甲四川之秀”，让学子心旷神怡，潜心静读，有着“以文化人”，环境育人的先进办学思想理念；还亲自“讲学其中”，取《论语·季氏》“君子有九思：视思明，听思聪，色思温，貌思恭，言思忠，事思敬，疑思问，忿思难，见得思义”之意，特取山庄名为“九思山房”，倡导了一种勤于思考，善于思考，时时思考，事事思考，善于研究的严谨、求真、务实学风，开创了非同凡响的学思结合、学研结合的研究性教育办学方式、人才培养方式，为后世定下了勤学善思、学思并举、学研并举、办学育人之基调，不仅在历史上赢得了“蜀之教化始于文翁，遂之教化始于九宗”的高度评价，而且延衍传承至今，成为教育的千古范式之一。可见他是一个有思想、有理念，有行动，有成效的非同寻常的教育家。

第六，张九宗的一生建树颇多，在各州郡任职时都多有显赫政绩，因而“兼御史大夫”，并于后来“持节封侯，归典乡郡”。与此同时，张九宗对家乡遂宁情有独钟，一生中作出了六大贡献：一是志存高远，为政勤奋，“注重民风，着重教化，治理有方，政绩显著”，并非碌碌无为，甘于平庸的太平官。二是重视教育，“在任遂州刺史时见学宫废祀，于是致力于恢复，并亲自主讲，大力提倡教育，为兴建学校，培养人才作出了重要的贡献”。因此，正德《四川志》云：“蜀之教化始于文翁，遂之教化始于九宗”。三是重视文化建设，重视软实力打造，为遂宁的寺观撰书碑铭，提升遂宁的文化品位，使“遂宁文学，自九宗昌焉”“从此遂宁文风日盛，奠定了文化发展基础”，实乃遂宁文化之开山鼻祖，奠基之人。四是重视民风，着重教化，注重民众综合素质的提高，注重社会基本环境改善，社会风气建设，以提升其品位和档次，这不仅在当时特定的时代社会背景中非常难得，而且在当今社会中也是非常前卫的。五是在家乡遂宁创建了世界上较早的书院，创办了在四川、中国乃至全球较早的教学研究型教育机构。六是重视环境建设，善于营造和绿化美化环境，为人们创造美的景致来赏心悦目，陶冶情操，在梵云山倾心打造的“梵云春晓”景点，成为历史上颇负盛名“遂州十二景”之一，至今让人追思憧憬，开文化旅游之先河，为旅游业的发展作出了积极贡献。

综上所述，不难看出，关于张九宗的史料虽然简略且多数语焉不详，但是，从其中可以勾勒出其基本轮廓形象：张九宗系唐大历至大和年间遂宁人，生活在公元770—840 年，具体生卒年月不详；家境较好，从小聪慧过人，成绩优异，接受过高等教育，是唐贞元十一年（795）进士，长于文学、书画；曾经在四川宜宾、安岳、遂宁、邛崃和陕西大荔、华县等地先后做过刺史；注重民风教化，重视教育，曾兴建学校，创办九宗书院，注重办学思想理念，注重环境育人，为培养人才，传播儒学作出过重要贡献；为官治理有方，一生政绩突出，曾官至御史大夫，是一个口碑良好，颇受拥戴的好官，因而后来持节封侯，归典乡郡，名垂青史；是一个重视文化建设，为地方经济社会、历史文化作出过显著成效，有着重大贡献，值得充分挖掘研究、宣扬、推崇的遂州历史文化名人。对其研究可从其生平事迹，为政主张，相应政绩，相关著述，特别是其创办九宗书院、开坛讲学，培养人才，弘扬儒学，教化民风，兴文学，重文化，撰书碑铭，创设文化景点等方面入手，对相应史学和文学资料披沙沥金，钩沉摄要，以使其在厚重的遂州历史文化中重放光彩，以使遂州的历史文化更深更好，更具品位，更璀璨夺目，对当今文化教育和社会经济建设起到应有的滋养、裨益、启示、指照和推动促进作用，让遂宁的明天更美好！

【原载】《四川职业技术学院学报》2012 年第 4 期，作者王金星、刘琼英

明代梵云书院讲席章评

梵云山中五百年前曾有一个梵云山书院，这个书院的主人就是明代才子、正德解元章评。

然而，民国十八年县志关于章评的生平记载不多，而且还有诸多阙疑。近来又查阅了一些相关古籍，总算丰满了许多，但仍然没能窥其全貌，饶是如此，已深感遂宁人不应该遗忘这个先贤。

一、少年解元

章评，字嘉言，号斗阳，约生于明弘治（1488—1505）中晚期。五百多年前的今天，风华正茂、才气逼人的章评正在梵云山书院苦读以备战来年的乡试。两年前，遂宁才子陈讲参加乡试高中解元，满城集庆的荣耀一直激励着章评的斗志。自正统（1436—1449）以来，七八十年间，在久违的蜀中太平盛世之下，遂宁乡试、会试科举蝉联，捷报频传，斗城街坊年年欢唱不歇，激励一代一代后生学子盛世求仕、修身治国、光耀门庭。而陈讲的一举夺魁算是遂宁乡试一个期盼已久的高潮，斗城百姓奔走相告、载歌载舞，大庆三天还意犹未尽。满城庆祝的荣耀之状令年少才高的章评既羡慕向往又踌躇满志，终于等到翻年乡试，也就是正德十四年（1519），少年章评果然如愿以偿，一举获得全省第一名。遂宁乡试连续两届斩获解元，这在遂宁史上绝无先例，在科举史上也实属罕见。而且这一年除章评以外，还有文桂、朱轼、张启、王学睿等五人同时中举，中举人数之多也是遂宁明代科举之冠。这相当于遂宁科举继三年前陈讲高中解元之后又达到了一个新高潮。“遂有祯祥开蕊榜”的斗城大街小巷再一次掀起了集庆三天的“狂欢”。但此时沉浸在热闹中的遂宁人还不知道，另一个年方十三岁的神童也正暗地瞄准这两位解元前辈，终于在九年后如愿为遂宁再夺解元文魁，并于次年斩获殿试第三名，他就是名垂史册的遂宁探花、太史杨名。“十二年间三解元”的荣耀将再次把斗城人文推向前所未有的高潮。

章评蝉联解元的这一年，遂宁人的热闹还远不止于此——新都状元杨升庵身着盛装在一队鼓乐仪仗的簇拥下来到遂宁迎娶工部尚书黄珂之女黄峨；名震京华的一门三兄弟进士“席氏三凤”也齐回遂宁扫墓。斗城的人文佳话一波接一波在这一年里欢腾，当然也免不了这三件盛事的交集。县志就记载了席氏兄弟趁新都状元、官为翰林院经筵展书官的杨升庵迎亲遂宁之际为其玉堂山祖茔写下了《玉山翔凤赋》的名篇；多年前相为灵泉寺梅山书屋同窗的席彖和文桂，一个荣归故里、一个方得中举，自然也少不了相互抚慰感慨，席彖在后来的《灵泉山读书记》一文中有提及。

然而在层层热浪的欢庆声中，少年得志的章评却淡出了遂宁记忆几十年，仅有的史料只略有其曾任兴平县令，历秦、淮二州长史等记载。直到三十五年后的嘉靖三十三年（1554），年近六十的他才又回到遂宁人的视线中来，但此时的章评已是一个游历多年载誉归来的饱学大家，从游者众，俨然川中儒林泰斗。这一星光从他这年写的《游灵泉记》名篇中映射了出来。

二、儒林泰斗

《游灵泉记》一文记述了章评回到遂宁，放舟西涪、采菊东畹，应昔日弟子、时为灵泉山梅山书屋山长的梓南之邀到山中品茗叙旧。本来从游者已经很多了，都是川中一带闻名的学者隐士，如百峰、天台、少渠、近泉、一庵、忠庵、九川、少蕨等人，不料另有遂宁逸士如氶山、广原、东垣等人听说章先生在灵泉游山，立即提着斗酒上山来寻，一众十余人聚集灵泉梅山书屋，凉风满座，尘虑尽融。竞以大斗酌敬章评先生，大家还兴致盎然地依次唱诵章评以前所作的诗歌。可以看出这些学者逸士都对章评执以弟子之礼，也从这些诗文中可以了解到一些章评曾经在遂宁梵云山、灵泉山、鹤鸣山等地率弟子游乐酬唱的情景。文中连续五首《次巖山翁方洲先生诗》既可以体现他与小他几岁的解元杨名（号芳洲先生）的惺惺相惜，又可以一览章评天资聪颖，学问渊深，下笔万言，倚马可待的绝世才华：

其一《东明禅房》：

一别云山动十年，重来转觉思悠然。尚书往事高悬斗，太史新诗妙入禅。僧老可能留玉带，春风何日彻金莲。瞻依不尽生平兴，寒起松风耸鹤肩。

其二《长松寺赠别百峰天台二友》：

欲到长松已数年，晚来初眺果超然。仅将风雨三更话，都付虚空一夜禅。台倚云深多紫蕨，霜欺花老瘦红莲。孤山不惜双龙卧，何处苍生息半肩。

其三《登灵泉山诗》：

一窍云门几万年，重登鹫岭更冷然。直从象外悬心镜，不独人间照晚禅。望日遥通沧海月，揽云胜倚华山莲。凭谁川上寻元化，路入源头未放肩。

其四《登灵泉山诗》：

春风老寺又新年，花落花开亦自然。笑我才知心上事，何人真得醉中禅。山饶彭泽归来菊，水漾濂溪雨后莲。千古纲常谁负荷，江湖廊庙两高肩。

其五《登灵泉山诗》：

云外寻春忆少年，春山回首忽怆然。谁能同我重看竹，何必从头又问禅。绿水对江横素练，翠峰迎雨拥新莲。金仙不管人间事，长在空门袒右肩。

从这五首同韵的律诗来看，说明章评还是经常在遂宁活动，只是县志没有记载而已。另外，章评曾长时期离开过遂宁，所以才有怆然回首、别后重逢的诸多感慨。那么，他离开遂宁是去求学还是做官？值得考证。

三、从游吕泾野，笃行仁学

章评晚年称川中儒林泰斗，并非仅仅是日与诸友悠游唱和的诗酒功夫，其真正的魅力在于寓道于游的笃行仁学，即他在生活处世中无不贯彻“学仁、体仁、弘仁”的儒家精神。他在《游灵泉记》一文最后讲的道理就充分体现了他无时无刻不在身体力行、传播弘扬的仁道之心：

古称不朽者，穷达不与焉得无深长思乎？是故卷阿之游，明良之遇也；舞雩之游，师友之乐也。有崇德辨惑之学，而后可语凤凰梧桐之治。谓孔子之心，非召公之心不可也。志荒而业怠，是殆山川之耻，亦何取于逸游哉！诸君子然余言。寺之僧识之，以示后之君子。

光是说游，章评就举了三种类型，一为达者之“卷阿之游”，一为师友之“舞雩之游”，这二者都不离“学仁、体仁、弘仁”之道，故不管境遇如何，都可以不朽。而那些志荒业怠的盲游，在章评看来则无异于“山川之耻也”！

以此来看当时章评的学识格局，其才情与早年的应试之学已有天壤之别，而且仁学体系卓然自成一家。由此可以想见，他必然有着非凡的求学良遇，才会如此深邃而豁达，才会造就与同为本县解元的陈讲、杨名及才高八斗的席象完全不同的人生命运（三人均含恨仕途，郁郁不得志）。那么章评究竟遇到了哪些良师益友呢？近从友人郭云龙先生提供的光绪版《遂宁县志》中寻得一篇《梵云山》词条和一篇明代理学大家高陵吕泾野为遂宁梵云山寺写的碑文，或可给出答案。现录原文如下：

《遂宁县志·梵云山》：

梵云山在邑治之西，其上为开善寺，前明邑人章子嘉言讲学之处也。中有高陵吕泾野先生撰书碑记，颇详求仁之功，褒章子而勉其从游梵云之上者。夫言仁，洙泗之旨也，而于寺碑及之，则兹山之佳境，其有资于仁者，可想矣！盖厥势耸拔，厥形齐伟，四时之景，无不可爱而莫妙于春，莫宜于晓。面东皇，迎朝旭，冲融天理之机，平旦光明之象，举可登其上而悟之。吾观旧志载章子之文，如记《王道街》《可为堂》诸作，其理粹然，其旨渊然，有春温和煦之气，具广大清明之概，岂其徘徊胜地流揽风光，而籍以体吾仁者有素耶！

《遂宁县志·吕柟梵云寺碑》，镌：

邑城西梵云寺，章子嘉言自少讲学于中，舞雩之乐固有出于烟云之外者，吾观嘉言取善于人，虽远不弃，则其所以进乎己者，可知矣！嘉言闻人之过，必尽忠告，则其所以处乎己者，可知矣！吾与嘉言论仁，虽繁多其词，广大同之量，扩平生之欲，非嘉言谁望耶？二三子从游梵云之上，果有志于仁，则求仁之方，求仁之道，非嘉言亦何所问辨也耶！赐进士及第、通议大夫、南京礼部侍郎、翰林院修撰、前国子监祭酒、经筵讲官、高陵泾野吕柟书，长沙度山萧禹臣立。

从《遂宁县志·梵云山》所记可知章评所讲梵云山书院的宗旨主要为仁学。从章评在兴平县令任上命名并为之作记的“王道街”“可为堂”可以看出其从政为官与设馆讲学及为人处世都始终如一奉行仁道之学。从吕柟《梵云寺碑》中所记则可以看出几条珍贵的信息，一是章评在梵云山书院讲学的方式与张九宗（唐代遂宁人，其开创的张九宗书院被誉为中国书院之始，书院旧址即在遂宁梵云山）、朱熹、王阳明、吕柟等学者大家一样，时常以午雩之游、坐而论道的方式传道授业解惑，与学生弟子亦师亦友，举手投足弘扬儒学。二是章评身上具有两个美德，“取善于人，虽远不弃”和“闻人之过，必尽忠告”，这与东汉末同郡先贤处士任安的“记人之善、忘人之恶”和董扶的“褒人秋毫之善、贬人纤介之恶”有着异曲同工之处。三是提到与章评论仁，并有“虽繁多其词、广大同之量、扩平生之欲，非嘉言谁望耶？”之叹。其对章评的仁学评价之高、赏识之爱溢于言表。亦可见其时与王阳明、湛甘泉鼎足三分的理学大家吕泾野与章评亦师亦友的亲密关系。由此我们可以猜测，章评后来求学得遇的名师就是这位正德三年状元、一生讲学传道的吕泾野。

吕泾野（1479—1542），名吕柟，字大栋、仲木，号泾野先生。正德三年（1508）举进士第一，授翰林修撰。因宦官刘瑾窃政，引疾返乡，筑东郭别墅、东林书屋，以会四方学者。后复官，入史馆纂修《正德实录》。又贬山西解州判官，摄行州事，居解梁书院从事讲学，吴、楚、闽、越从者百余人。嘉靖六年（1527）升南京吏部考功郎中、尚宝司卿，暇时在柳湾精舍、鹫峰寺讲学。十一年升南京太常寺少卿，又在任所讲学。十四年调国子监祭酒，以整顿监规，使公侯子弟亦乐于听讲而知名。次年升南京礼部侍郎，仍在任所讲学。十七年致仕返乡，再讲学于北泉精舍。生平所至皆以讲学为事，大江南北门生合约千余人，几与阳明氏中分其盛，一时笃行自好之士，多出先生之门。时天下言学者，不归王守仁，则归湛若水，独守程、朱不变者，唯柟与罗钦顺云。

如章评这般一生述仁而笃行自好之士正是出于泾野先生之门。我们还可以从一些史料中找到一些章评师从吕柟的依据。

一是《遂宁县志·隐逸》中有关于章评之父章愚的记载：

> 章愚，性孝友，甫入庠，绝意仕进，老隐山林，足迹不出闾里。及没，吕泾野柟为之志铭。

这一词条是否说明，章评之父、隐士章愚与吕泾野本有交往，章评自然因此而得师从吕泾野？当然也有可能，因为章评与吕泾野的师从关系，自然可以请尊师名儒为其父撰写墓志铭。

另一个依据是章评出仕曾任兴平县令。兴平即位于长安附近，与吕泾野居家讲学的高陵县仅百里之遥，以吕柟充塞江北的学术气场，好学的章评必然会闻之而动。此外，章评在兴平县令任上也是政声远扬。他在县内兴办社学、倡导文化。尤其是亲自编修兴平县志，兴平至今仍有“兴平有志，始于章评”。他还将兴平的衙前大街命名为“王道街”、将衙堂号为“可为堂”，并分别为之作记，以彰显他在仁治县的主张和行动。这个笃行特立的年轻县官想必也为活动于渭水一带悠游讲学的吕柟所耳闻，二人因之从游论道继而建立师徒关系顺理成章。

吕柟在《梵云寺碑》中所言“吾与嘉言论仁，虽繁多其词，广大同之量，扩平生之欲，非嘉言谁望耶？”章评的仁道理解在所有弟子中属于最为吕柟推许的一个，而且章评对仁道的理解和笃行还一定程度上启发了吕柟的深入思考，这就是让吕柟欣喜感叹的原因。

比如，一次吕柟与众弟子坐而论道，说到“学仁学天”这一话题，吕柟说：“凡尽力于学，须要学仁学天，方是无有不足处。孔颜之所为乐处者，盖得于此。”有学生疑问这与关外正流行的王阳明的“致良知”之学似乎有根本区别。吕柟说：

阳明本孟子“良知”之说，提掇教人非不警切，但孟子便兼“良能”言之。且人之知行自有先后，必先知而后行，不可一偏。“非知之艰，行之惟艰”。圣贤亦未尝即以知为行也。纵是周子教人曰静曰诚，程子教人曰敬，张子以礼教人，诸贤之言非不善也，但亦各执其一端。且如言静，则人性偏于静者，须别求一个道理。曰诚曰敬固学之要，但未至于诚、敬，尤当有入手处。如夫子《鲁论》之首，便只曰“学而时习之”，言学则皆在其中矣。①

章评听了大受启发，他举手发言道：“诸子则或言日月，或言星辰，或言风云、霜露，各指其一者言之，而君子既然要希天，所以也要以天即以圣人为学”。吕柟深然其说。以章评的譬喻，“天”代表着圣人，主要指孔子之学。而周敦颐、张载、二程、朱熹、王阳明等人的学说则象征着日月、星辰、风云、霜露。因此，所谓“学天”即意味着要学圣人之学。在吕柟看来，诸子之学“非不善也”，但属于“各执其一端”。在章评看来，诸子之学就像“日月亦天之运用者耳，苟为云雾所障，则明掩矣。若天地，日月、风云、雷霆、霜雾，皆所驰使运行者也”。

再看吕柟所说的“吾与嘉言论仁，虽繁多其词，广大同之量，扩平生之欲，非嘉言谁望耶？”这句话，可见吕柟与章评之间关于仁学的讨论应该很多，而所有学生中唯有章评能令其“广大同之量、扩平生之欲”！

吕柟于嘉靖二十一年（1542）去世，章评无比悲恸，他立即在兴平县为尊师建了一个祠堂，并以此为书院，亲自在里面主讲吕柟的仁学，继承老师的遗志。

四、遂宁人不应该忘记章评

通过以上对有限史料的整理、挖掘，明人章评的史迹轮廓大概可以勾画出来如下：章评，字嘉言，生于弘治中晚期，约公元1500年前后，正德十四年（1519）举乡试第一，中文魁解元。无意仕进，乃结庐遂宁城南梵云山间隐逸讲学，时号“斗阳”，盖取斗城（遂宁城别称）南山之意。嘉靖十三年（1534）进士，授兴平县令。在任期间尊崇教化，减轻刑律，使县内政通人和，百废俱兴。后迁升为知州。

嘉靖十七年（1538），吕泾野告老还乡，主讲于北泉书院。章评时与从游论道，执弟子礼，后终其一生体弘仁学。约嘉靖二十年前后，章评因父章愚逝世，回乡守孝，请吕柟为其父撰写墓志铭。章评为父守孝期间，时与友人从游梵云山，讲学论仁。时长沙进士萧禹臣任知遂宁县事，两人互为学友，为倡遂宁文风，乃请吕泾野先生为梵云山寺作记刻碑留念。守孝期满，章评回兴平复任。不久，吕泾野先生辞世。章评在

① 杨世洪：《遂宁县志校注》（乾隆十二年本），巴蜀书社，2019年版，第53页。

兴平建吕泾野祠，题名“真儒堂”，并以此为书院继续讲授吕柟的仁学。约嘉靖三十年（1551）前后，章评致仕还乡，继续主讲梵云书院，常与赋闲在家讲学于方洲书院的同邑解元杨名交往酬唱，日与弟子友人游山论道，作有《游灵泉记》。其后，嘉靖四十三年（1564），章评应兴平县请，修撰完成《兴平县志》，时年近七十，卒年不详。

章评是一个典型的儒林学者，少年时受绝意仕进、隐逸山林的父亲章愚影响，中年又受博学体仁、随遇乐道的尊师吕柟的影响，所以他的一生无论是在江湖，还是在庙堂，都笃行自好、知行合一，始终贯彻“学仁、体仁、弘仁”的志向。既爱陶渊明的归来菊，又爱周敦颐的雨后莲，更立志继承吕泾野一生不辍、兢兢业业传承的程朱之学。“山饶彭泽归来菊，水漾濂溪雨后莲。千古纲常谁负荷，江湖廊庙两高肩。”正是章评一生的写照。

但遗憾的是，遂宁人忽略了章评身上的思想光华，而只以官职大小论成败地将其边缘化了。县志罕有提及章评在梵云九宗书院旧址上开办的梵云书院。原因就在于，前代武信、松风、鱼山、书台等书院，大都属于官学书院，亦即公办书院，而梵云书院则属于民间道学书院。殊不知九宗书院之所以被后之儒林尊为中国书院之始，其根本点就是开创了退仕学者官员现身说法、课耕弘道的山林书院模式，与专门以科举进士为目的的官办书院完全不一样的缘故。而事实上中华文明、华夏精神正是因为这两类学校的同时并存，才既保守而又开放，既坚守又包容。但在官修史志中，官方心态却并不看好那些百花齐放的道学书院，所以梵云书院虽与九宗书院旨趣相映，但难以进入官方文史。

其次，章评因为官职低微没有受到足够重视的一个明证还在于他没有被列入乡贤祠。纵观遂宁自晋朝龚颖迄清代张船山被崇祀乡贤祠的遂宁名人共计五十六名。明朝最多，达二十四名。但分析二十四名乡贤的入围标准几乎都是做过京官、巡抚或州府级的官员，就连一个叫郭殷相的因曾做过遂王府管家也被列入贤祠，却将章评这样的解元才子、理学名家仅仅因为其官至县令，或只知悠游于山林，醉心于道学，无暇趋奉于权贵而拒于贤祠门外，实在令人怀疑这乡贤祠的神圣和纯洁性。

但是，遂宁人应该正视章评给我们遂宁留下的宝贵的思想遗产，他将集关学、程朱理学大成的吕泾野之学一脉传入遂宁，其对遂宁乃至川中一带的人文精神思想的深远影响绝非那些虽居高官的“乡贤”可比。

遂宁人不应该忘记这位真正的乡贤章评。

【原载】2018 年 8 月 30 日“梵云书院”微信公众号，作者汤元宁

清代龙翔书院主讲张问彤

清代蜀中遂宁张氏家族是一支兴盛时间长达两百年左右，在政治上和文学上都有重要影响的大家望族，人称“清代四川第一家”。张氏家族中著名诗人张问安、张问陶、张问彤，合称“遂宁三张”。《巴蜀文化大典》中“遂宁三张”词条载：“清代遂宁诗人张问安、张问陶兄弟与从弟张问彤三人的合称。三人中以张问陶成就为最，问安次之，问彤又次之。”今张问陶存诗 3 500 余首，张问安 800 余首，张问彤 200 余首。学术界对张问陶研究甚多，张问安次之，而对张问彤的研究尚处于空白，故今特对清代遂宁龙翔书院主讲张问彤其人其文，作一简介，抛砖引玉，以期引起人们重视。

一、张问彤生平

张问彤（1768—1832），字受之，一字锡功，号饮杜，四川遂宁人，张鹏翮弟张鹏翼玄孙，与张问安、张问陶为从兄弟，合称遂宁“三张”。张问彤少负隽才，乾隆五十七年（1792），四川乡试解元；嘉庆元年（1796）荐孝廉方正，补什邡教谕，日以讲学为事。晚年授山西和顺县知县，山西巡抚欲留其在省垣以备顾问，以知州升用，未果，病卒。

清代学者李星根《张受之先生传》：

受之先生，名问彤，字受之，文端公弟，定远将军之元孙，与亥白、船山为三从兄弟。时有唱酬，然独以少陵为主，故自名其集曰《饮杜》。其精到处，虽起子美九京，亦无以易。而不专一长，又好为古文词，兼冥心理学。船山分校春闱，先生屡以回避，不与试。归与邑令涂琴舫、徐香坨谈声音文字之学，二公皆名翰林也。后以孝廉方正召廷试入等。赐六品冠带，补什邡教谕。人咸为先生屈，以先生壬子（1792）发解，即应铨县令也，顾不介意，日孳孳以讲学为事。其于古文言分合起伏之法特详。生平不多作，作亦不多存。其深于诗、古文者欤？晚授和顺县知县，抚军多其为儒，恒留省垣以备访问。久之赴任，而疾革矣。子五人，冢君知简最知名。

李星根曰：“愚读先生《音泭序》，而知先生于古学深也。窃以为韵切之学，莫先审音，音既误矣，而韵何由定乎？又以为五方音，各有得失。而必以吴音为无误者，殆失之。而先生之不以为得，谦已至。从而矫变者，未必尽宜变也，惜不及论之耳。徐氏《音泭》之作，举古人所习用之部，居而尽易以木部，而云以便后学。窃尝思之殆，所谓暗以重暗者欤。”[1]

---

① 杨世洪：《遂宁县志校注》（光绪五年本）下，巴蜀书社，2019 年版，第 636-637 页。

张问彤子张知简（1810—1855），字子敬，号疑园，同治恩贡（监生），工诗善文。卒葬遂宁北门外玉堂山。

张问彤事迹载清人李星根《受之先生传》、孙桐生《国朝全蜀诗钞》、光绪《遂宁县志》、民国《遂宁县志》等文献。

二、张问彤诗文

张问彤善诗文，为清代蜀中著名诗人。清代学者孙桐生《国朝全蜀诗钞》卷三十三载："受之少负隽才，举乡试第一，士论推重。七上春官不第，以荐孝廉方正，得官广文，未展其才，人颇惜之。佳句如'春静人来少，庭闲鸟下双''地寒晴养麦，天暖雨肥鱼''偶因沽酒知鱼价，恰为锄花破藓斑''梦里还家兵世界，病中愁日闰支干''心肝不死忧家国，诗句无灵愧弟兄'，俱新雅。"其《秋怀》诗中，有一首怀船山云："闲官秋气味，十载奉京师。狂得时人骂，诗从外国知。车螯肥入市，霜菊傲当篱。嗜酒无钱甚，惟应句益奇。"张问彤著作有《饮杜诗集》《饮杜文集》两种。《饮杜诗集》分上、下两卷，收诗200余首，有清道光四年（1824）刊刻本，在蓬莱镇（今四川大英县治）刊印，诗集有王检（四川泸州人，进士、官至山东按察使）所作叙，叙中称："饮杜与船山为从兄弟，于诗亦不辨轼辙。船山天才踔厉，价重鸡林；饮杜胚胎老杜，得骨得神，世鲜知者。船山狂从人骂，饮杜恂谨若处子，故其为诗矩度谨严，而笔力恣肆，气息渊醇雅，不愧古作者。""饮杜与船山固旗鼓相当，未易轩轾云。"四川大学图书馆有藏。

《饮杜文集》为清道光五年（1825）刊刻本，遂宁市图书馆有藏。谭言蔼（四川安岳人，翰林，官至御史）作序，称问彤"发为文章，胎息两汉，出入唐宋元明诸大家，兼取众长，莫名一体。人但以名解元重先生，非知先生者也。""先生之原本至性，有真性情，而后有真学问、真文章也。"

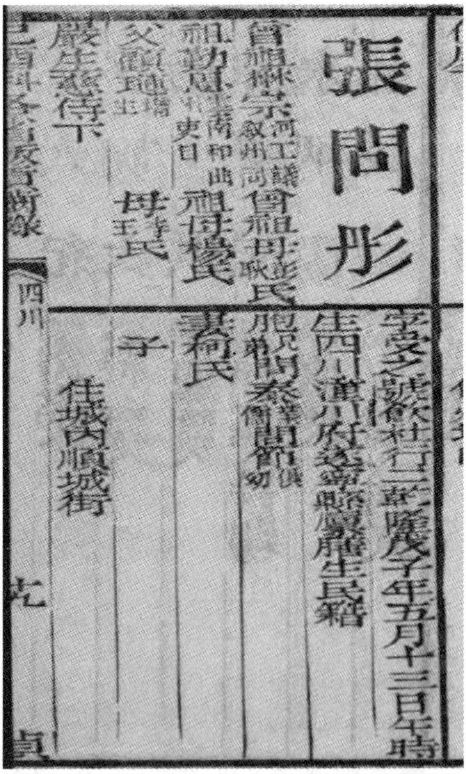
張問彤
四川
子
住城內順城街

图7-2 张问彤乾隆己酉科同年齿录（谢添提供）

张问彤《武关纪事》[1]云：

乱山影里马蹄多，骑士横挑马上戈。

一战定知能破贼，将军不渡武关河。

武关，即武休关，原属陕西省凤县，今为陕西省留坝地，系战国时秦之南关，是川陕蜀道重要的关隘，又是自古兵家必争之地。诗人来到武关，恰逢战乱多事之秋，统治者正在调兵遣将，进行征伐。诗人用这首七绝，描写当时所见所感。

首句写武关兵荒马乱。山用“乱”字，十分传神，可以是山影凌乱，也可以是人影幢幢，也可以是刀光剑影，或许几者兼而有之。总之一“乱”一“影”，给人以紧张、危险的气氛。次句写士兵，横挑马上戈，雄赳赳、气昂昂，耀武扬威。这句表面上是对战士武勇精神的赞美，然而实际上是在描写一群骄兵的形象，他们趾高气扬，不可一世，预示战败的征兆。首两句先闻其声，后见其人，极有层次。三句承第二句，为想象之词。既然如此“武勇”，自然“战能破贼”，“定知”乃揣测之词，结果是否如此，那还不一定。“将军不渡武关河”，则是第三句的结果，既然战士一定能破贼，那么自然就不必劳动将军了。但这也反映了军队的另一个重大问题，将士苦乐不均，士兵在前方浴血奋战，而将领却在后方享福。这就是清代中叶的社会现实。三四句一气贯注，反讽有力。

张问彤生活的嘉庆时期，正是轰动鄂豫川陕的白莲教起义和清朝官军激战时期，当时镇压白莲教起义之诸将，骄奢淫逸，屡战屡败，正如张问陶所云：“犹胜骄淫诸将吏，移营终岁避锋芒。”（《宝鸡题壁》）张问陶是正面揭露和批判，而张问彤是反面讽刺，二人殊途同归。

张问彤《安居乡》[2]云：

山根牧养石根渔，北马南船总不如。

堪笑太平书剑客，匆匆一饭过安居。

安居乡即今遂宁市安居区。这是一首即景言事抒怀的七言绝句，写于1790至1792年之间，作者前往成都参加乡试之时，而安居则为其必经之道。作者少负隽才，乾隆五十七年（1792）举四川乡试解元。而其间乾隆五十五年（1790）张问陶已中进士，这无疑对张问彤是一极大鼓舞，这从诗中“北马南船”一语即可窥其一斑。第一句“山根牧养石根渔”一下子展示给人们的是一幅鱼跃粮丰、马壮羊肥的丰收图景，暗切安

① 胡传淮：《清代蜀中第一家：蓬溪黑柏沟张氏家族》，中央文献出版社，2012年版，第221页。

② 胡传淮：《清代蜀中第一家：蓬溪黑柏沟张氏家族》，中央文献出版社，2012年版，第222页。

居（乐业）。而“北马南船”本指不同区域的两种交通工具：北方人喜马，南方人喜船。然在此处却借指旅途奔波，求取功名。有张问陶诗为证：一是张问陶于乾隆五十一年（1786）二十三岁时回成都参加乡试，先车后船沿长江而上，历时八个月，行程万余里，几为强盗刀下之鬼，有《初归遂宁作》首句云：“北马南船笑此身，归来已是廿年人。”二是张问陶于乾隆五十四年（1789）二十六岁时，在己酉《人日偶作》中写道：“南船北马仅（极）饥疲，皮骨空存病不支。总为啖名（求功名）亲笔墨，未能知命乱蓍龟。”由此可见其义。整个张氏家族自其先祖张万入川始，到“问”字辈后生，先后已有四十余人在明清两朝做官，算是世宦之家了。通过科举进入仕途，这对张家后人已显现出极大的诱惑力和鼓动性。“渔樵耕读”虽有其安居乐业、怡然自得的一面，“北马南船”也有其旅途困顿、艰难进取的一面，但在作者的心目中前者毕竟“总不如”后者。他毕竟是“定远将军”张鹏翼的后裔呀！堪笑太平书剑客，匆匆一饭过安居：可笑？笑谁？在作者看来，也许是他的“匆匆一饭”令别人感到可笑；也许，他为自己的行径——匆匆而来，匆匆而去——感到可笑。但他并未改变走向青云路的目标，“一饭”而过安居去了！饭，名词用作动词，即吃饭。“太平”，此时正值乾隆盛世后期，只有“太平”当可“安居”。“书剑客”指作者既能文，又能武，其高祖张鹏翼曾以军功封“定远将军”，而张氏文风素盛，张问彤在平辈中亦属佼佼者，“四川解元”张氏仅其一人而已！

这首诗，作者一开始以比兴的手法写了所见所感，笔端指向一个特定的环境——安居乡，然后通过自身行为的描述，透露出了远大的情怀——居安而不“安居”。诗中既有浓郁的生活气息，又有坚定果敢的志趣情操、鲜明可触的人物特质，真可谓言近而意远也。

张问彤《闵家坡》[①]云：

才俯危关百尺雄，蜀山历尽向秦中。
又从鸟道披云去，不到青天路不通。

闵家坡位于陕西省汉中市宁强县。这首诗写于作者从四川进京科考，途经闵家坡时。诗人于乾隆五十七年（1792）中举。旧时例制，中举后方能参加京师会试。因此，张问彤于举乡试第一后，曾七次进京参加会试。这首诗就写在乡试（1792）后的赴京师会试旅途中。那时出川进京驿道，须经梓潼送险亭而入南栈道，再经北栈道，由陈仓出栈。而闵家坡便在这条驿道之上，位于今广元市朝天区与汉中宁强县之间，为宁强县所辖。

① 胡传淮：《清代蜀中第一家：蓬溪黑柏沟张氏家族》，中央文献出版社，2012 年版，第 225 页。

前两句：以其行程先后，先说蜀道之难。雄、危，言其高峻、陡峭。历尽：走完。句意：刚刚从高处鸟瞰，只见山势陡峭险峻，关隘壁立高耸。我翻山越岭，好不容易才走完了那艰难的蜀道，来到这陕西境内。

后两句：再说秦地之险，“鸟道”极言其险，“披云”极言其高，一个“又”字表示继续着旅程的艰难、曲折。“青天”，本指蓝色天空，此指科举成名做官，一语双关。句意：先前以为，走完了蜀地险峻的山峰，来到这陕西境内或许会好一些。然而谁知，这里的山岩更加险峻陡峭，恐怕只有鸟儿才能飞过去。想起这些年来，为博取功名历尽千辛万苦，而始终未能如愿。已经走到了今天这一步，如不能战胜这脚下的崎岖道路能行吗？于是，便又奋起勇气攀云拨雾向前走去，一定得达到自己的远大目标！“不……不……”一个双重否定句的运用，大有不达目的誓不罢休的豪情。

“闵家坡”，就是诗人遇到最艰难的进取障碍之一，同时又是诗人激发豪情、难以忘却的思想火花的迸发地——“不到青天路不通”。这样一来，以作为秦蜀中间站的《闵家坡》为题，就再贴切不过了。全诗以写景叙事为主，末句抒情紧扣眼前之景，极具震撼人心的力量。副词“才”“又”的恰当使用，层次感更觉分明。通篇语言朴实，意境转换一目了然。

张问彤《剑州柏树》[①]云：

衔空三百里，一色郁青苍。世代焉能辨，经过得未尝。
蟠根惊窜蟒，弱干识栖凰。抱石珠凝绿，流脂玉切黄。
十围才博大，千尺气轩昂。不雨犹浮翠，疑晴亦作霜。
卑枝堪大厦，密叶讵终藏。世自需梁木，才宁老道旁。

剑州，即今剑阁。这是一首五言排律，作于清乾隆五十九年冬。当时问彤由蜀中往京城参加会试，途经剑门一带，望森森古柏夹道，遮天蔽日，有感于自己满腹经纶而两求功名不得，于是托物言志，写下了这首诗。

本诗共十六句，可分为四个层次，每四句为一个层次。一至四句为第一层次，描绘剑州柏林。夹道古柏，连绵三百里，凌天蔽日，一派郁郁葱葱。这些柏树各栽种于什么朝代已无法分辨，别的地方从未见到如此规模巨大的古柏林。五至八句为第二层次，描绘柏林的蟠根、弱干、抱石和流脂。树根盘盘曲曲，使人惊惧，以为是飞窜的巨蟒；树枝纤细，可以看见上面栖息的珍禽；众树环抱的卵石凝绿聚翠；树干上流出的柏脂晶莹浅黄。九至十二句为第三层次，描绘树围、树高、树冠和树皮。树粗十围，就像胸怀宽广的大人才；树高千尺，就像气宇轩昂的伟丈夫。天未下雨而树冠青绿，

① 胡传淮：《清代蜀中第一家：蓬溪黑柏沟张氏家族》，中央文献出版社，2012 年版，第 224 页。

就像飘浮在空中的翠云；大好晴日而树皮泛白，使人怀疑是天降寒霜。十三至十六句为第四层次，抒发胸中的愤懑。小树都能充当建设高楼大厦的材料，那密密的树叶岂能长久地把它掩藏？时代本来就渴求栋梁之材担当重任，我本当世隽才，难道还会老死于路旁？本诗托物剑州古柏，言人才终将为世所用之志。

本诗之妙，首为物我合一艺术境界的创造。如果把前三层次看作一个电影镜头，那么它由三个分镜头组成。第一层次是第一分镜头，是大全景，整体描绘古柏连天葱郁；第二层次是第二分镜头，它有蟠根、弱干、抱石和流脂四个特写，具体描绘古柏；第三个层次是第三分镜头，是近景，从树围、树高、树冠和树皮四个方面描绘古柏的胸怀、气度和意志，实际是将古柏人格化。至此，古柏的形象似乎是十分鲜明突出了。其实，问彤是以古柏自况："十围""千尺"二句，不正是描写他自己的宽广胸怀和轩昂气度？"不雨""疑晴"二句不正是展现自己虽经磨难而毫不衰减的意志？这时，古柏和问彤的形象同时幻化，融合成一个崭新的艺术形象，而"世自需梁木，才宁老道旁"的心声也随之迸发而出。这样，本诗艺术境界的创造终于大功告成。

本诗之妙，其次在用字的精当。仅以第五至八句为例，用"蟠"和"蟒"二字描写柏根的盘曲粗大，又用一"窜"字将静景化为动景。第六句虽只描绘了"弱干"上的一"栖凤"，但读者已于无声处闻听众鸟争鸣，有形又有声。第七八句，用"抱"和"流"二字分别将"石"和"脂"由静态化为动态，用"珠"和"玉"二字分别描绘"石"和"脂"的形态，用"凝绿"和"切黄"分别点染"抱石"和"流脂"的色彩。这样，古柏的形象就栩栩如生了。

张问彤《雨后晓发新乐》[①]云：

小雨先晨歇，平郊散马行。
烟光和雾湿，沙影夺云晴。
垂柳莺千树，新泥燕一城。
不堪残梦醒，昨夜是离情。

张问彤少负俊才，二十多岁就中四川乡试解元，可是后来"七上春官不第"，可见仕途之坎坷。新乐属河北省，离北京不远，为入京必经之路。这首五律写晓发新乐的羁旅愁况。

首联点题。夜晚下了一场小雨，早晨起来，已经雨过天晴，于是诗人打点行装，在河北平原新乐郊外按辔纵马徐行。这联虽是叙事，却暗含愁情，雨歇即行，道路是

① 胡传淮：《清代蜀中第一家：蓬溪黑柏沟张氏家族》，中央文献出版社，2012 年版，第 216 页。

多么艰辛，散马而行，不急于赶路，对功名是多么厌倦。

中间两联描写郊行所见。树落炊烟、清晨霞光、树影婆娑、白云舒卷、垂柳千树、草长莺飞、一城春燕翩飞，这一切笼罩在淡淡的雾霭之中，和着湿润的空气，多么清新、多么美丽、多么悦目、多么赏心。诗人对春天清晨的热爱，早把一切不快与惆怅置诸脑后。

尾联又回到剪不断、理还乱的愁情描写之中。昨夜在旅店里做了一个梦，梦中离别家乡，离别亲人，既凄恻，又缠绵，不忍别，又不得不别，梦中凄苦，醒后更令人难耐。这两句把诗人的情感推向高峰，既与中间四句对比，又与开头两句照应，把他那种复杂难以言传的心绪徐徐道来，感人至深。

张问彤工诗，亦善文。其《青云桥记》云：

邑西五十里许，地名“石堰坎”，旧有桥跨滩上，不数年而圮。盖在乾隆初间，云水源龙头山麓，当盛雨时，山溪浮涨，与沟浍之盈溢者相奔注也。顾地当要冲，行旅日不绝，无论望洋兴叹，即水泉涸竭，而坎窝滑涚，过者咸歌行路难焉。先辈谋复之，而终未果也。

岁丙子冬，秦君文炳、王君德馨，乃约诸同志募众资，鸠工庀石落成。属记于余，以为事之兴废，存乎人而已矣。方桥之既圮也，有追寻往迹于断石乱流，残碑荒梗，而不知建自何时者。今诸君慨然怀利济之忱，倡于众而不尸其功，久于役而不辞其瘁，虽制不必上应列宿，而鳌背穷。然工部所云“褰蹇不涉”，往来通者，复将于是乎泳。岂非有志者事竟成哉。

是役也，肇于丁丑春，越戊寅夹钟月而竣，计费凡八百余金云。

张问彤《建修旗山书院碑记》云：

学为教化之原，乡实贤能之本。三物六行，为率众以明伦；殷序周庠，特因时而立教，此所以子舆氏望诸五十里之滕，而卿大夫设于六十属之职也。镐京钟鼓，于乐无方；凫峰藻芹，言来斯颂。然而圜桥观听，非俊选莫与其荣；泮水迈从，岂小大毕分其乐。是以礼经有党庠之目。郑人为乡校之游，稽古足微，于斯为盛。

吾邑惟书台之麓，自昔开都讲之堂，规制未宏，容留盖寡。方今人才济济，文治蒸蒸，山居场市之地，或路隔百里而遥，田膏土沃之方，或素有奇赢之积，莫不远卜郊坰，创兴义学，俾邑中人士得附近以安弦；乡达先生各因材而乐育。用是龙翔、安溪，接武于井里；桂香、鉴亭，分建于朔南。从游日众，成就惟多，远近观瞩，邻邑共羡。

旗山书院者，地据河东之胜，近联附郭之郊，盖肇基最先，而程工独后。原其所自，厥有由来。追及今兹更历多故，昔在康熙辛未（1691），先光禄公尝于广济坝捐地若干亩，建宇数楹，拟择师以诲来学。其时兵燹之后，地僻民稀，负笈未遑，担簦无几，士人因之以祈年报赛，遂为庙祀田租之基。继因棘子坝有刘秀荣捐业，乃移建于兹土。殿阁崇宏，祠宇焕彩，先，州司马成一公，更竖两廊为东西学舍，虽则延师课士，而书窗并于僧寺，未得为堂庑之全，且以其地属他姓遗留。历年既久，而祀神祈福，人咸视为给孤之园，叩鼓鸣钟，无复有诵声之作。于是，招僧焚献，鸠据鹊巢，以土地之膏腴，供缁流之浪荡，代传数世，累负千金。不惟文昌之会成立，亦且天公之神弗寺，僧徒败坏，靡可罄言。及至衣钵之丝无存，香火之裔遽斩，首事悉心经理，代为偿债收租，屡费不赀，始就清剔。然而创兴学校，啧有烦言。或谓古刹之赢余，无关劝学；或谓布施之故址，仍欲舍僧。不知前人固有深意，立学岂出无因。乃至进牍讼廷，争端以起，贤明剖断，平允为昭。邑候邓云川先生三分其所入租赋，以一分供神祠祀事，二分作师生膏火，雇看司而典守。既无损于香灯，经首领以持筹，兼可资乎诵读。舆情允协，部署咸宜。遂由此而延师，犹未逮乎启宇。乃者邑贡生雷君时行。义重急公，闻而兴起，不辞多费，为士民先。始捐二百四十缗，命匠庀材，则书院所由建也。继捐一千三百贯，置亩收赋，则膏火所由增也。雷君倡首，士民乐输；集腋成裘，奂轮具美。卜地天公庙侧，为堂五楹，前列回厅，左右联以书舍，并具文案几榻之属。垣墙周迎，宏敞维新。净几明窗，成千秋之美举，上栋下宇，备多士之藏修。于是前人创学之意，始克底于有成。

是役也，起工于道光戊子（1828），告成于己丑（1829），计费千余金。地亩岁入若干贯，以为延聘之用，考课之需，固有余无不足也。书院距城五里许，为县境之东，与桂香、龙翔等各以其方相辉映。涪水环流，旂山挺峙，平原沃壤，秀毓人文。鼓歌弦诵之余，必有应科第勋名而兴起者，余于多士有厚望焉。

张问彤《创建龙翔书院碑记》云：

事之近而可缓、切而非迂者，其惟乡学乎？古之教者，党有庠，术有序。孟子曰："谨庠序之教，申之以孝悌之义。"故郑人欲毁乡校，子产不可，岂徒以其议执政之善否，足以改而行之哉！夫亦以其切于而效之远也。盖其为教也，专之诗、书、礼、乐以执其业，设之三物六行以兴其行，观之禜酺读法以使知奉神临民之意，而又射以示尚德，饮以示养老事长。而及其成也。

则以礼，礼宾之，即终其身不出乎一乡一曲之间；而其所学，则古先圣王之道，国家当世之法，淑身善世之宜，无不备也。是故其材之成，则天下有所赖；而其未成，亦不失为醇谨寡过之士，而于人心风俗无所败坏也。何也？邪说诡异之说，未尝陷溺，则不敢为佛、老、庄、列、申、韩、苏、张之术也。孝友、睦姻、任恤之训，未尝暂忘，则不敢得罪于父兄、师长、宗族、乡闾也。久服于讲肄歌咏之劳，则不忍舍而征逐于饮食游戏也。熟睹夫耦进、升降、坐立、出入之仪，则不乐为倨傲惰慢、而以礼法为困苦也。呜呼！以是为教，以是为学，则亦庶乎其可矣！

邑西三十里，有山曰："龙头"，地与横山寺相近。其间贤父兄虑子弟之失其教也，而买黄氏之居，创为书院；复买其田六十余亩，以为延师之需。余之始至也，每以风雨、穿窬为虑，既而补苴罅漏，差次施工。逾年，银理斋翁始募建大门，竖立坊匾，土墙悉易以石。费钱二百余千，不足之数，已力肩之。中间余改馆书台，诸君乃得以厚其盖覆，治其阶除，其旁之垣墙，后之山脚，皆选石层叠之，坚整厚实，可历久远。更补东偏之缺。盖始自甲戌（1814），迄于甲申（1824），而规模备矣。初，乡人之创为是役也，以属之理斋昆伸及郑君书、王君景运、吴君东望等十人，而始终十年之间未尝推诿、懈怠。用观有成，则理斋之力也。田租岁可百数十千，修脯岁计百千，米一石有余，则以为修补校课之地。

余前后主讲凡六年，理斋因属序于余。余维乡学之所以成就人才者，不异于国也。而其用则尤切。今之所谓书院者，大可慨矣。名师、宿儒，既不可多得，而其大者类以养位高望重之人；其次，非在上荐引即其守令之所受请求者也。夫位望尊，则不以训诲为贤荐引；专请求力，则不必以学行为重。且当郡邑之中，凡耳濡目染，无非末俗嚣陵之习，而从游者，又每各挟其意而后至，务传道、受业、解惑者，盖无几矣。乡学则不然其事者也；子弟者，必其材可冀其成立者也。地处偏僻，故耳目清而无市井之习，道不远涉，故往来便而无旷废之功。至于子弟之勤惰，功课之疏密，其父兄皆足以助其师之所不逮，故其用尤切也。吾邑惟书台书院，兹诸公以是倡，将和之者遍于闾里，而家有弦、户有诵。人心之正、风俗之美、人才之盛，未必非诸君有以基之于始也。其地发脉龙头，因目为"龙翔书院"，而述其巅末云。

龙翔书院，在今遂宁市安居区横山镇。

张问彤一生，虽官运不亨通，但始终问学不倦。他崇拜杜甫，学诗专主杜甫，习其沉郁顿挫之诗风。他的诗集取名《饮杜诗集》，足见其诗学主张。张问彤诗歌虽不及张问陶知名，但也自有特色，可读之作亦不少。他是清代蜀中遂宁张氏家族中涌现出来的一位卓有成就的才子、学者和诗人。

【原载】《蜀学》第二十辑，2022 年 7 月巴蜀书社出版，作者胡传淮

清代象山书院山长钟瑞廷

蜀北蓬溪，历史悠久，民风淳厚，人文蔚起，代有明贤。十八世纪，邑中钟氏、庞氏、江氏三家崛起，声名远播，此三家号称清代后期蓬溪三大家族。尤其是钟氏，系广东迁蜀之客家人。清初来川，卜居蓬溪县西乡石板滩场（今四川省大英县象山镇）之龙溪，世代书香，人才辈出。100余年间，涌现出举人1人，贡生4人，入清及民国本《蓬溪县志·人物志》者4人，入清光绪本《新修潼川府志·人物志》者2人；撰著近30部，达70余卷之多。影响深远，名噪蜀中。故时人谚云："石板滩的钟，敲不得。"此亦足以证明清末蜀中蓬溪钟氏势力之大。

图7-3 大英县象山中学钟瑞廷塑像（胡传淮拍摄）

在清末蓬溪钟氏家族中，钟瑞廷尤足称杰，他是清末蜀中著名客家学者兼象山书院山长，也是刘沅槐轩学派的代表人物之一。但因其偏处蜀中，足迹未出三峡、剑门，故其生平、事迹、著述，湮没不彰，鲜为人知。其《龙溪诗草》2卷，流传极罕，《清人别集总目》亦失收。

今特对钟瑞廷其人，略作考述，抛砖引玉，以供巴蜀文化和书院文化研究者参考。

一、原籍广东省，清初迁蓬溪

明末清初，四川历经兵祸，加之天灾频发，人户大批逃亡，“民无遗类，地尽抛荒”。清政府为了恢复四川经济，征收赋税，于顺治十三年（1656），正式提出“招流垦荒”。康熙年间又鼓励外省居民入蜀，并采取了一系列优抚措施，有力地吸引了湖南、湖北、广东、广西、福建、陕西等省大批灾民举家入川垦业，掀起了“湖广填四川”的高潮。乾隆本《蓬溪县志·贡赋志》云：“明季蓬邑户口数十万，自罹兵燹后，逃亡殆尽。我朝定鼎以来，陆续招徕开垦。”道光本《蓬溪县志·户口》云：“自明季兵燹之余，土著稀少，类皆吴、楚、闽、广、滇、黔诸省人占籍讨垦，移隶于此。”至康熙四十八年（1709），“蓬溪县安插新民曹石友等三百五十余户”。

清初，在众多的蓬溪移民中，有一支来自广东省嘉应州长乐县（今广东省梅州市五华县）的客家人，落籍于蓬溪县西与三台县、射洪县交界之石板滩场（今大英县象山镇）龙溪河畔，世代繁衍生息，经过百余年的发展，成为清代后期蓬溪望族。

客家是一个具有显著特征的汉族分支族群，也是汉族在世界上分布范围广阔、影响深远的民系之一。从西晋永嘉之乱开始，中原汉族居民大举南迁，抵达粤赣闽三地交界处，与当地土著居民杂处，互通婚姻，经过千年演化，最终形成相对稳定的客家民系。广东客家人主要分布在广东的东部和中部，以嘉应州（今梅州市）、惠州、潮州等地最为集中，是客家人的大本营。清光绪《嘉应州志》载：“嘉应州及所属兴宁、长乐（今五华）、平远、镇平四县”，系纯客家县。蓬溪河西（涪江河以西）石板滩龙溪钟氏，来源于广东省嘉应州长乐县这一纯客家县，是正宗的客家人。

蓬溪河西钟氏，原籍广东省嘉应州长乐县塘湖回龙寨（即今广东省梅州市五华县龙村镇塘湖村回龙寨），清乾隆七年（1742）迁四川省潼川府蓬溪县河西，入川始祖为钟扶任，钟瑞廷系钟扶任曾孙。同治七年（1868）仲春上浣，钟瑞廷《纂修蓬溪河西钟氏支谱叙》云：“吾宗族谱，自汉唐以来，始修于洛，继修于江右，后复修于闽与粤，相传不下百余代。至曾祖扶任公由粤来川，以道远，谱牒繁重，不便携持，手录一册，以志不忘。”民国本《蓬溪河西钟氏族谱·凡例》载：“吾宗系出粤东嘉应州长乐县地名塘湖约回龙寨民籍，自国朝乾隆七年壬戌扶任公始携子二人，由长乐迁川北潼川府蓬溪县河西家焉。”

钟瑞廷《龙溪诗草》卷下，有诗题为《余原籍广东，频年西洋入寇，王师屡出未克，感而有作》。此诗作于道光二十二年（1842），正值第一次鸦片战争时期。1841年2月，英军攻陷虎门；5月，英军占领泥城、四方炮台，炮击广州。1842年6月，攻陷吴淞；7月，陷镇江；8月，犯南京。钟瑞廷深感忧虑，故作此诗，有云："回首瀛东路八千，海云红处起狼烟。挑来巨寇应谁咎？让出重城也自怜。将帅闻风甘避贼，楼船填海欲遮天。至今未报王师捷，惆怅乡关泪涌泉。""故乡蹂躏已三年，放眼重围望纸鸢。战具贼偏工造作，屯兵我竟任牵延。血腥海水悲鲂鰊，魂断家山哭杜鹃。犹幸熙宁（长乐县古名）无警报，先茔几处尚依然。""怕向东南望，兵戈负好春。"鸦片战争结束，瑞廷又作诗《西洋贼退志感》，有云："最好故乡今乐土，海波澄处望雷琼。"钟氏诗中充满了强烈的爱国爱乡之情，"惆怅乡关泪涌泉""魂断家山哭杜鹃""犹幸熙宁无警报，先茔几处尚依然""最好故乡今乐土"等句，充满了对故乡广东长乐县的思念。虽然迁蜀已有100余年了，但在钟氏的心目中，长乐县是"家山"、有"先茔"，那里才是他真正的"乡关"！充分体现了客家人的爱国爱乡与敬宗睦族的传统精神。

广东长乐县，北宋熙宁四年（1071）置；1914年改名为五华县，今属广东省梅州市管辖，现仍是广东纯客家县之一，是蜀北蓬溪龙溪河畔钟氏念念不忘之故里。

二、少负神童誉，晚岁登贤书

钟瑞廷生出于清嘉庆十年（1805）正月十二日，字薇垣，一字维圜，号妙凝子、梅花瘦人。曾祖（即入川始祖）钟扶任（1694—1768）；祖钟贤贵（1730—1800），蓬溪乡贤；父钟祥麟（1779—1846），字玉书，号柽庵，性和粹，以孝友著闻，潜心理学，淡于名利，绝迹城市者三十余年，时或策杖游郊外，有饥寒者，辄周之以为常。事载光绪《新修潼川府志・人物志》和《蓬溪县志・耆旧》。

瑞廷少读书，日诵千言，有神童之誉。道光四年（1824）考中秀才；五年（1825）成为廪生。试辄高等，有声庠序。但累考举人，皆落第。咸丰元年（1851），考取岁贡；二年（1852）改授恩贡，作诗《余年四十有五应岁贡旋改恩贡作此自嘲》云："四十五年叨一贡，旧初蓝缕剩余青。漫夸选士名堪羡，差幸文宗考已停。三字头衔惊又改，半生心血苦无灵。君恩辜负更番锡，白蜡明经愧读经。"

道光二十九（1849）年，作《己酉下第独归》诗云："百战依然困战场，凄凉独自捡行装。龙因失水难嘘气，雁为惊弓不整行。科第岂真关命数？功名毕竟误文章。只身客路愁无语，惆怅溪西旧草堂。"

咸丰五年（1855），瑞廷第十四次参加乡试，作《余与泽山李君同试省垣，今皆十四次矣。乙卯闱中重晤，夜坐谈心，抚今追昔，相对欷嘘，几于欲泣，拈二律不自知其辞之悲也》云："矮屋谈心烛泪红，重逢又是棘围中。相看马齿将衰日，尚苦鸿毛未遇风。下第诗多愁欲废，登科录好望都空。临场已作沉舟计，知否能成一战功？""豪侠如君命亦悭，无才似我更谁怜？驰驱不下三千路，辛苦同经十四年。鹗著屡膺虚入彀，鹏搏弗止或摩天。云程倘更罡风阻，定效图南去学仙。"

瑞廷经过多次乡试，均未中试，精神差点就要崩溃。咸丰九年（1859）秋，在好友戴诠的敦促下，瑞廷第十六次参加了已未恩科秋榜乡试。苦心人，天不负，瑞廷终于中举第三十八名。作诗《已未重阳后得秋榜喜信口占》云："文战曾经十六年，半生蹭蹬感华颠。泥金喜报三更至，蓬壁欢声五子联。久视浮名如水淡，自惭薄德受天怜。头衔两字真难领，廉未能兼孝未全!"

瑞廷考中举人，已是五十五岁之人了。对这迟到的功名，深感遗憾，故在《示侄永猷》诗中，叹曰："吾家小阮挺英姿，敏妙真如叔不痴。文章仅许争人胜，科第休教似我迟。"

咸丰年间，蓝大顺起义军在川中一带攻城略地，蓬溪许多地方，如蓬莱镇、河边场、红江、高坪、天福等地均被起义军占领过。由于时局动荡不安，瑞廷曰："是非可仕事矣!"于是绝意仕进，退居乡里，隐于龙溪，乐天知命，不事王侯，一盏秋灯苦著书。因此，蜀中少了一个俗吏，多了一位学者兼诗人。

三、龙溪诗草茂，文章蔚国华

瑞廷善诗，是清代客家诗人，著有《龙溪诗草》二卷，存诗300余首。清代蓬溪知县宋家蒸（江西奉新进士）在《钟瑞廷墓志铭》中云："先生少喜为文，中岁喜治诗。"清代三台县岁贡冯大中《梅花瘦人传》云："其诗清和隽婉，亦如其人，于古作者雅近微之（元稹）、香山（白居易）一类。"清代蓬溪县蓬西盐厘局厘员帅继先（江西奉新举人，曾任知县）《龙溪诗草序》云："读之，语皆从性情中流出，和平浑厚，一如其人，绝无六朝浮艳之习，所谓不求工而自工者。"光绪本《蓬溪续志·钟瑞廷传》云："其诗系心当世，不沾沾于吟风弄月。"评价颇高。

图 7-4　《龙溪诗草点校》（胡传淮、胡云柯点校）

瑞廷为清代后期性灵派诗人，主张诗中有我、抒写真情和性灵。清代蓬溪拔贡王镛（字竹孙，官江苏华亭、常熟知县）为《龙溪诗草》题词云："龙溪风骨继苏黄，俯首骚坛炷瓣香。君国关怀唐杜甫，山林仰望晋嵇康。谈玄直作天人想，说易能将性灵详。道德文章兼福寿，知公才命不相仿。""回环雒颂惬吟怀，会向冰壶濯魂来。池草偶随春梦发，笔花全仗性灵开。淡情我爱清于菊，秀骨人称瘦似梅。幸与佳郎同谱曲，草玄偷得诵千回。"王镛诗中阐明瑞廷诗"笔花全仗性灵开"，帅继先《龙溪诗草序》亦云："语皆从性情中流出。"表明瑞廷独抒性灵，是一位独具特色的性灵诗家。瑞廷在其诗中，亦多次提及诗要有性灵，诗中要有我。如《闲居书怀》云："谈兵客到增豪气，趁韵诗多减性真。"《书窗小饮》云："功名毕竟为身累，花月真堪养性灵。"《改诗》云："琴妨失律重翻曲，花为删繁屡折技。尽有少年真实语，几回欲去意迟迟。"《自编诗集成后偶题》云："花从闲处放，草记梦中春。展向风檐读，呼之若有人。"说明诗人写诗追求"性灵"，要有"真实语"，要诗中有我："呼之若有人。"这些主张符合诗歌创作规律，至今仍值得人们借鉴。

瑞廷诗中具有强烈的爱国情怀和忧国忧民思想。帅继先《龙溪诗草序》云：“其忧乐天下之心，时溢简外，直与少陵同一胸次，非如他作者徒矜风格已也。”清代蓬溪举人李维均（字瑾山，广东知县）为《龙溪诗草》题词云：“长吉闲游皆得句，少陵每饭不忘君。”瑞廷在其《八十自寿》诗中亦云：“明伦语切看原淡，忧国诗多听有声”“代薪覆瓿知难定，但写胸次不计名。”《春日闲居》诗云：“心无一物惟忧国 ，腹有千秋尚读书。”《自怜》云：“酒因病肺难狂饮，诗为忧民不讳愁。”这些诗句表明瑞廷真正继承了杜甫、白居易等诗人的现实主义精神，忧民悼世，忠君爱国，即境抒怀，率鸣胸臆，和平浑厚，绝无六朝浮艳之习，不求工而自工。

钟瑞廷之诗，内容较为丰富，主要有田园山水诗、题赠怀人诗、言志抒怀诗、悼亡感事诗、咏史怀古诗等，风格多样，具有较高的艺术水平。

（一）山水田园诗

钟瑞廷长期隐居田间，恬淡闲静，不慕名利，写了大量田园山水诗，绘声绘影，拟神状貌，或寓情于景，或情景交融，形象鲜明，空灵缥缈。如：

《秋郊晚步》：“路逢石磴每回环，秋在疏林暮霭间。枫叶萧萧听不断，满林红雨落空山。”

《秋郊晚眺》：“四望萧森拟画传，趁闲独立嫩寒天。白云僧寺秋风外，红树人家夕照边。菊恋戏花舒冷艳，鸟随落叶下寒烟。苍茫依旧寻来路，满耳虫声送客还。”

《三台道中》：“吹面怯寒风，行行日正东。人家红树里，客路乱山中。水曲弯弓似，峰高卓笔同。肩舆乘处稳，觅句付诗筒。”

《龙溪晚泊》：“芦花掩映钓渔矶，浪静风恬暮色微。柔橹一声残照里，船从摩诘画中归。”

《舟次涪江》：“两岸花如雪，舟行夜泊堤。灯光摇水乱，月影压帆低。滩怒人声小，江空客梦迷。深宵吟兴发，惊起野禽啼。”

《雨中种树》：“泥封树路认依稀，稳步移来又觉非。细雨一蓑云一笠，溪南种树荷锄归。”

《雨中遣兴》：“秋入雨凄凄，秋心为雨迷。泉声穿屋破，云影压天低。木叶风三径，芦花涨一溪。诗成无个事，窗外午鸡啼。”

《幽居》：“地僻人稀到，幽居恰称情。一庭摇竹影，四面走滩声。屋小堪容膝，山多即当城。栖鸦飞不定，林外闹新晴”。

《江头独步》：“闲情无着偶寻诗，信步江头任所之。破碎烟峦云补缀，倚斜石岸水撑持。人行别路知桥断，鸥怯危滩下濑迟。贪看前村好风景，归来已是夕阳时。”

《山馆独坐》:“山馆清秋夕，孤灯客未眠。虫声风外断，雁唳月中圆。霜重天如水，宵长夜似年。苦吟时寂寂，落叶响阶前。”

《溪西晚眺》:“隔溪云树影重重，古寺深藏树里峰。输与山僧闲自在，夕阳楼上一声钟。”

《龙溪杂咏》:“两岸芦花映碧泉，轻风斜扑一溪烟。渔翁钓罢归来晚，错认江村暮雪天。”“薄暮溪桥雨乍停，粼粼石齿漱波青。晚来水涨滩声急，一夜潺湲梦里听”。

《晚眺》:“薄雾蒙蒙满眼遮，长林遥望日西斜。鹭鸶乱向枯松立，错认寒梅一树花。”

《溪北闲行》:“溪北闲行当出游，无名山水尽勾留。千花倒竖峰头塔，一叶横飞渡口舟。偶与邻翁谈岁事，爱听牧子唱村讴。兴来忘却归途远，日落遥山月上钩。”

《暮春遣兴》:“雨过寒消鸟唤时，空斋独坐肘频搘。乱图太极参羲易，聊写长歌续楚辞。旧读书多堪下酒，新栽柳活渐垂丝。杨花点点穿帘入，迎得春风满砚池。”

《晓行》:“饭牛人出门，清雾下如雨。蒙蒙不见人，人在烟中语。”

瑞廷这些田园山水诗，在其所有诗歌中占的比重很大。或写景抒情，或托物言志，或摹态状物，均具有较高的艺术技巧，对家乡一山一水，洋溢着浓浓的热爱之情。

（二）题赠怀人诗

在《龙溪诗草》中，题赠怀人诗不少，内容丰富多彩，或抒情、或叙事、或议论、或状物，时而沉吟低唱，时而慷慨激昂。在题赠诗中，涉及近60位蜀中文化人物，尤以蓬溪文士较多。瑞廷温和仁厚，冯大中《梅花瘦人传》云：“人有与谈者，虽贩夫、牧竖、方技、流外、藏获、贱人，皆不之拒，终日娓娓，务尽其意。然听其言，率皆随事指陈；其理则又如布帛、菽粟，可衣可食，而未尝有高远难行之论。于是远近有识之士，率从之游。”与瑞廷交往者，有清代蓬溪知县、县丞、教谕、进士、举人、贡生、秀才、布衣、僧人、道士等等，钟氏给他们题赠了不少诗歌，无不寄寓着诗人真挚的感情。如：

《夔堂李茂才昂祈书所作册页迟，久未寄，书来敦促，草二绝代柬》云：“锦匣长装纸色寒，鸿裁宜当佛经看。几回榻就迟相寄，写到刚刚恰好难。”“贻书苦说换群鹅，曾未携笼奈若何？我有只鸡窗外语，留君共膳可来么？”李昂，号夔堂，蓬溪县学生，居隆盛场（今大英县隆盛镇），淡泊寡营，笃志于学，家不丰而好施。工书，左书尤良，远近珍之，兼善剑舞。晚岁乐静，而书、剑益工。光绪《新修潼川府志》云：“李昂，庠生，敦品励学，工书，善舞剑，卒年八十二。”瑞廷诗中表达了对李昂的深情厚谊。

《枕上怀庞西垣茂才际超、王补之布衣衮、胥春生孝廉仁禧》诗，怀蓬溪诗人庞际超云：“抱来身世百年忧，回首天涯忆旧游。士尽能文偏薄命，人因识字转多愁。空眈佳句悲罗隐，共拟功名似马周。笑我吟魂腰脚健，夜深飞梦赤城头。”“往事城西驻锦车，鹿门过访为烹茶。风流顿尽悲才子，礼法森严称故家（西垣兄芝溪孝廉没于京）。山送奇青排两闼，窗腾虚白拥重纱。泥鸿爪迹今应在，一首残诗记转差。”“羡君风调似髯苏，绝好清狂绝代无。跳出一篇谁敢捉？飞来五字我曾输。名场屡败兵犹拥，壮岁潜消气尚粗。难得佳儿扶大义，为安寡嫂续遗孤。”

怀蓬溪布衣诗人王衮云：“布衣从古爱清贫，风味萧然别有神。兴到共夸诗句好，狂来只觉性情真。故交入坐皆名士，小婢迎宾亦美人。最好友生长作伴，梅花一个画前身（甘采和太史过访，曾赠补之梅花一轴，题句云：画个梅花作友生）。”“孤军一队势难张，毁誉无端任簸扬。傲骨太高贫是福，奇书乱拥夜腾光。知心暗落怜才泪，救世闲抄续命方（补之精医）。料得匏庵多志异，可能远寄壮诗囊（所著有《匏庵志异》）。”

怀蓬溪诗友胥仁禧云：“万里征车上北燕，榜花到处姓名传。雄关踏遍奇诗出，死友能归大义全（庞芝溪没于京，曾护其丧旋里）。裘敝谁真怜季子，才长翻更厄齐贤。风流毕竟消难得，归种池头并蒂莲（近纳庞姬，故戏及之）。”“环溪院里仰经师，山长头衔署恰宜。潦草时文愁点缀，零星家计费支持。难谐未俗聊中酒，最好良朋赌和诗。同病有人君念否？三旬膝下尚无儿。”“一曲停云唱未终，满腔离绪已填胸。交无防淡原如水，气不能驯共比龙。各有长才怀远志，苦难胜会聚游踪。深宵抚枕浑无寐，月照僧楼又晓钟。”

庞际超（1807—1861），字希垣、希元，蓬溪赤城镇水磨嘴人，清咸丰二年（1852）恩贡，喜为诗，著有《绿秀山房诗草》。其兄庞际连（1805—1833），号芝溪，道光十一年（1831）举人，十三年（1833）卒于京师，年仅 29 岁。王衮，字补之，清代蓬溪布衣诗人，誉为蓬溪“诗人之杰”。终身贫困，常绝食，不食嗟来之食，性高洁，著有《匏庵志异》二卷、《抱犊山房诗集》二卷。胥仁禧，号春生，清代蓬溪县赤城镇人，道光八年（1828）举人，官九姓土司训导、巴县教谕。诗中表达了瑞廷对诗友们深深的思念。

《赠内》：“黄昏人静绣帘垂，卸罢残妆小语时。旧读离骚多忘却，灯前携女课唐诗。”描绘了诗人美好的爱情生活。正如云南孙国瑞（号辑堂）为《龙溪诗草》题词云：“画眉笔好擅风流，金屋佳人解唱酬。读罢郎诗兼课女，此中清福几生修？”

《庚子（1840）闱中赠同号孙心如，名恕，绵州拔贡》云：“羡君年少最能文，才子风华迥不群。拔萃允堪称选士，临场都合让将军（少时有小将军之目）。新腔度月吹羌管（善度曲，携笛入闱，每夜静辄弄之），奇句惊天写栈云（为余诵北上栈道诗十首，甚佳）。料得桂枝攀第一，天香独折更谁分？”孙恕，字心如，绵州（今四川绵阳市）人。少颖异，为时辈惊赏。道光二十六年（1846）优贡，咸丰二年（1852）举人，分发陕西知县。佐左宗棠戎幕，以功署陕西潼商道员。书法欧赵，得者辄珍藏之。著有《心如诗草》。

《题画》云："也学桃源去避秦，烟村漠漠古乡邻。看来名利非闲享，只有锄头不误人。""十万烟峦一纸舒，乱云堆里隐茅庐。此中便与红尘隔，只许高人卧读书。""山气裹云樵径荒，樵夫采樵来去忙。虎声送客出林薄，古木西风号斜阳。"诗中充满诗情画意，令人陶醉。

《题章山甫〈补竹山房诗集〉》云："仙吏仙心骨亦仙，宦游历遍古西川。书成法本三千纸，盟主骚坛七十年。小住蓬莱称大隐（署西斋颜题蓬莱吏隐山庄），远从苕水仰高贤。巴人下里难投曲，原向琴台一执鞭。""一卷瑶华读恨迟，雅弹古调是吾师。琴书寄与陶元亮，君国关怀杜拾遗。清福修来梅共逸（性嗜梅花，遍植署圃，公余辄吟咏其下），虚心补到竹尤宜。云笺直欲抄千卷，传遍天涯共赏奇。"《山甫次韵寄酬仍叠前韵奏答》："飞来凫舄老诗仙，碑版留题遍蜀川。官到蓬莱无俗韵，名齐李杜更长年。文章士沐先生惠，德政人称众母贤。试向弦歌声里听，讼庭久已息蒲鞭。""登龙翻悔太迟迟，捧读琼章幸得师。我久蒹葭歌独寐，君偏葑菲采无遗。敢言山水音能识，只觉诗文性最宜。拟待秋闱鏖战后，跻堂更问字中奇。"《暇日重读〈补竹山房诗集〉题四绝句并呈赞侯》云："回环雒诵倍精神，玉缀珠联妙浑成。拟与阆仙同共奉，黄金一例铸先生。""吴兴清远蜀山奇，并入胸中助巧思。廿四品皆生气盎，灵光幻出性情诗。""曾向蓬莱访洞天，游仙梦里挟飞仙。怪来语带烟霞气，不堕诗家下品禅。""经营意匠本心师，百炼吟成绝妙词。山水调高人寡和，知音毕竟待钟期。"

章藩，字山甫，浙江归安恩贡，清道光廿五年（1845）九月至咸丰九年（1859）七月任蓬溪县县丞，咸丰八年（1858）十二月以本县县丞代办知县事，未几卸。喜育人才，常集诸生论文，多所裁正。能诗，善草书，所至多题咏，著有《补竹山房诗集》。章藩与钟瑞廷交深，为《龙溪诗草》题词云："龙溪诗学本家传，语必翻新振采鲜。吟馆清闲真福泽，乐园酬唱小神仙。才堪论世高谈古，思到通灵妙解禅。万里相逢成雅契，可知文字有因缘。""古音弹出少真知，吟到蓬山识子期。灵气荡胸珠错落，化机触手锦纷披。两人合作交成淡，一字推敲句出奇。白蜡明经同谱曲，羡君犹是壮年时。"

《寄胡炳奎孝廉（名文奎，射洪人）》云："只疑相识是前生，一见欢然订旧盟。爱我真堪谈性理，如君始不负科名。读书悟彻心原妙，悯世愁多佛有情。惆怅通泉云树隔，怕听出谷早莺鸣。"胡炳奎，名文奎、文魁，四川射洪县人，清道光举人，官至刑部主事。曾执教于射洪金华书院。

《怀杨立夫卓然》云："子云今杰士，风骨更谁同？人比羲皇古，诗争李杜雄。家贫能玩世，才大欲从戎。拟访城西宅，霜花满太空。"杨卓然，字立夫，清代蓬溪诗人，咸丰八年（1858）岁贡，工诗文，曾为《龙溪诗草》题词，载光绪本《蓬溪县志·诗存》。

《斗山书院谒李箫楼孝廉特寿蒙以五律见赠依韵奉酬》云：“幸获瞻山斗，承颜惬素襟。及门欢识面，走笔许谈心（先生患耳聋，客至辄以笔谈）。妙论如霏玉，奇诗抵炼金。春风思久坐，敢冀契苔岑。”李嵩霖，原名特寿，字梦莲，号箫楼，清代四川中江县人。幼倜傥不羁，博极群书，才思过人，为文挥笔立就。嘉庆二十一年（1816）举人，后官眉州学正。工为诗，有太白遗风，才名藉甚，著有《三十树梅花书屋诗集》。瑞廷对其充满钦仰之情。

（三）言志抒怀诗

钟瑞廷青少年时代即有一腔壮志，满腹才华，但科考之路崎岖，时局动荡不安，常有不得志之感。因此他写下了许多言志抒怀诗篇，独具特色，形式多样。如：

《书生叹》云：“男儿志四方，气代乾坤吐。”“我欲学班超，投笔应召募。既读万卷书，当行万里路。绝域立功名，玉关生可度。不然挟策游，上书同贾傅。痛诋大臣非，敢犯天王怒。幸得问苍生，奇才尽施布。安肯俗儒安？自比穿书蠹。”诗中表现了瑞廷志向远大、积极进取的精神。

《书怀》云：“既来人世孰无情？展转踌躇到五更。难报亲恩疏定有，偶观天道悟生成。身家系累惟妻子，性命相关只弟兄。数事思量眠不得，凄凄风雨又鸡鸣。”表现出诗人深夜难眠、惆怅满怀的无奈之情。

《重阳值雨》云：“白雁低飞唳不休，疏风冷雨逼衾裯。诗因佳节翻题憾，人到中年易感秋。菊圃荒寒谁送酒？枫林摇落独凭楼。门前幸乏催租客，坐抚焦桐破积愁。”人到中年易感秋，道出了人生真谛。

《闲居写怀》云：“半生身世太缠绵，真妄谁分欲问天。薄有时名忧折福，偶因多病学参禅。文章未必传千古，人寿终难过百年。看破虚空成粉碎，本来面目见生前。”写出了内心的感叹。

《春日书窗寄怀》：“草色盈阶嫩绿新，轩窗齐敞艳阳晨。闲中得句翻多妙，悟后观书觉倍真。随遇纵堪消岁月，虚名终恐负君亲。年华五十重研易，肯听浮生过累身？”晚岁研《易》，不负此生。

《闲居独坐》：“俗累删除尽，身闲意转安。花稀思补种，书好爱重看。脱口成诗易，扪心寡过难。虚窗时独坐，风扬竹枝寒。”《醉中》：“捣破愁城酒自倾，醉中豪放兴纵横。书空作怪天应骇，拔剑狂歌鬼亦惊。不朽文章终泛设，无功人世总虚生。壮怀我欲超班学，一掷毛锥万里行。”人到老年，壮志犹存，欲学班超，作万里之行。

《春日闲居》云：“身世浮云任卷舒，醉里作赋拟闲居。心无一物惟忧国，腹有千秋尚读书。习礼已延师课子，寻诗且学客骑驴。举来偶放天边眼，大块文章画不如。”心无一物惟忧国，可钦可敬！

《书怀》云：“只是闲居惭独乐，无缘投笔佐王师。”《夜坐》云：“骨健不妨梅共瘦，心闲恰与月同清。”表现了诗人怀才不遇之情。《闲居遣兴》云：“笔为圈诗秃，书缘下酒看。”《春日闲居》云：“酒下奇书心共醉，诗吟佳句手频叉。”《秋日书怀》云：“诗经屡改成偏少，书爱多看记恰难。”可见诗人以诗酒自娱的闲适生活。

《感怀》云：“才子何曾皆傲物，名流未必定多贫。谁言著作非吾分？只为聪明误此身。远志渐看成小草，投书无地叹沉沦。”“甲乙丹铅数十春，风前愁看苦吟身。半生有泪酬知己，一事无成愧古人！名果虚传难不朽，性原独淡更谁亲？眉间豪气消除尽，拟向桃源去问津。”嗟叹怀才不遇，虽满腹经纶，却无法施展！孤忠报国难，可见晚清的黑暗。

《醉后书怀》：“醉后无端斫地歌，半生岁月等闲过。诗摹李杜神难似，药饱参苓独亦多。豪气填胸愁看见，虚名满耳悔登科。腐儒毕竟成何用？拟效刘琨夜枕戈。”百无一用是书生，因而作者“悔登科”，愿效刘琨闻鸡起舞，为国效力，“何当诛逆贼？共作太平民”，赶跑侵略者。

《自怜》：“酒因病肺难狂饮，诗为忧民不讳愁。”《书窗小饮》：“功名毕竟为身累，花月真堪养性灵。”《雨中无事偶成》：“坐参禅味心如醉，卧听书声梦亦清。”《再寄李泽山仍用前韵》：“看破浮生梦亦清，悠悠世上尽虚名。”《睡起偶成》：“书为眼花抄偶误，诗因人静咏偏工。”《晚凉独坐》：“晚凉独坐浑无事，闲看蜘蛛结网丝。”表现了诗人追求闲适、乐天知命、视富贵如浮云的思想感情。

（四）悼亡感事诗

钟瑞廷的悼亡感事诗，亦因人事不同，而使其诗产生出不同的风格。其悼亡诗有对夫人李氏、老师杨惠林、诗友孙辑堂、千总黄荫、雷孝子、龙溪女子、秦贞女、陈烈女等的怀念。如：

《悼亡》序云：“内子氏李，归余甫，十月归宁。病殁，即葬其家宅左”。诗云：“昙花一现影难留，镜破鸾飞感不休。屈指姻缘刚十月，伤心离别更三秋。寻来短梦心如醉，想到芳龄骨亦愁（时年十八）。魂魄相随归去好，漫依青冢恋妆楼。”

《丁亥春重宿外舅李公家感旧》云：“华堂重到暗伤神，短梦如烟又一春。射雀屏风犹好在，窥窗不见卷帘人。锦帐孤眠忽梦卿，鸡声唱断客魂惊。伤心明日独归去，惆怅荒阡冷雾横。”

《春暮途经庙山湾感旧（先内子殁葬处）》云：“飞花如雨浇荒茔，惆怅风前泪欲倾。薄葬未迁应谅我，孤眠不醒最怜卿。难忘永诀留哀语，欲续前缘订再生。回首那堪行渐远，伤心愁听杜鹃声。”

《悼亡》云：“闺中人去渺难寻，奉倩神伤泪满襟。援例喜邀丹凤诏，狂歌愁废白头吟。生原有后勤尤苦，病竟无名恨转深。从此曾参甘独寝，九原应量故人心。”缠绵哀恸，不减元稹悼亡之作。

《哭杨惠林师》云：“文星出度陨南天，多士同声哭郑虔。匏系一官长耐冷，经传五子并称贤。英奇共乐居门下，衣钵遥传到日边（公门下曹联桂庚辰榜眼）。遥看楼峰云惨淡，回头不忍忆当年。”“受恩深处报恩难，木坏山颓泪不干。回首廿年先事郑，伤心八载未瞻韩。亏公雅望心源接，爱我曾同骨肉看。筑室何时亲树楷，小溪惆怅暮云端。”杨惠林，即杨大成，字惠林，蓬溪县人，清嘉庆十五年（1810）举人，任四川隆昌县教谕，钟瑞廷之师。 曹联桂，字子固，号馨山，新建（今江西新建区）人。道光十五年（1835）榜眼，授翰林院编修，历任江苏淮安知府、湖南衡州府知府。

《挽孙辑堂》云：“乌衣子弟不妨贫，宦海沉沦阅苦辛。骨肉飘零甘倖母，身家流寓强依人。诗堪入画穷难送，囊不留钱病转真。抛却妻孥空撒手，忍教堂上泣衰亲。”“蓬山回首廿年前，文字盟心证夙缘。药灶有时曾共爨，诗床何日更同眠？欲编遗稿传滇海，空剩微名隶蜀川。剪纸招魂愁独立，临风不忍听啼鹃。”孙辑堂，名国瑞，云南人，曾为《龙溪诗草》题词。

钟瑞廷的这些悼亡感事诗，虽然风格不同，但都哀婉欲绝，催人泪下。

（五）咏史怀古诗

钟瑞廷诗中，对秦始皇、刘邦、张良、虞姬、范增、祢衡、淮南王、李白、岳飞等历史名人，均有咏叹及评论，颇具新意。如：

《闲中韵古》云：“游说纷纷绝学亡，谁将道统续微茫？苍生误尽皆而辈，漫把坑儒罪始皇。”“杯羹尚欲烹而翁，千古无情汉沛公。一个子房先识破，彭韩都是可怜虫。”“英雄骏马亦寻常，惆怅乌江恨渺茫。不及虞姬完节死，美人千古姓名香。”“弑帝诛降佐项王，范增策略太荒唐！不知仁义终何益，只解鸿门杀汉王。”“治安策好足千秋，毕竟苏张是一流。孔孟栖皇当乱世，几曾痛哭对诸侯。”“解得遗碑绝妙词，夜间鸡肋更先知。可怜一死无关系，不及祢衡击鼓时。”“亡诗强补苦沉吟，束皙留名直到今。只恐笙吹歌入曲，宫商凌乱不成音。”“设教河汾拟圣师，文中未必及宣尼。 一篇论语无人读，不及隋宫侍女诗。”“才人廿载作君王，万国衣冠拜晓妆。颇怪太平无一事，笑她中晚半颓唐。”“狂到青莲自古无，殿前醉草黑蛮书。乌靴敢叱将军脱，唐代诗人恐不如。”

《题李青莲集后》云：“偶骑白凤下长空，活虎生龙气象雄。万古声名诗卷内，一生事业酒杯中。敢轻力士真能傲，早识汾阳已算忠。绝好眉山曾继起，更谁风骨与君同？”

《题淮南王传后》云：“鸡犬荒唐亦上天，淮南毕竟可人怜。枕中鸿宝难消劫，鬼尚无头漫说仙。”“丹诀流传未是真，黄金误尽衮衣人。那堪何异乔章辈？又为军王尚此身。”

《题岳武穆传后》云：“云雷绕膝任心呼，战阵无方妙不拘。堪笑古今名将辈，苦将兵法学孙吴。”《题岳武穆庙》云：“痛绝盆香遍两河，将写泣涕罢干戈。兵能制胜偏宜少，将可成功可议和。父子头颅犹在好，奸雄铁石竟难磨。精忠庙食垂千古，过客何须洒泪多？”

钟瑞廷长期居于蜀中，对蜀地古迹题写较多。如对成都、金堂县、三台县、乐至县、射洪县、蓬溪县等地名胜，咏怀不少。如《偕同人游薛涛井》云：“枇杷花放锦城西，挈伴闲游酒共携。古井惯邀名士赏，粗诗漫为美人题。江涵楼影琉璃净，竹压墙阴翡翠迷。十二红栏都倚遍，空园日落草萋萋。”《夏日偕天池书院同学池上纳凉观荷花作》《登成都城楼晚眺》《三皇峡遇雨马上作》《登砚台山访寇莱公读书洞》《夏日集小天竺纳凉》《成都寓中午日即事》《游双凤山白鹤寺》《蓬莱镇道中望魁字山有怀章山甫》《登文明阁》《重登象山游富乐寺作》等诗，将川中山光水色写得如诗如画，气象万千，表明诗人对故乡古迹名胜热爱之殷。

四、易著千秋业，人为一代师

钟瑞廷不喜仕途奔竞，一生研究学问，系清末易学家。

瑞廷兴趣广，读书博。冯大中《梅花瘦人传》云：“于书则六经、子史、浮屠、庄老及兵家韬钤之属，靡不窥究，而尤精于易。其治图象、卦爻，贯穿穴注，凡天人性命之奥，类皆轩豁呈露，其要皆约乎中庸之旨，范乎民生日用之常，一破当世谶纬、占验、神奇诡诞之说。”宋家蒸《钟瑞廷墓志铭》云：“先生壮岁即志在圣贤，酷爱子舆氏存心养性之学，而未悉其用功之要。遍阅诸先儒语录，亦难一贯。后闻止唐刘子悉其傅，遂执贽往事，尽所学。至是，益殚精焉。其论学以心性为纲，伦常为目，静存动察克治，扩充为功，诚恒为要，力践有得，笔之于书。于易，尤邃一时，学者宗之。”

钟氏之师为清末国学大师刘沅。刘沅（1768—1855），字止唐，四川双流人。幼承庭训，博览群书。乾隆五十七年（1792）举人，道光六年（1826）选授湖北天门知县，改国子监典籍，寻乞假归，卜居成都淳化街，筑槐轩隐居，奉母讲学。瑞廷拜刘沅为师，其《槐轩书屋呈刘止唐诗》云：“儒宗继起迈前贤，手订成书百万篇。住世神仙将九十，及门弟子已三千。恒言直令朱程服（师著有《五经恒解》），道脉真从孔孟传。更喜盈阶森桂树，一枝亲见榜高悬（师长君梓桥壬子举人）。”“请业曾依绛帐前，不才真个受恩偏。后堂雅乐携同听，大学遗书许代传（师著《大学古本质言》余刊印行世）。一字亲承知太极，半身虚过悔当年。也期入室方无愧，美富窥来苦未全。”

刘沅从事教育活动达 70 余年，“著弟子籍者前后数千人，成进士中举人者百余人，明经三百余人。贤名播于乡里者，指不胜屈”。著有《槐轩全书》，逾 200 卷，形成了一个以刘沅槐轩之学为宗的“槐轩学派”。该派代表人物有刘咸炘、刘咸荣、刘咸焌、钟瑞廷、颜楷、刘芬等。

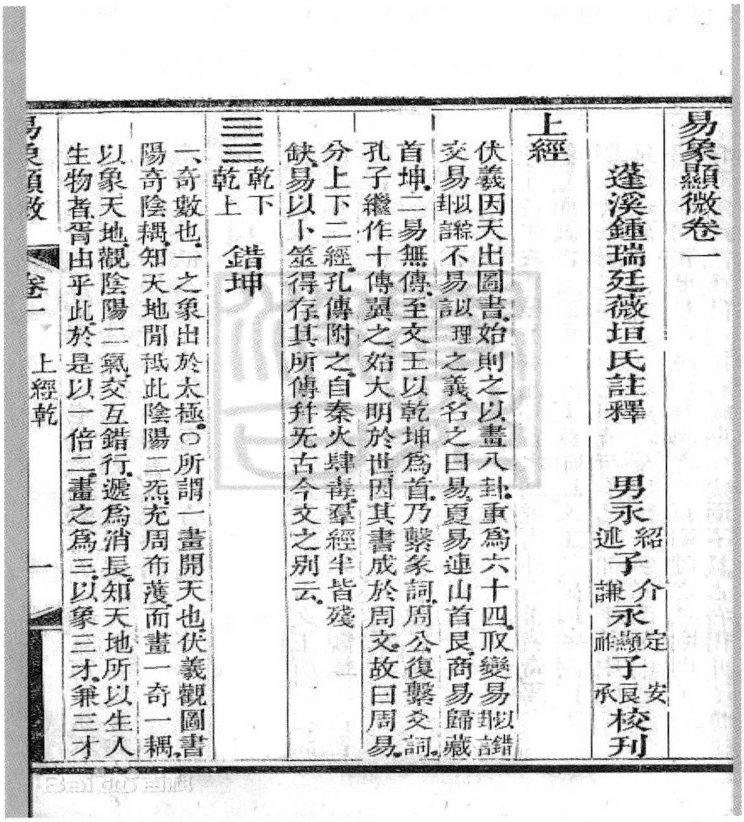
易象顯微卷一
蓬溪鍾瑞廷薇垣氏註釋　男承紹述 予介謙 承顯定祚 予安承良 校刊
上經
伏羲因天出圖書始則之以畫八卦重爲六十四取變易以錯爻易以綜不易以理之義名之曰易夏易連山首艮商易歸藏首坤二易無傳至文王以乾坤爲首乃繫彖詞周公復繫爻詞孔子纘作十傳翼之始大明於世因其書成於周文故曰周易分上下二經孔傳附之自秦火肆毒羣經半皆殘缺易以卜筮得存其所傳幷无古今文之別云
☰乾下乾上　錯坤
一奇數也一之象出於太極○所謂一畫開天也伏羲觀圖書陽奇陰耦知天地間祇此陰陽二炁充周布濩而畫一奇一耦以象天地觀陰陽二氣交互錯行遞爲消長知天地所以生人生物者胥由乎此於是以一倍二畫之爲三以象三才兼三才
易象顯微　卷一　上經乾　一

图 7-5　钟瑞廷撰《易象显微》（清光绪九年红雪山房刻本）

刘氏自曾祖开始，四世研《经》，三世习《易》，其家学以先天易学为特色。瑞廷尽其所学，得刘氏易学真传，遂成刘门高足。清代射洪举人胡文魁《挽钟瑞廷》诗云：“殄瘁忧时事，渊源有瓣香。双流流不断（先生尝学于双流刘沅），何处待慈航？”

钟瑞廷著有《易学探源》二卷、《易象显微》十卷。《易学探源自序》云：“易本河图洛书而作，图书实易之渊源也。历代先儒，不解图书，或疑之而不信，或拟之而妄言。其于圣人画卦之由，设卦之意，渺不知其何自。余玩易有年，因拟《河图洛书解》

与《洛书金火易位论》，以明易为性命之书，纂辑《易学探源》一册。首列河图洛书，次羲文卦图、孔子太极图，并附止唐师性命图于后。博采诸家之说，而探其源。其有前人图说未尽善者，即旧解节取之；前人图说未见及者，参已意增补之。寒冬无事，闭门辑录，匝月而成，偶涉疑团，间与儿辈商榷。此外别无他山之助，瑕疵在所不免，识者谅之。”《易学探源》有同治十一年（1872）刊本和光绪二十二年（1896）红雪山房刻本，今存南京大学图书馆、四川省图书馆。钟氏精于易，对经传图均有研究，尤其是对易图，有自己独到的见解。在《读易玩河图洛书作》诗中云：“读尽群经不读易，数典忘祖终无益。读易不玩图与书，徒寻枝叶功亦虚。”对《易经》的研究，到而今，其面越来越窄，甚至把全部经典弄得支离破碎。对于今天研究《易经》的人来说，应多从钟氏《易学探源》这类书中，吸取一些研究的经验方法。

《易学探源》一书完成后，钟瑞廷又撰《易象显微》一书。他在该书《自序》中云：“昔伏羲则图书而画八卦，八卦互相摩荡，自成六十四卦，此易之体也。文王系象，周公衍爻，按卦画立象，此易之用也。自晋王弼壤象谈理，象义失传。明万历间，吾蜀来瞿唐求溪注易，因孔圣错综中爻之说，始将卦象悟出，令人知文周当日，近取远取，并无一字虚设。顾讲易诸家，推衍其义，或略而未详，或泛而不切，余心歉然。爰不惜衰朽，勉为讲章。每遇一象，务将前后、反顺、正喻、夹写，尽情发挥，不惮笔墨之烦，以显其义，集成名曰《易象显微》，仍取旧作《易学探源》弁首。命儿辈藏之。此不过一家之私言耳。若云问世，则吾岂敢！”

《蜀中正学编》云：“钟瑞廷，蓬溪举人。其学以心性为纲，伦常为目，静存动察，克治扩弃为功，诚恒为要。尤嗜《易》。壮时观《洛书》，金火易位，遍索诸家，鲜有道及者。著论以发其奥，尝谓图、书乃《易》之渊源，前圣寓性命之理于象数，象不可废，亦不可执；数不可无，亦不可拘。要以理为断，后儒拘执象数，虽穷工极巧，揆以性命之理，多不相符。圣人作《易》也，将以顺性命之理，诸儒盖未深思其妙耳！其纯粹如此。”

《易学探源》《易象显微》两书，奠定了钟氏为清末蜀中易学研究家的地位，故胡文魁《挽钟瑞廷》云“易著千秋业，人为一代师”。

五、化风敷四院，教雨及三巴

客家人有崇文重教、耕读传家之传统。清嘉庆进士徐旭增（曾任户部主事、广东惠州平湖书院院长）在其所撰《平湖杂记》中云：“客人以耕读为本，家虽贫亦必令其子弟读书，鲜有不能识字、不知稼穑者。”“客人之风俗俭勤朴厚，故其人崇礼让，重廉耻，习劳耐苦，质而有文。”重教、从教是清末蓬溪钟氏家族耕读传家的主要特点。清代蓬溪钟氏，贡举辈出，从教者众。钟瑞廷终生传道授业，循循善诱，诲人不倦，充分体现了客家人崇文重教之精神。

钟瑞廷一生从教50余年，历任蓬溪县蓬莱书院、蓬山书院、象山书院、经义书院讲席，弟子上千人。其弟子有来自重庆、乐山者，故胡文魁《挽钟瑞廷》诗云：“父子为师友，文章蔚国华。化风敷四院，教雨及三巴。”四院，即蓬莱、蓬山、象山、经义四书院。蓬莱书院，位于蓬溪县城东门外丰泽庙之左，明万历三年（1575）蓬溪知县李建中（著名医学家李时珍之子）创建；蓬山书院，位于蓬溪县蓬莱镇（今大英县治），嘉庆二十年（1815）蓬溪知县吕肇堂建；象山书院，位于蓬溪县石板滩（今大英县象山镇），咸丰元年（1851）钟瑞廷等人建；经义书院，位于蓬溪县河边场（今大英县河边镇）西南二里许之河上沟，光绪七年（1881）建。钟瑞廷在这四个书院执教数十年，并撰有《象山书院记》《经义书院记》等文。钟氏在《经义书院记》中制订《学规》六则，曰：“敦重伦常；存养心性；变化气质；谨饬言行；勤修职业；扩充材识。”要求“诸生平日读书明理，务将六者之理，时时讲求；六者之事，一一体认，庶不愧读书种子。否或视为老生常谈，玩而忽之，纵文艺淹通，幸获科第，其不流为名教之罪人者几希。”可见，钟氏重视学生品德的培养教育，要求学生端品立行，方能成为国家之有用人才。

钟瑞廷活到老，教到老。到八十高龄时，在其临终前四个月，还撰有《象山书院碑记》，谆谆教导学生要“以陆子象山为法，尊德性而向道学，主静以端其本，慎动以审其几，严君子小人义利之辨，深思而力行之，造就既本躬行，心得以发为文章。”“不知力行，以求至于道，虽日读圣贤之书，其所学有与圣贤背而驰者。”一片苦心，充盈纸上。

钟瑞廷在《八十自寿》诗中云：“生逢磨蝎似东坡（生年乙丑），毁不能无誉转多。马帐春风人载酒（历掌蓬莱、蓬山、象山、经义各书院），蟾宫秋月士登科。眼青每为看书损，头白依然被墨磨。自笑伏生强项甚，传经直到鬓婆娑。”这是他一生从教的真实写照，“头白依然被墨磨”“传经直到鬓婆娑”，可叹可佩！

钟瑞廷年近八旬，体弱多病，遂辞去教职，归于龙溪河畔。龙溪有田数十亩，委僮仆耕禾其中；又僻地为园，约半亩，莳花种木，名曰“亦乐园”，书斋名“红雪山房”。园名之由来，盖出自清代嘉庆时广东客家诗人徐旭增描写客家风俗的《兴隆竹枝词》中“经书家训两书堂，亦乐斋前古柏香”之名句也，表明瑞廷时刻不忘自己是客家后裔，爱乡思乡之情，表露无遗。

亦乐园建成后，瑞廷出则屣履看山、支筇观稼；入则负手园中，吟哦自适。其《自题亦乐园》云；“名园新傍短墙开，检点风光日百回。八九枝花看似画，两三间屋小于台。阶前任长无名草，石上亲栽称意苔。分付奚奴须记取，此中休任俗人来。”《重修亦乐园口占》云：“人间到处总尘缘，旧苑新营别洞天。从此春风长管领，百花香里乐余年。”《友人刘壁田杨嵩山李玉圃王雪涧闻余新筑亦乐园各以花赠喜极口占》云：“壁田兰草嵩山桂，玉圃茶花雪涧梅。惭愧故人偏爱我，名花分送小园来。”

钟瑞廷重视子女的培养，作有《示侄永猷》《示侄永绅》《儿辈甫学诗日为改正》等诗，教育子侄。子侄们也不负其望，个个学有所成，著述亦丰。

长子钟永绍（1839—1903），字子介，光绪二十六年（1900）恩贡，著有《柳溪诗草》二卷、《骈语千字文》一卷、《帝王歌谱》十二卷、《忍让俗歌》一卷、《琴谱》一卷；还参与了光绪《潼川府志》《蓬溪续志》的采访工作。二子钟永述，早卒。三子钟永定（1842—1929），字子安、止庵，同治十二年（1873）拔贡，官广安州学正，历主中江、三台、蓬溪诸书院，学养深纯，著有《龙溪诗草后集》二卷、《知自反斋文集》二卷、《鸿雪琐存诗草》《骈文》一卷、《续骈语千字文》一卷、《孝经音注》一卷、《钟氏家礼》一卷、《钟氏续谱》十一卷、《砭俗韵言》一卷、《百孝诗图注题词》二卷、《百忠诗图注》一卷、《养正试贴》二卷；辑有《古今名论续篇》一卷、《养正诗选》四卷、《养正文选》四卷、《宗鉴录》一卷；主笔民国本《蓬溪河西钟氏族谱》十卷；另外，还参与了光绪本《潼川府志》《蓬溪续志》的采访和编辑工作，年八十八卒于家。民国本《蓬溪近志·行谊·钟永定传》云：“论者谓为近数十年名德巨儒，非仅乡邑善士云。”四子钟永显（1848—？），字子良，詹事府供事，著有《骈语千字文注释》《续千字文注释》；辑有《曾文正家言挈粹》二卷、《二曲愧庵合集纂要》一卷、《西沤内外集便览》一卷、《怡情悦性篇》一卷、《逍遥快乐吟》一卷；同时协修了民国甲寅本《蓬溪河西钟氏族谱》十卷。五子钟永祚（1850—1903），字子承，监生，性敏，习琴，善书画，工金石，精堪舆奇遁医理。侄子钟永猷（1821—1885），字赞臣，亦作湛澄，光绪二年（1876）岁贡，著有《鹤鸣书屋诗草》二卷。

钟氏家族书香传家，著书甚多，这些著作是研究巴蜀文化和客家文化的珍贵资料。

六、不上长安去，瞿塘后一人

钟瑞廷一生没有离开过蜀中，“不上长安去”，隐居蜀北，潜心著述。鉴于钟瑞廷的贡献，清廷于同治六年（1867）授钟瑞廷中书科中书职衔加二级，诰封二代。

光绪十年（1884）正月，撰《八十自寿》诗十首，回顾自己一生，云：

清笑梅花瘦懒凋（自号梅花瘦人），孤山和靖任逍遥。丹田气足春常暖，绿鬓霜凝冻不消。身阅五朝逢盛世，筵先三日预元宵（诞日正月十二）。银花火树屠苏酒，柬客先为引领谣。

记列胶庠六十年（甲申游泮，逾年食饩），泮林花艳洞房先（时尚未娶）。春风卅载青云阻，秋叶一枝丹桂鲜（历试十六科，始由恩贡登己未恩榜）。鞭著燕台驱骏足，烽迷蜀道梗狼烟。凤池例补乌斯缺，紫诰重看锡九天（丁卯以中书科职衔加二级，诰封两代）。

卅年得子悔嫌迟，又见桐孙十四枝。贡树春多欣入选，泮林香好喜谙诗（长子永绍，廪生，著有《柳堂诗草》《骈语千字文》；三子永定，癸酉拔贡，有《鸿雪琐存诗草》《续千字文》；四永显，詹事府供事，有《千字文注释》）。琴弦晚弄风侵座，画册朝临日浴池（五永祚，监生，习琴，嗜书画、金石）。更有琅函千万卷，传家宁讳读书痴。

嗜古弥殷述古情，圣贤学问总平平。学人语切看原澹，忧国诗多听有声（著有《学人要语》《龙溪诗草》）。未寡过时聊注易（著有《易学探源》《周易象义显微》），无封侯相也谈兵（辑有《兵法阵法纂要》，著刊《守砦方略备览》）。代薪覆瓿知难定？但写胸怀不计名。

也爱金丹也爱禅，三生石上证前缘（绘有《石上观生图》及诗）。五千道德心同印（辑有《道德经纂要》及著刊《保命延生录》），三百阴符手自编（有《黄帝音符经注疏》）。打破虚空聊佞佛，铲出烦恼或成仙。他年抱一完真去，无欲知归第几天？

不解贪求转好施，钱囊随分强支持。青衿屡议崇乡校（两次倡捐，募置象山书院学田；又捐脩金，培补蓬山书院、文昌宫，添考月课，移修文峰阁），丹牒常思笃本枝（《族谱》散佚，独力纂修，三年始成）。绵上千金怜鲋涸（辛酉左绵贼退，民困，曾捐千金，并募三千有奇，亲往赈济），邑中万斛悯鸿饥（甲子大旱，斗米二千余金，独力请县主发公局羡银三千两并捐募倡兴平粜）。小康何敢言推解？但有赢余未忍私。

无弦琴久笑渊明（内子已于丁卯下世），曲里孤鸾梦益清。访旧无存空说鬼，连床有约喜留兄（胞兄笏山，年八十四）。一生未识金银气， 半世虚怀忧乐情。富贵倘来真敝屣，忍将实行易浮名（拯绵之役，太守文公、学正范公上其事，骆文忠以四品衔加奖，力辞不受）。

九曲龙溪木万章，蓬莱深处读书堂（世居小蓬莱之龙溪）。宅围溪澳二分竹，家树成都八百桑。开半亩园花作圃（园名亦乐），凿三弓地水为乡。羲之誓墓不归去（曾营生圹于先茔侧），犹向遥天恋夕阳。

自笑清癯比鹤如，加餐转胜少年初。晞阳尚有重生发（顶发向久落尽，昨岁重生），娱老犹看夹注书。万事不关容我懒，一家安分觉春徐。耄荒偏喜闻山水，侧耳牙琴索和予。

光绪十年（1884）十月初二日，钟瑞廷卒，享年八十岁，葬四川省三台县深福湾（今属大英县象山镇三溪村七社）。临终前几日，撰《甲申冬余年八十矣去日苦多来日苦少，意恐临终昏愦无以示后，预拟永诀诗二章，余儿辈藏之，意亦昔贤所谓人老思传之意云尔》诗云：

人间游戏几经年，今日辞尘意洒然。一点灵光还造化，半生虚誉付云烟。全抛躯壳留真气，久悟禅玄证夙缘。此去自知归路近，琼楼深处谒群仙。

临行一纸付诸郎，遗训寥寥语数行。学圣事先尊德性，成人道只在伦常。身家善保生无愧，仁恕兼行后自昌。更有藏书千万卷，孙曾珍重继书香。

传说钟瑞廷下葬时，万余鸟聚，悲鸣不已。时年十六岁的蓬溪才子曾世礼后撰《过龙溪追怀钟先生薇垣》云：

大道丧已久，风尘日澒洞。永怀龙溪人，欲引尼山鞚。白首歌鹿鸣，青云厌鸟众。归卧亦乐园，瘦醒梅花梦。著书张吾军，高桐见孤凤。春风腕下生，一解洪河冻。我生先生里，目见坏梁栋。归骨青山日，园鸟悲鸣送（余年十六，随冯文之师，临先生丧，见小鸟万余，悲鸣上下）。至今念耆旧，名想当时重。乡党去斯人，临风有余痛！

钟瑞廷著述甚丰，著有《龙溪诗草》二卷、《易学探源》二卷、《易象显微》十卷、《学人要语》一卷、《保命延生录》一卷、《守寨方略备览》一卷，俱已刊布行世；又著《兵法阵法纂要》二篇、《道德经辑要》一卷、《阴符经注疏》一卷；主修同治七年（1868）本《蓬溪河西钟氏族谱》，多达十余种二十余卷。生平事迹载入《蜀中正学编》、光绪《新修潼川府志》卷二十二《人物志・后贤》、光绪《蓬溪续志・耆旧》；蓬溪知县宋家蒸（江西奉新进士）撰《钟瑞廷墓志铭》，三台县岁贡冯大中撰《梅花瘦人传》。

光绪《蓬溪续志》赞钟瑞廷为“学人之宗”，“不愧纯儒，非徒一乡之善士而已。”《钟瑞廷墓志铭》云：“远近尊其望，率称先生不以名。盖比之石守道、尹师鲁两君子云。”人们将钟瑞廷与宋代著名理学家石介（守道）、尹洙（师鲁）相并比，可知其德望之尊隆。清代射洪县举人胡文魁《挽钟瑞廷》云：“易著千秋业，人为一代师”；“不上长安去，瞿塘后一人”；“他年垂志乘，不愧是名家。”

清咸丰进士、翰林院编修敖册贤《瑞廷公七秩寿文》云："吾蜀道学之传，继南轩、鹤山而起者舍先生，子其谁与归？"，可见钟氏是四川宋代著名理学家张栻、魏了翁之后的杰出代表。

钟瑞廷在清末蜀中学术史和诗歌史上占有一定地位。胡文魁称钟瑞廷是"瞿塘后一人"，认为钟瑞廷是明代著名理学家来瞿塘之后的第一人。来知德（1526—1604），字矣鲜，号瞿塘，明梁山县（今重庆市梁平区）人，乡试中举人后，便杜门谢客，穷研经史。隆庆四年（1570）起，主要精力用于研究《周易》。万历二十七年（1599），完成《易经集注》十六卷。万历三十年（1602），被特授翰林院侍读。卒后赐"崛起真儒"，以褒其贤。著述多达数十万言，而以《周易集注》用功尤深，《明史》有传。来瞿塘是继孔子后，用象数结合义理注释《易经》取得巨大成就的独一人，故称"来夫子"。钟瑞廷是"瞿塘后一人"，可见评价之高。钟瑞廷与来知德二人有许多相似之处：都生活于动荡的末世（一居明末，一居清末）；都考中过举人；都不出仕；都隐居乡里；都精研理学，潜心著述；都嗜《易》研《易》，并有研究论著传世；都是纯民间学者、乡贤，一方学识和道德的维护者与定鼎者。故称钟瑞廷为"瞿塘后一人"，是实至名归、实事求是的评价与定位。

【原载】《客家研究辑刊》2011 年第 2 期，作者胡传淮

清末蓬莱书院主讲钟永定

“时人莫小池中水，浅处无妨有卧龙。”清代蜀北蓬溪县西乡象山（今四川省大英县象山镇）龙溪畔，有一客家钟氏，世代书香，人才辈出，钟瑞廷及其子钟永定，尤足称杰。他们隐居田园，乐天知命，不事王侯，一盏秋灯苦著书。影响深远，名扬蜀中，对书院文化贡献颇大，故特将蓬溪县蓬莱书院名师钟永定之生平事略、著述成就及地位影响，略述于后，以供研究遂宁古代书院者参考。

钟永定泥塑（来源：大英县博物馆）

一、生平事略

民国本《蓬溪河西钟氏族谱》载：钟氏原籍粤东嘉应州长乐县塘湖村回龙寨（今广东省梅州市五华县龙村镇塘湖村回龙寨），于清乾隆七年（1742）迁蜀，卜居蓬溪县西乡龙溪畔，繁衍生息，成为当地望族。

钟永定（1842—1929），字子安，亦作止安，生于清道光二十二年（1842）十二月二十五日。祖钟祥麟（1779—1846），字玉书，号柽庵，性和粹，以孝友著闻，潜心理学，淡于名利，绝迹城市者三十余年，时或策杖游郊外，有饥寒者，辄周济之，以为常。事载光绪《新修潼川府志·人物志》和《蓬溪县志·耆旧》。父钟瑞廷（1805—1884），字薇垣，号梅花瘦人，清咸丰九年（1859）举人，例授中书科中书。因时局动荡，遂不求仕进，著书自娱。曾主讲蓬莱、蓬山、象山、经义等书院。著有《龙溪诗草》2卷等。拙文《清末蜀中客家诗人兼学者钟瑞廷考述》，载有其身世及著述。

钟永定幼承家学，外朴内慧，沉静寡言，苦读诗书。溪边田畔，皆执书深思，吟诵不辍。同治五年（1866），考入蓬溪县学，成生员；十一年（1872）补廪生；十二年（1873）考取拔贡；十三年（1874）春，入京师，参加朝考不第。光绪元年（1875），入国子监，深造六载。朝夕磨炼，学益精进。为吴文雨祭酒所赏拔，屡置第一。乡试时多次被房师推荐，但均以额满落第，识者惋惜。时李鸿裔任江苏按察使，以乡谊招其至署中，掌书记兼教两孙读。李鸿裔（1831—1885），四川中江县人，字眉生，号香岩，又号苏邻。咸丰元年（1851）举人，官至江苏按察使。李眉生系曾国藩门生，曾国藩总督两江时，李眉生游其幕中，眉生年少倜傥，不矜细行，曾国藩甚爱之，其秘室，唯眉生出入无忌。眉生精书法，工诗文，系藏书家兼诗人，著有《苏邻诗集》。永定肆力观摩，暇则闲游，访姑苏名山胜水，以发吟兴。与眉生唱和往来，诗因此益工，著有《鸿雪琑存诗草》。

任李鸿裔幕僚不久，永定慨然叹曰："亲老矣！古人不以三公易一日养，况龌龊为人辕下驹耶？"遂辞去幕僚之职，回到蜀中。声名藉甚，四方争相迎聘。历主天禄、文盛、经义、象山、环溪、蓬山各讲席，从者如云。罗享奎、程鸿佑两观察，皆先后敦聘以教其子。永定精心育才，学生中不少人考中了举人、进士。

周学铭（1859—1911），字味西，安徽建德人，清末重臣周馥次子。光绪十八年（1892）与其兄周学海中同榜进士，选翰林院庶吉士，散馆改蓬溪县知县，后改江西候补道，署江西按察使，光绪三十年（1904）因其父任两江总督，循例回避，改湖南候补道。宣统二年（1910）受父命潜心修纂《建德县志》。光绪中，周学铭任蓬溪知县，知津捐积弊，思剔除之。周知县闻钟永定之名，三次写信恳请先生出山助其一臂之力。后来，永定至蓬溪县津捐局时，周已调任江津。永定在局三年，县政利弊之有关于民者，必极力兴除，不避忌讳。有黑社会恶势力放言要暗害他时，永定说："我为众人谋，不为一身计也，怕什么？"努力兴利除弊，阖邑称便。

光绪二十五年（1899），蓬溪知县周学铭之父周馥，出任四川布政使，过蓬溪县时，特派遣人问候钟永定。周馥至成都莅任，永定以解津捐到省，一见即委署广安州学正。

广安士习骄悍，永定谆谆教诲，诸生感戴，请永定为广安紫金精舍监督。紫金精舍，位于今四川广安老县城北面紫金山上的玉皇观，1899 年，广安蒲殿俊、胡骏等新开办紫金精舍，专门请来了南充的张澜、西充的罗纶、蓬溪的钟永定、成都的吕翼文、中江的彭光弼等担任教师。这些优秀青年知识分子，有着对所处时代现状的强烈不满与反叛，在严酷的封建统治下，他们希望能在压抑的社会氛围中撕开一条口子来，让人们呼吸到新鲜的空气，广安士风为之丕变。后来，在紫金精舍校址上开办了广安州立师范、广安州立中学。1918 年，14 岁的邓小平考入广安中学第十班就读。1919 年 9 月，他告别了广安中学，告别家乡，顺渠江而下，乘舟赴重庆就读重庆留法勤工俭学预备学校，迈开了他寻求革命真理、探索救国救民道路的步伐，开始了他波澜壮阔的革命生涯。紫金精舍的历史也因此而更显辉煌。

永定生性俭朴，严于律己。义所当为，则不吝惜。其父钟瑞廷著书甚多，刊印费数百金，皆由永定一手经理。钟永定客处京师时，其同年刘昭晋病卒潼川会馆，医药棺殓，用费很多，永定约同人共贷以周其事。起初，刘昭有乡亲蔡云舫，赴福建省任县丞无路费，乞借于刘，刘无以应，私向钟先生借五十金予之。蔡去多年无消息，寄信也不回复；刘病危，因无钱还钟永定而感到惭愧，永定安慰刘说："此银蔡用，非君用也。君有不讳，我自向蔡索取，绝不忍累及您的寡妇孤儿。"不久，有同乡往蔡任所，钟永定取刘借条并写信寄之，说："此数实君用，吾已许刘君矣，君能偿则偿，不能，可取借条焚之，以明吾之不负死友而已。"蔡大感惭愧，力将本银归还。

蓬莱镇至石板滩场（今象山镇）近 40 里，路极狭小，每淫雨，泥泞没膝，行旅苦之。数议募修，皆畏难不果。蓬溪县丞端秀，屡敕团保修治，终无人肯任其事。永定奋然捐募，得数百金，不期月而成，县人认为此乃百年来未有之善举。

永定晚年，隐居故里。年晋七旬时，仍精神矍铄，步履康强，犹能于灯下书小楷，读夹注书，如四十许人。蓬溪清末举人纪大经《永显生传》云："今先生（永显）年近七旬，吾师（永定）则又过之，皆精神矍铄，步履康胜，居相去不尽一里。晨夕往来，一味之甘，必剖而尝之；一割之微，必呼而共之。宅去市二三里，每当春秋佳日，风雨新晴，傀儡当场，枌榆赛社，前鸿后雁，联序市廛，与二三亲故聚笑觅欢，茶话甫阑，酒尊间作子侄数四捧觞进膳，弟劝兄酬，必尽欢而后已。及织乌西坠，啼鸟催归，乃出阛阓，践石梁，复渡板桥，傍小溪，沿源而上，涉石涧，相与话近水遥山，缓缓归去。如是以为常见者，咸以为天伦乐事，虽温公之于伯康、椿津之于延庆，不过是也。”民国十八年（1929），钟永定卒于家，享年88岁。

钟永定配漆氏（1842—1894），漆世禄女；继配陈氏（1855—1914），陈玉琼女。子四：文珏、文喆、文林、文甡，漆出；女五。

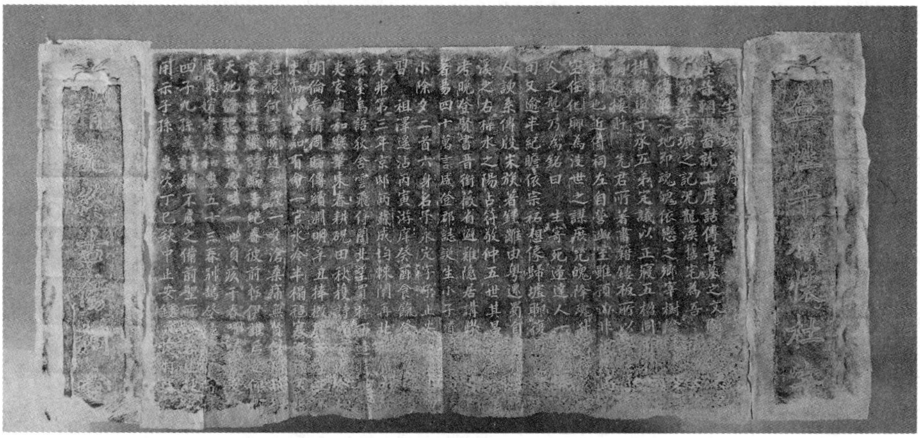

图7-7 钟永定生圹铭并序（欧阳福拓印）

二、著述诗文

“清风两袖辞官去，免得他人话短长。”六十岁以后，钟永定杜门著述，他博观而约取，厚积而薄发，一盏秋灯苦著书。一生著述多达10余种、30余卷，辑有《古今名论续篇》1卷、《养正诗选》4卷，著有《养正试帖》2卷、《百孝诗图注题词》2卷，俱刊布行世；《龙溪诗草后集》2卷、《知自反斋文集》2卷、《龙溪骈文》1卷、《续骈语千字文》1卷，并辑《养正文选》4卷、《宗鉴录》1卷，未刊行；编著有《百忠诗图注》1卷、《孝经音注》1卷、《钟氏家礼》1卷、《钟氏续谱》11卷、《砭俗韵语》1卷。另外，还参与了光绪二十三年版《潼川府志》、光绪二十四年版《蓬溪续志》的采访和编辑工作。钟永定是清末蓬溪县著述最丰的学者。

钟永定善诗，撰《龙溪诗草后集》2卷。清末三台县岁贡冯大中（号剑平）撰《龙溪诗草后集题词》四首。

其一：

巴蜀流风蔚词赋，峨岷山水郁清嘉。小坡晚出斜川集，博望高乘倚汉槎。越海珊瑚珍贡树，孤山冰雪孕梅花。龙溪居士传衣钵，著述成书又满家。

其二：

大雅王风感并深，谁从正始索遗音？品题自握钟嵘笔，识曲真弹俞伯琴。鸿雪江山新过眼，燕云岁月旧惊心。翛然一集风尘外，跌宕牢愁思不禁。

其三：

苏陆平交李杜师，寥寥身世几相知？曾经蜀道三千里，远寄吴门百韵诗。巫峡竹枝咽流水，屈沱香草荐灵祠。蠓矶题庙尤奇绝，回首湘江月上时。

其四：

旅燕宾鸿次第过，南船北马影婆娑。芙蓉镜冷秋光老，桃李花浓春思多。感寓诗篇工幕府，忧时涕泪满山河。年来我亦同幽愤，俯仰乾坤日醉歌。

题词中将永定比为“小坡”（苏轼之子苏过），其诗有“正始遗音”“感寓诗篇工幕府，忧时涕泪满山河”，可见时人对其诗评价颇高。

钟永定之诗，按其内容，主要有山水田园诗、赠答唱和诗、怀古抒情诗三类。

其一，山水田园诗。钟永定撰有《钟氏祠堂八景》组诗：

《望川晴雪　祠后祖山，名望川，高插云汉。夏秋之间，积雨初晴，望西川一带雪山，灿然在目，故名》“绝顶支筇望，西川落眼前。三秋新雨后，五更晚晴天。白艳蓬婆雪，寒霏葱岭烟。银山排列处，最好夕阳边。”

《客水夕阳　祠前二里石板滩，古客镇溪也，源名郪水，至此又名客水》：“渺渺客溪水，茫茫向夕流。绿杨盘马路，红树买鱼舟。山色暝益好，市声行渐收。辋川如可绘，唤取小沧州。”

《象山书韵　金象山，在客镇后。咸丰初，先君约同人创修书院，因名象山。先君与定，尝主讲焉》：“隔岸传精舍，书声远溢清。象山高突兀，萤案夜分明。灯火三更梦，皋皮再世情。青衿谁嗣响，风雨感鸡鸣。”

《龟宕滩声　祠右隔溪有石如龟，大三四亩，高数尺，四面皆田，人呼为“乌龟宕脊”。草极茂，微风吹动，栩栩欲活。溪水至侧，有石梁横亘，每当山雨晓来，过溪风夜起，声闻数里，人呼为“响滩子”云》：“神龟跧伏处，滩急不容刀。河洛传书久，鱼龙入夜号。桃花三月涨，枫荻九秋涛。欲避人间世，何如曳尾高。”

《书楼水调　祠前遗书楼，修贮先君所著刊书籍镂板，高约丈余。溪上有筒车二，吸水灌田，高三、四丈，恰与楼平。每夜静，车声盈耳，如竹如丝，听之令人乐而忘倦，真一部好水调头也》：“车挈一溪水，楼藏万卷书。飞轮声漱玉，支枕浪喧渠。吟咏三更后，宫商百转馀。月明风定夜，最乐上头居。”

《易洞泉音　祠后有洞，先伯笏山公凿以避兵者也。高洞广约数丈，先君著〈易〉，尝坐卧其中，故名“著易洞”，洞门下有井，岩泉滴入，铿然若磬，名曰“磬泉”，泉味清冽，煮茗尤佳》：“先公著书地，泉滴磬铿然。周孔千秋思，文章百代传。洞环君子竹，人问孝廉船。徒读终何用，春归泣杜鹃。”

《龙桥春涨　桥水从祠右西来，一线溪从祠左北至，会于祠前，合流里许，郪水从西南来，会于客镇溪，顺流入涪水》：“贞女祠边路（祠祀贞女杨玉贞，白莲之乱，殉节于桥下，事载《三台县志》），龙吟走白沙。小桥迷树影，春涨泛桃花。夹镜双流合，回波九曲斜。武陵曾有约，拟买钓鱼槎。”

《猫鼻晴岚　猫鼻梁，在祠前，隔岸山，极秀拔，高立云表。昔先祖玉书公，道出其巅，见今祠地，叹曰：“山回水曲，田野土块，葱葱郁郁，真好家居也。”归语及之先君，遂谪于先伯出重值购之，鸠工筑室，奉先祖以居，没即窀穸于是，故先君亦乐附焉。定此地为先人魂魄依恋之所，恐其易失，故谪于五弟子承，除作祠堂，以奉祀焉》：“隔溪山更好，猫鼻护柴门。春风一鼓荡，晴翠两絪缊。奕世新图画，先人旧履痕。祈将书万本，长护长儿孙。”

组诗对龙溪钟氏祠堂之历史、规模、风貌、景观、环境等作了生动传神、栩栩如生的描绘，表现了诗人对家乡、对家族、对先祖深深热爱之情。

其二，赠答唱和诗。

《书家信后夜坐有感再呈子介大兄》：“怕听哥哥唤鹧鸪，几多情绪叹模糊。七旬父老三年别，四岁儿孙一面无。蜀北人归愁滟滪，江南春尽长菰蒲。书成无雁摊书坐，寂寞残灯伴影孤（时幕游江苏）。”钟瑞廷子五：永绍、永述、永定、永显、永祚。子介，即钟永绍（1838—1903），岁贡，永定大哥，著有《柳溪诗草》二卷。

《赴泸州幕》：“橐笔适他州，家人纷进酌。病妻勉下床，含情苦不乐。儿辈半痴鲁，临歧再四嘱。信心崇节俭，努力事耕读。儒素慎所安，家声免中落。我体健无虑，尔母瘦如削。言行趣所欢，饮食恣所欲。余行百可缓，此事难再忽。幼子甫七龄，春深将入学。知我有远行，百钱绕腰索。未忍麾之去，开囊任取捉。牵衣问归期，因人哪敢约？依依儒慕情，抚境愧在昨。出门搔首叹，东风满寥廓。”

《夜坐有怀五弟子承因寄》：“别来才几日，惘惘似三秋。以我为孤客，因君悔远游。山川寒夜梦，身世杞人忧。独坐空堂里，残灯照影愁。”“可否离床席，相思倍黯然。病余须自爱，老至更谁怜？雁叫三更雨，虫吟四壁烟。不堪惆怅处，俱是近衰年。”子承，即钟永祚（1850—1903），国学生，永定五弟，善书画，工金石。

由于远离故乡，诗中充满思乡之情，凄凉之状，读后令人鼻酸。

其三，怀古抒情诗

《读变雅堂》：“胜国遗民百世师，悲歌慷慨话虞姬（茶村以气节自持，一日群公宴集，多有明显宦。演虞姬殉楚，公作诗云：‘年少当场秋思深，座中楚客最知音。八千子弟封侯去，惟有虞姬不负心’）。千秋弓鼎怀孤愤，一代文章启盛时。乞食诗多陶靖节，登山歌罢墨胎夷。茶村遗集梅村句，若个馨香恐未知。”杜濬（1611—1687），清初诗人，字于皇，号茶村，又号西止，晚号半翁。黄冈（今属湖北）人，明崇祯时太学生，明亡后，不出仕，避乱流转于南京、扬州，居南京达40年，刻意为诗，诗多寓兴亡之感，著有《变雅堂集》。永定称许杜濬为“胜国遗民百世师”，洵为不诬。

《贾浪仙墓》:“此老宜金铸，参军有墓存。名高遭佛忌，官小藉诗尊。僧月敲佳句，荒烟冷旧痕。不逢韩吏部，谁识布衣坟？”贾浪仙，即贾岛，唐代诗人，字浪仙，河北范阳（今北京房山区）人，早年出家为僧，号无本。据说在洛阳的时候，贾岛作诗发牢骚，被韩愈发现其才华，后受教于韩愈，并还俗参加科举，但累举不中第。唐文宗时被排挤，贬做长江县（今四川省大英县及蓬溪县部分地区）主簿。唐武宗会昌年初由普州司仓参军改任司户，未任病逝。唐代长江县遗址，位于今四川省大英县郪口乡长江坝村，其地有贾岛衣冠墓。钟永定曾到长江坝拜谒贾岛衣冠墓。诗中对贾岛诗歌由衷赞赏，对其不幸深表同情。这也是诗人自身的写照，虽然才高八斗，却身处下僚。

图7-6　钟永定主笔民国本《续修蓬溪河西钟氏族谱》扉页（胡传淮拍摄）

三、名德巨儒

钟永定德高望重，著作等身，崇文重教，弟子有张澜（四川西充县人，民盟中央主席、中央人民政府原副主席）、卢子鹤（清末蓬溪人，曾任四川省政协副主席）、曾世礼（大英县人，清末优贡）、纪大经（清末蓬溪县人，举人）等，故深受人们敬仰。

以诗文著称的涪江三名士之一的射洪秀才邬建侯，曾到钟氏故里象山，拜见永定，并撰《读钟止安〈龙溪后集〉》云："先生吾党鲁灵光，蚤岁声驰选佛场。绛帐传经多弟子，红炉点雪有山房。宦游虎阜诗千轴，门抱龙溪水一方。我愿趋庭陪鲤对，几时能接令公香？""花时我作象山行，座入春风始识荆。一代文章推巨子，十年私淑等门生。倡提骚雅同嚆矢，宏奖人才乃性情。老去坡山更清绝，诗名难怪动公卿！"将钟永定比喻为硕果仅存的鲁殿灵光。

赐进士出身、翰林院庶吉士周学铭（今安徽省东至县人，其父为两广总督周馥，与袁世凯是儿女亲家）曾为钟永定的《养正诗选》作序。在序中，周学铭称誉说："蓬溪拔贡钟止安，邑名宿也。其尊父薇垣（钟瑞廷）先生，以理学经术，为世纯儒。止安承其家学，著书以教后进。"

民国本《蓬溪近志·行谊·钟永定》载："生平为学，务抉经心，不事标末。于新吾（明朝文学家、思想家吕坤）、二曲（明清之际哲学家李颙）、愧庵（清代学者杨甲仁）、西沤（清代学者李惺）诸先儒遗书，服膺尤至。盖其父薇垣，故双流刘止唐氏（清代学者刘沅）高弟子。永定承家学，又受业刘氏之子子维、子桥，学养深纯充沛，有以自乐。论者谓为近数十年名德巨儒，非仅乡邑善士云。"

民国二十四年（1935），即钟永定去世六年，《蓬溪近志》出版。《近志》将其列入《人物志》，并盖棺定论，称其为蓬溪县清末民初"近数十年名德巨儒"，评价客观而准确。

【原载】《四川职业技术学院学报》2014 年第 2 期，作者胡传淮

第二节 书院弟子

明代遂宁三仲书堂弟子——社稷之臣席书

席书（1461—1527），字文同，号元山，明四川潼川州遂宁县吉祥乡（今遂宁市蓬溪县吉祥镇）人。明代遂宁三仲书堂弟子。明弘治三年（1490）中进士。席书任地方官时能够安抚一方百姓，政绩卓著；在贵州与王阳明有一段非凡的交往，以促进阳明“心学”传播、引荐贤能为己任。任京官时能够抗议危言、直陈政弊。因明嘉靖初年大议礼进言而执掌礼部，参与新礼制定，名垂青史。席书为明代著名政治家、教育家，被卓越政绩掩盖的心学大家，王阳明称之为“豪杰之士”“社稷之臣”。

席书画像（来源：遂宁市博物馆）

一、早年登科，政绩卓著

席书是在二十八岁参加四川乡试，考中第二名举人，是在1489年（弘治二年）。弘治三年（1490），席书二十九岁，举进士（三甲第122名），授山东郯城（今山东郯城县）知县。三十岁以前考上进士，这在当时是很少见的，史称其“名早登乎贤科”，并不为过。明代陈讲等纂修《潼川志》载：“席书，字文同，举第二名，联登弘治三年进士；尹郯城，刚明仁恕，有两汉循吏之风，去后民立祠祀”。其中既称赞席书早年登科的学识，又点明其在地方治理方面表现出稳健的政风，受到百姓的认可。

席书在任郯城知县期间，兴修水利、促民垦荒；后升任工部都水司主事，在清江浦（今江苏淮安，是明清时期运河漕粮重要的储存、中转之地，又称“天下粮仓”）督办漕船。清衍庆堂本《席氏家谱》卷五“遗事二则”之《白下纪闻》中提到：“公自为工部主事，治漕船，管清江志，具综理之才，兼变通之术，已著名当世。”可见席书在督办漕运方面难得的才干，而后所作的《漕河志》所展现出的古今漕运与国家治理的命脉关系，值得后人借鉴。

而后，席书历任山东司员外郎、河南按察司佥事、按察司副使、河南布政司右参政、浙江按察司按察使、山东布政司右布政使、云南布政司右布政使、福建布政司右布政使，皆有所作为，堪称一代循吏。

正德十三年（1518），席书升任福建左布政使。当时宁王朱宸濠谋反，他就紧急招募士兵二万准备去讨伐，而到那里的时候，叛乱已平定。很多人都知道，在明代历史上有王阳明平定朱宸濠叛乱这一亮点，却很少有人知道席书曾支持他，并提供兵源。

嘉靖元年（1522），席书升任南京兵部右侍郎。当时长江南北面临饥荒，他奉命赈济江北，上书条陈赈济的良策，使数十万灾民渡过难关。为民请命、福泽一方，不仅是他政绩的彰显，也是他济苍生的大愿。

席书为官清廉，体恤民情，仗义执言，敢于变革。他临终时言道：“自检入仕以来，清慎为国一念，可质鬼神。”又言：“上若问遗言，惟愿亲君子，远小人，审于用舍而已。”

二、弘扬学风，引荐贤能

正德四年（1509），席书四十九岁，任贵州提学副使。在任期间，为了改变贵州文教的落后面貌，邀请当时谪居龙场驿的驿丞王阳明到贵阳文明书院讲学，特选拔各府、州、县优秀生员来院学习，学风一时兴起。每当公务之暇，席书常去文明书院看望王阳明，两人“论学或至夜分，诸生环而观听者以百数。自是贵州人士始知有心性之学。”《阳明年谱》记载：“是年，先生（王阳明）始论知行合一。始席元山书提督学政，问朱陆同异之辨。先生不语朱陆之学，而告之以其所悟。书怀疑而去。明日复来，举知行本体证之《五经》诸子，渐有省。往复数四，豁然大悟，谓‘圣人之学复睹于今日；朱陆异同，各有所失，无事辩诘，求之吾性本自明也。’遂与毛宪副修葺书院，身率贵阳诸生，以所事师礼事之。”

席书请王阳明在贵州讲学，一方面促进当地教育的发展和文化的进步，另一方面也促进王阳明心学的发展与传播。这样，不仅使贵州学子受到“心性之学”的熏陶，亦使王阳明的学术思想成为明代贵州学术的主流。那些承蒙王阳明教诲的学子，不少人后来成为王阳明哲学思想的中坚力量，他们对黔中文教发展及王学在全国的传播，均产生了积极影响。很多人知道王阳明龙场悟道，却不知道贵州提学副使席书曾支持他，为他提供学员。

嘉靖六年（1527），席书加武英殿大学士，入阁为辅臣，建议重用王守仁、杨一清。后来，席书得重病不能视事，举荐罗钦顺代替自己。

三、直言政失，勇议大礼

弘治十六年（1503），席书四十三岁，任山东员外郎。当时云南白天天气变暗，并发生地震，朝廷命侍郎樊莹巡视实情，樊莹却上奏要罢黜当地监司以下三百余人。席书上书进言说：

> 灾异系朝廷，不系云南，如人元气内损，然后疮疡发四肢。朝廷元气也，云南四肢也。岂可舍致毒之源，专治四肢之末？今内府供应，数倍往年，冗食官数千，投充校尉数万，斋醮寺观无停日，织造频频，赏赉逾度，皇亲夺民田，宦官增遣不已。大狱据招词不敢辩，刑官亦不敢伸。大臣贤者未起用，小臣言事谪者未复。文武官传升，名器大滥，灾异之警，偶泄云南。欲以远方外吏当之，此何理也？汉遣八使巡行天下，张纲独曰：“豺狼当道，安问狐狸？”今樊莹职巡察，不能劾戚畹大臣，独考黜云南官吏，舍本而治末。乞陛下以臣所言弊政，一切厘革。他大害当祛、大政当举者，悉令所司条奏而兴革之。

他指出问题的主要原因在朝廷吏治腐败、不能选贤任能，而不在于地方的问题，认为朝廷那样的决策是“舍本而治末”，希望朝廷从根本上进行改革，革除弊政。但当时他的谏言并没有得到采用。从云南昼晦、地震引出当时政治腐败问题，直陈变革的必要性，一方面看出席书对时局分析的真知灼见，另一方面表现出他坚持正义、忠贞直谏的无畏精神。

正德十六年（1521），席书升任都察院右都御史，巡抚湖广。中官李镇、张旸假借进贡和御监的名义敛财十余万，席书就上书揭发了他们。也展现了席书清正廉洁、忠贞直谏的精神。

席书在“大礼议”中的表现是其为官生涯的最大亮点。明武宗朱厚照于而立之年暴亡，因其绝嗣且无预立嗣子，最后由其母张太后与阁臣、太监联合推举其堂弟、藩王朱厚熜即位，是为世宗。在世宗登基后，杨廷和等朝中旧臣强迫世宗改称伯父，即武宗之父孝宗为父，伯母即武宗之母慈寿皇太后为母，变其生身父亲兴献王为叔父，生母为叔母。对于这一不近人情且无法律依据的主张，十四岁的世宗严词拒绝，并以退位来表示自己的决心。席书和一些中下级官员如张璁、桂萼等人不顾杨廷和集团的恐吓甚至暗杀的威胁，旗帜鲜明地支持世宗的合理主张，这样便出现了“大礼议”。争论的结果是以杨廷和等旧臣的彻底失败而告终，世宗趁势清除旧臣势力，确立了与席书和张璁、桂萼等“大礼新贵”的政治互信，重建了嘉靖政坛新的人事格局，是自永乐以后明代历史上最彻底的一次君臣更迭，成功地完成了新兴势力取代旧势力的历史性转变。嘉靖前期，伴随“大礼议”而来的是明代历史上一次全面的改革活动，席书与张璁等人协助世宗进行了一系列改革。嘉靖革新是明代历史上真正的变革活动，其以更新观念、整顿吏治、替换人事为主线，最大限度地扫除了百余年来的明代积弊，激发了明朝统治阶层的活力，遏制并扭转了国势日衰的趋势。

嘉靖三年（1524），朝中大礼议起，席书因进《大礼集议》，草疏以宋英宗入继大统为例，建议尊皇父兴献王为皇考献帝，受到嘉靖帝宠幸，倚为亲臣重臣，授礼部尚书，加太子少保。入朝议礼，可以说是席书政治生涯的亮点，也可以说是高潮。

在议礼期间，席书也多受朝臣毁谤，然而在议礼结束后，席书依然会为之进言：“议礼之家，名为聚讼。两议相持，必有一是。陛下择其是者，而非者不必深较。乞宥其愆失，俾获自新。”他认为两派相争会有一方是有道理的，对于观点错误的一方不必太多追究其罪过，应该更多宽恕他们的过错，让他们改过自新，可以避免不必要的冤案。然而这一建议并没有得到采纳。

后来，席书谏阻迁移献帝的陵墓，又上陈了“新政十二事”，受到皇帝的褒奖。在大同发生军变的时候，主张讨伐叛逆。席书认为当时执政的费宏、石珤、贾咏等不堪重任，强力推荐杨一清、王守仁入阁，并说：“今诸大臣皆中材，无足与计天下事，定乱济时，非守仁不可。”但这并未被皇帝采纳，王守仁也未得到重用。

嘉靖四年（1525），席书进言反对光禄寺丞何渊的“请建世室祀献皇帝于太庙”，最终在太庙建世室的建议被废止了。嘉靖五年（1526）秋，章圣太后将谒世庙，礼官认为不合礼制，席书却上书认为这正是“天子之大孝”，被倚为亲臣。

图 7-8　大学士杨廷和撰文、工部尚书黄珂书丹、席书篆盖《明故陕西城固县学谕张君墓志铭》

（吕兴飞提供）

四、学术纯正，才识优长

嘉靖六年（1527）十月，席书因病逝世，归葬于家乡的走马窑（今四川省遂宁市大英县回马镇文武村金井坝）。他又被追授光禄大夫、少保兼太子太保、礼部尚书、武英殿大学士，赠太傅，谥文襄，入祀理学名臣祠，崇祀乡贤祠。他撰有《漕船志》二卷、《鸣冤录》《救荒策》《大礼奏议》一卷、《春秋论》一卷、《元山文选》五卷，流行于世。

嘉靖帝颁诏《赠席书制》云：“故少保兼太子太保、礼部尚书、武英殿大学士席书，学术纯正，才识优长。鞠躬尽瘁，惟卿德之。”王守仁撰《祭元山席尚书文》，霍韬、方献夫、仲弟席春、女婿陈讲等人，均有挽席书诗。内阁首辅杨一清撰墓志铭，哲学家李贽撰《太傅席文襄公》。

明王守仁撰《祭元山席尚书文》[①]：

呜呼元山，真可谓豪杰之士，社稷之臣矣。世方没溺于功利词章，不复知有身心之学，而公独超然远览，知求绝学于千载之上。世方党同伐异，徇俗苟容，以钧声避毁，而公独卓然定见，惟是之从，盖有举世非之而不顾。世方植私好利，依违反覆，以垄断相与，而公独世道是忧。义之所存，冒孤危而吐，心之所宜，经百折而不回。盖其所论虽或亦有动于气、激于忿，而其心事磊磊，则如青天白日，洞然可以信其无他。世方媢嫉谗险，排胜己以嫉高明，而公独诚心乐善。求以伸人之才，而不自知其身之为屈，求以进贤于国，而不自知怨谤之集于其身。盖所谓"断断休休，人之有技，若己有之者"，此大臣之盛德，自古以为难，非独近世之所未见也。呜呼！世固有有君而无臣，亦有有臣而无君者矣。以公之贤，而又遭逢主上之神圣，知公之深而信公益笃，不啻金石之固、胶漆之投，非所谓明良相逢，千载一时者欤？是何天意之不可测？其行知也，方若巨舰之遇顺风，而其倾之也，忽中流而折樯舵。其植之也，方尔枝叶之敷荣，而摧之也，遂根株而蹶拔。其果无意于斯世斯人也乎？呜呼痛哉！某之不肖，屡屡辱公过情之荐，自度终不能有济于时，而徒以为公知人之累，每切私怀惭愧。又忆往年与公论学于贵州，受公之知实深，近年以来，觉稍有所进，思得与公一面，少叙其愚以来质正，斯亦千古之一快。而公今复已矣！呜呼痛哉！闻公之讣，不能奔哭，千里设位，一恸割心。自今以往，进吾不能有益于君国，退将益修吾学，期终不负知己之报而已矣。呜呼痛哉！言有尽而意无穷，呜呼痛哉！

陈讲《哭席文襄公》云："佳城金碧画图张，御墨淋漓感帝皇。珉水派分伊洛远，横冈支接草庐长。才多自昔称三仲，学富而今随五杨。絮酒坟头滴春草，门墙恩义泪沾裳。"[②]

《明史》卷197《列传》第85卷为《席书传》。明清时期，朝廷曾在遂宁城区建立"柱国坊""文襄祠""黄阁辅臣坊""忠孝廉节坊""存问坊"等，用以纪念席书。席书与弟席春（吏部侍郎）、席篆（户科给事中），合称"三凤"。明代在遂宁大东街曾建"三凤坊"以纪念之。席书《大佛寺送弟篆谪判夷陵》云："两岸风吹芦荻花，水边杨柳鹡鸰沙。江声不尽东流意，目断南鸿送落霞。"大佛寺，即今重庆市潼南区大佛寺，位于涪江边。明正德十四年（1519），席篆贬谪为夷陵（今湖北宜昌市）判官。十五年

① 王守仁：《王明阳全集》（新编本），浙江古籍出版社，2010年版，第1008-1009页。

② 胡传淮：《遂宁历史名人研究》，巴蜀书社，2017年版，第85页。

（1520），席象赴夷陵；席书、席春送之至潼南大佛寺，作此诗纪别。

席书宦迹显达，文学高标，不止蜀中独步，天下也盛传其名。王守仁赞席书："真可谓豪杰之士，社稷之臣。"李贽称席书："公之才识，已足盖当世矣。"

【原载】《文化遂宁》2018 年第 2 期，作者胡传淮、孙蛟龙

明代射洪金华书院弟子巡抚谢东山

谢东山（1506—1586），字少安，号高泉子，四川射洪县太和镇南郊谢家坝（今属城南王爷庙村）人。明正德元年（1506）正月初五日生。射洪金华书院弟子。嘉靖二十年辛丑科（1541）第二甲第六名进士。曾祖谢文高，祖谢爰，父谢应宗。兄六：谢恩光、谢恩深、谢赐、谢诏、谢良、谢臣。历官贵州提学副使，累迁右副都御史，山东巡抚。巡抚山东时，考察酒技，归里后恢复春酒酿造术，其味浓香馥郁，人称“东山谢酒”，简称“谢酒”。博学好古，工于诗歌。编撰有《近譬轩集》40卷、《诗抄》3卷、《中庸集说启蒙》1卷、《贵阳图考》26卷、《明近体诗抄》29卷、嘉靖《贵州通志》12卷等。

图 7-10　民国射洪《谢氏族谱》（谢德锐提供）

一、纂修通志

嘉靖《贵州通志》，为现存贵州省最早的志书之一。明代是贵州地方志的发展时期，自永乐十一年贵州布政使司建立以来，修志之风日盛，万历年间达到高潮，永乐至崇祯二百余年间，共修地方志达到四十余部，其中就有谢东山编修的嘉靖《贵州通志》12 卷。

这本书对于贵州地方志的发展有多珍贵？

明清两朝 543 年，官修《贵州通志》有 6 部，即明代弘治《贵州图经新志》、嘉靖《贵州通志》、万历《贵州通志》，清代康熙十一年《贵州通志》、康熙三十二年《贵州通志》和乾隆《贵州通志》。康熙十一年由曹申吉修，潘训纂的《通志》，已不全，因此明清两朝现存较完整的官修《贵州通志》，实际上仅有 5 部。

贵州在明永乐十三年（1413）建省后，近 90 年未曾修志，直到弘治时期，修志才提上议事日程，并经过数年的努力，方完成贵州省首部《贵州图经新志》。而由谢东山删正、张道编集的明嘉靖《贵州通志》，是现存贵州省最早的志书之一，文献价值高于弘治《贵州图经新志》。

嘉靖三十年，刘大直任贵州巡抚，此后他和监察御史宿应麟倡议“增修”方志，但没想到当年刘大直死了。此后继任巡抚的张鹗翼、高翀亦也十分重视修志，但直到嘉靖三十二年才将这一动议落到实处。《贵阳府志》记载：“贵州旧有方志，简略殊甚。嘉靖三十二年贵州人议增修，以撰辑之事属东山，三十四年书成。”由此可见，《贵州通志》前后花了 4 年之久。

嘉靖《贵州通志》成书后，印刊刻量有限，流传极少。清代康熙、乾隆年间修《贵州通志》，道光年间修《贵阳府志》，都一直没见到这部书。《贵阳府志》说：“其书必有可观，惜佚之矣。”民国《贵州通志·宦迹志》也有记载：《贵阳府志》谓“东山修志已佚，故康熙、乾隆两志均未采及，近范氏天一阁发现一部，故此次修志采入者颇多。”此处说“采入者颇多”，是指民国《贵州通志》采用、引用嘉靖《贵州通志》史料的情况。

“近范氏天一阁发现一部”这句话，点出一个“秘密”，那就是民国时期在修《贵州通志》时，引用了失传几百年的嘉靖《贵州通志》，第一次采用该书的许多内容。宁波的天一阁以藏天下志书而闻名天下。为什么天一阁有那么多的地方志？因为收藏者范钦官至兵部右侍郎，他每到一地，想方设法搜罗志书，是为了军事的需要，比如掌握某地的山川形胜、风俗民情等基本情况，查阅志书即可实现。因这个原因，嘉靖《贵州通志》才有被保存下来的可能，否则历经几百年，很难再看见这部书的“尊容”了。

嘉靖《贵州通志》前面有嘉靖三十四年由杨慎写的序。杨慎是四川新都人，在官场、文坛的名声都很大，于嘉靖三年被谪戍云南永昌卫，嘉靖三十八年死于永昌。被贬谪期间，他常往来于川、滇、黔之间，在贵州，他留下不少游历诗作。谢东山与杨慎是老乡，杨慎到达贵阳，谢东山闻之，便上门找其为《贵州通志》写序。

杨慎在序中说："旧有方志，殊为简略，癸丑岁中丞成都刘公大直、侍御东莱宿公应麟首倡增修，及今中丞松江张公鹗翼、侍御汝宁陈公效古、方伯德安高公翀仍俾删润，而督学宪副射洪谢公东山实主简书笔削，博引经史，旁采子集，又参访故老，咨询儒生，读治面罔遗，转炼而无秕。"杨慎对该志修纂的来龙去脉及优点，均作了简要评述。由此可见，杨慎在贵州期间，是认真地读了嘉靖《贵州通志》书稿的。从这篇序文也可见杨慎的学养之深厚。

嘉靖《贵州通志》共 12 卷，卷一地图、建置沿革；卷二郡名、星野、疆域、山川、形胜；卷三风俗、土产、土贡、土田、户口；卷四财赋、徭役、城池、关隘、桥渡、兵防；卷五职官、公署、宦迹；卷六学校、科目；卷七岁贡、祠祀；卷八寺观、官室、坊市、惠政、古迹、丘墓；卷九名宦、人物、贞节；卷十一、十二艺文。每卷分志前，均有谢东山序论，简述修纂旨要，为读者阅览该卷之提示，编辑意识很强。

如前所说，该志的原刻本，国内只有浙江宁波的天一阁收藏，中国科学院图书馆和南京图书馆有胶卷，上海图书馆藏有影抄本，贵州省图书馆存有根据上海图书馆影抄本而复印的版本。

该志记载了贵州明代中叶以前，尤其是建省 140 余年以来各方面的沿革与现状，资料比较翔实，立体式地记述，呈现了当时贵州的基本风貌，为后人研究贵州历史提供了难得的史料，具有很高的文献价值。该书虽然涉及方方面面，但在编纂时，比较注意现有资料的取舍；体例严谨，卷目安排得当，秩序井然，各目之前有导读性按语，阐明修纂者的观点和意旨，为阅读提供方便。该志还收录了贵州两大土司——水西安氏和水东宋氏的家传序和世谱序、诗集序，是研究贵州土司的可贵资料。该志艺文志两卷，保存了宦游官员与本土文人对贵州山水风光、风土物产、生产生活状况的具体而形象的记录。如果说其他 10 卷是本志的骨架，那么这两卷艺文则是本志的血肉，是贵州历史文化的宝贵文献。它构成了当时璀璨的人文景象，读者可窥见贵州文化发展的脉络。

谢东山还有一大贡献，就是他将唐朝射洪诗人陈子昂的画像从云南带回老家射洪。

明代嘉靖三十七年（1558）冬天，谢东山在云南昆明池遇见四川老乡萧旭。萧旭为眉山人，擅长作诗、书法和绘画，萧是随着明代蜀中第一才子杨升庵来到云南的。谢东山在萧旭处见到了陈子昂的绘像，于是他请萧旭临摹一纸，后来谢东山把陈子昂画像带回了射洪。时射洪张县令见到陈子昂像，十分高兴，就请工匠根据此像在金华山上读书台处錾刻，让后人可以见子昂之真容。

二、登泰观海

谢东山善书法，在任山东巡抚时，在山东泰山《纪泰山铭》东侧的石壁上，书写“登泰观海”， 楷书体，刻于嘉靖四十一年（1562）今存。

有题刻“登泰观海”，题刻之上有跋语：“孟子曰：‘孔子登东山而小鲁，登泰山而小天下，故观于海者难为水，游于圣人之门者难为言。观水有术，必观其澜。日月由明，容光必照。流水之为物也，不盈科不行；君子之志于道也，不成章不达。’”

这段话摘自《孟子•尽心》上，意思是，孟子说：“孔子登上东山就觉得鲁国变小了，登上泰山则觉得天下都变小了。所以见过大海的人就很难被一般的水所吸引，在圣人门下受过教育的人就很难被一般的言论打动。观看水有一定的方法，就是必须要看它起伏的波澜。日月都有光辉，只要有缝隙的地方都可以照到。流水这种东西，它不填满地上的坑坎是不会前进的；君子立志于大道，不积累一定的成果就不能通达。”

人要有高的境界，只有站得高才能看得远；只有努力钻研，打牢基础，并通过不间断的积累，才能最终实现自我。

三、发明谢酒

谢东山大部分时间都在外做官，其政绩不胜枚举，为在外做官的遂宁人增光不少。而他告老回乡之后，对家乡也有很大贡献，这是他与射洪“谢酒”的渊源。

明嘉靖四十（1561）到四十一年（1562），谢东山巡抚山东时，就深入即墨等老产酒区，巡视考察酒技，学成了酿酒工艺——“易酒法”。此后，谢东山解官回归射洪故里，而当时的射洪制酒业已有百年历史。

根据《华阳国志》及《射洪县志》记载，射洪“有泉甚旺”，其酿酒始于西汉，兴于唐宋，盛于明清。在唐代，“射洪春酒”名震京华，据传，大诗人杜甫曾追寻陈子昂宦游射洪，品“射洪春酒”后写下千古绝句“射洪春酒寒仍绿”；在宋代，“射洪春酒”已以纯净、透明、甘、醇、诸味调匀而知名。回归故里的谢东山看到家乡酒业繁荣，便决心把宦游山东学得的“易酒法”带回射洪，继承并发展“射洪春酒”的酿酒工艺。

谢东山虽是大官告老还乡，却为人随和，平易不矜，经常出入田坝村社，造访老农或酿酒工人，叙乡情，话农事，学经验。加上他原本就博学多才，又能虚心请教，不耻下问，很快学到了各种酿酒方法和丰富的专业知识。

据传，返乡后谢东山利用其家附近涌泉山“山林茂密，涵濡水源，有泉甚旺，注入涪江”的自然条件，自设作坊，躬身实验，继承发扬古遗六法（黍米必齐，曲蘖必时，水泉必香，陶器必良，湛饎必洁，火剂必得）。不仅如此，他还将在山东学得的“易酒法”用于春酒的酿造，形成固态蒸馏的独特酿酒工艺。在中伏时用高粱、大麦、小麦混合于恒温室内踩曲，存放半年，选优投产。酿成之后，再封缸贮藏至少一年之后饮用。此酒饮之，浓香馥郁，沁人心脾。因此酒是谢东山所造，故称“东山谢酒”，简称“谢酒”。

“谢酒”问世之后，文人雅士纷纷题诗赞颂。万历年末，四川抚军饶景晖曾题诗赞道：“射洪春酒今仍在，一语当年重品题。向使少陵知此味，也应随酒入新诗。”从此，“谢酒”遂继“射洪春酒”之后，闻名遐迩。

而此后，射洪县沿袭“谢酒”酿造工艺直至清末，清末酿酒世家出身的李明方传承并发扬光大了射洪的传统酿酒技艺，并创前店后坊的“泰安作坊”，此后的百年里，射洪酿酒工人继承传统“谢酒”蒸馏工艺，引进新技术，大胆革新，反复试验，不断改进，终于酿成了名酒“沱牌曲酒”。

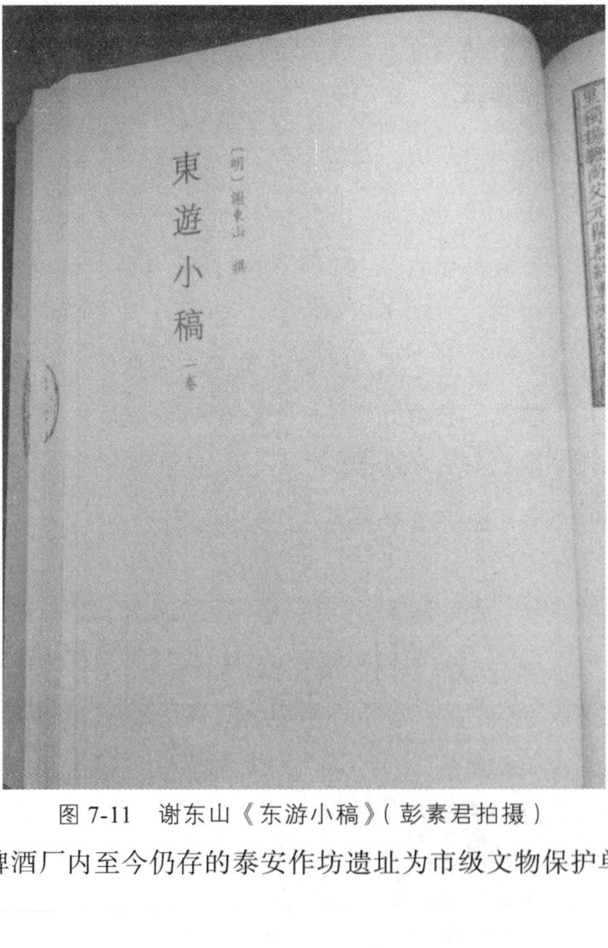

图 7-11　谢东山《东游小稿》（彭素君拍摄）

如今，在沱牌酒厂内至今仍存的泰安作坊遗址为市级文物保护单位，在这里，人们可以清晰地看到沱牌曲酒悠久的历史文化，并从其中的发展脉络“嗅”到“谢酒”的举足轻重。

人们没有忘记“谢酒”创始人的贡献，谢东山的传略与业绩均载《蜀人物志》及《四川通志》中。他死后，其墓葬于射洪金华镇北20里的牌坊沟。

四、诗文唱和

谢东山博学好古，工于诗歌，撰有《近譬轩集》《东游小稿》《皇明近体诗钞》等诗作。在《巴渝古诗选注》一书中，收录了谢东山的一首诗作《次云屏九日韵》：

门孤屿涌中流，千古龙祠在上头。
得双旌苍水使，春风一舸下渝州。

这首七言绝句是谢东山自家乡赴京秋闱时在旅行途中所写的一首随感诗。旧时文人以游山赏水为扩展眼界，开阔心胸之重要途径。可以想象，谢东山当年拜别父老，僮仆随侍，一路走来，在重峦叠嶂，云遮雾屏的风景地滞留赏读，其间心旷神怡，煞是意气风发。全诗情调十分乐观潇洒，表现了谢东山对科考充满了期待和此考必中的强烈自信。的确也是，谢东山“春风一舸下渝州”后，出三峡，下江汉，上京华，果然春风得意，一举成名。

谢山东经历仕宦20余年期间，颇有名望，而且他勤奋好学，每到一处做官，都要召集当地名流学究座谈，搜寻奇闻，研讨学问。还与被贬斥的杨慎诗酒唱和。很多人并不知道，谢东山和遂宁明代才女黄峨之夫杨慎是知交。

嘉靖三年（1524），因“大礼议”受廷杖，杨慎罚到云南永昌卫，他在滇南一待就是三十余年。嘉靖三十一年，谢东山到贵州做按察司副使，虽同样是到滇南做官，谢东山却是做大官。

当时的谢东山任贵州按察司副使，算是位高权重，他却不畏局势，特别邀请被贬斥的杨慎为其修正的嘉靖《贵州通志》一书作序，足见其友谊。其时，谢东山、杨慎到滇南做官。据传，两人唱和甚多，友谊匪浅。

嘉靖三十八年（1559），杨慎病逝云南，得知杨慎死讯后，谢东山还写下挽诗，并序云：“周太霞北来，始悉升庵翁盖棺事，且悲且慰，诗以纪之，二首。”

一

昆明池上木兰桡，一幕青天映锦袍。
落日诗成还寄我，空传白雪和歌劳。

二

金马碧鸡吟未歇，风轮泡影思何玄。

秋空鹤驭华阳国，夜月神游洱海船。

谢东山还为忠谏致死的射洪杨最写下了挽诗。在遂宁历史文化名人中，明代忠臣杨最和谢东山也是老乡，同为射洪人。

嘉靖年间，杨最因进谏被廷杖死，安葬于射洪县金华山附近。灵柩运至陕西凤县时，与谢东山相遇，谢东山悲从中来，写下“驿路风霜泣路歧，空山鸣鸟尚含悲。一封北极回天日，万里南星陨地时。丹旐云飞魂去疾，蓼莪风静客过迟。圣明他日思贤辅，风度何人继羽仪”的诗句安慰杨最的两个儿子。

谢东山一诗作收入《遂宁风雅》，其诗为《书吕令风木卷》：

狂飙殷地发，高树拂枝低。

却怪远游客，思亲行路迷。

重茵季路叹，把剑皋鱼啼。

我亦惭为子，含毫不忍题。

此诗原载明代俞宪编《盛明百家诗》，存于《四库全书存目丛书》集部第306册。

五、后世评价

谢东山对后世影响较大。清末学者邱晋成有诗赞之。邱晋成（1846—1907），四川宜宾人。清咸丰中，随父于眉州学署读书。同治中参加府考，以案首补廪。张之洞任四川学政，晋成以古学见赏，入读尊经书院，与杨锐、廖平、宋育仁等同学齐名。光绪五年（1879），成优贡，次年，入京应考，大挑二等，任江安教谕。培育人才，为世所重。工诗善文，有《古苔精室诗存》《古苔精室杂著》《叙州府志》《屏山县志》等。邱晋成《谢东山赞》云：

名位依稀太傅齐，吟毫时染小轩西。

射洪佳酿今犹在，合与新诗共品题。

此赞诗原载清代谭宗浚编《蜀秀集》卷八，清光绪五年（1879）刻本。原题《论蜀诗绝句》。邱自注云：“谢东山中丞，有《近譬轩集》。酿酒绝佳，蜀人谓之谢酒。蜀抚饶景晖有诗赠之。”

【原载】《文化遂宁》2019年第8期，作者胡传淮

明末遂宁斗城书院弟子诗书画大家吕潜

明末清初，四川地区经历数十年战乱，经济残破，人口锐减，文化板荡。当时遂宁吕潜与达县唐甄、新都费密三人被称为蜀中最有学问的人物。尤其是吕潜，明代遂宁斗城书院弟子，以诗书画三绝著称于世。其诗，深受清初诗坛盟主王士祯的推重，是著名的山水田园诗人、隐逸诗人、明遗民诗人，“与靖节先生（陶渊明）相望”；其书，宗二王、董北苑，又别开蹊径，列为“神品”；其画，善山水花草，用笔放纵，魄力雄浑，气势磅礴，“人得其尺幅，皆珍之”，亦入“逸品”。现代山水画大师黄宾虹赞扬吕潜：“先生文章气节，彪炳宇宙”。但是，目前学术界对吕潜似乎遗忘了，对他的研究，还是一个空白。吕潜给后世留下了一笔宝贵的文化遗产，他是一位不该被历史湮没的诗人、书法家和画家。有鉴于此，本文特将吕潜的生平、诗歌、书法和绘画，作一初探，以供研究明清书法史的专家学者参考。挂漏之处，望高贤哂正。

吕潜画像（来源：遂宁市博物馆）

一、吕潜生平

明代遂宁（今四川遂宁市）有“席、黄、吕、旷”四大家族：席氏以宰相席书、侍郎席春、户科给事中席彖为代表；黄氏以工部尚书黄珂及其子布政使黄华、女黄峨为代表；吕氏以南明宰相吕大器及其子吕潜为代表；旷氏以巡抚旷昭为代表，均闻名遐迩。

吕潜之祖吕有闻，系遂宁乡贤，《遂宁县志·封荫》载：“以子大器封行人。”

吕潜之父吕大器（1586—1649），字俨若，号先自，明崇祯元年（1628）进士，晚明重臣，文韬武略。曾官甘肃巡抚，兵部右侍郎，保定、山东、河南总督，江西、湖广、应天、安庆总督。为官清正，嫉恶如仇，节气甚高，在民众中极有威望，与黄宗羲、史可法、钱谦益、瞿式耜、龚鼎孳等相交甚笃，是明末东林党中很有声望的人。甲申（1644）之变，福王立，迁大器为吏部左侍郎，大器乃上疏弹劾奸臣马士英、阮大铖，名震朝野。清顺治二年（1645），明宗室唐王在福州即位，召吕大器为兵部尚书兼东阁大学士。1646年，吕大器奔广东与丁魁楚等拥立永明王监国，令以原官兼掌兵部事。久之，进少傅，尽督西南诸军。鞠躬尽瘁，尽忠南明。顺治六年（1649），病逝于贵州都匀，谥“文肃”。归葬四川遂宁磨溪，后迁葬遂宁城北嘉禾桥。吕大器不仅是卓越的政治军事家，也是一名独具特色的诗人。著有《东川诗草》《塞上草》《次梅集》《东川文集》《抚甘督楚疏稿》等。其诗悲凉豪宕，尤以边塞诗、军旅诗著称于世，山河沦陷之感时托于笔端纸墨，世人称其为“笔老情深”。清人李调元在《蜀雅》中评吕大器诗：“音旨俱极凄壮，逼似少陵。”王士祯也说他“诗多横槊之气，时露粗服，然秀拔坚深，终是唐人格调，不取宋元以下蹊径。”《明史》卷二七九有《吕大器传》；陈鼎《东林列传》、顾成《南明史》亦有传；孔尚任《桃花扇》、蔡东藩《明史演义》以及《风雨南明》等小说、戏剧也有吕大器之事迹。《中国历代军旅诗赏析》入选有吕大器《雪山》等诗作。清人舒云逵《读吕大器诗集后》云：“鼎湖龙去渺难攀，身督诸军戎马间。一代杀机生未运，满腔忠愤写时艰。盾头墨迹寒生袖，画角声悲月满山。继世尚存家法在，清风亮节出人寰。”

吕大器子四：吕潜、吕渊、吕泌、吕溥；女婿有李实（进士、语言学家）、张象翀（进士、胶州知州）。

吕潜（1621—1706），字孔昭，又字石出，号半隐、耘叟，晚号石山农，生于明末天启元年（1621）。崇祯十五年（1642），吕潜中举人，十六年（1643）中进士三甲第287名，官行人，授太常博士。崇祯十七年（1644）李自成攻陷北京，吕大器奔南京，以弹劾马士英去官，入广东。吕潜奉母寓于浙江省之苕溪（今湖州市），复流寓扬州。

不久，吕潜闻父病逝都匀（今贵州都匀市），继遭母丧。身逢乱世，江流离迁，尝尽人世间琐尾之苦。因蜀道险远，逢滇黔之乱，实难归葬，往来湖州与扬州之间前后达 40 余年。清康熙二十四年（1685）方归蜀，扶父母灵柩归故里安葬，葬父于遂宁城北嘉禾桥。吕潜离蜀时，生女方五月，返里时，已 46 年，潜见其女，有“牵衣惊老大，掩涕述流离”之句。自此闲居家乡，从事稼圃，购小楼三楹，题曰“课耕楼”，徜徉山水，过着隐忍清贫的遗民生活，以诗书画自娱，时称“诗书画三绝”。卒葬遂宁枣子坪，享年八十有六。《国朝耆献类征》卷 466、清嘉庆本《四川通志》《遂宁县志》等有传。

吕潜子：吕其椒，康熙四十一年（1702）举人，官西宁（今青海西宁市）知县。

二、吕潜诗歌

吕潜为人平和安雅，学问渊博。诗风冲淡，诗调新颖，具有高深的造诣，在我国诗歌史上，占有光辉的篇章。吕潜诗集今存《怀归草堂诗集》《守闲堂诗集》《课耕楼诗集》，有清康熙年间其弟吕泌刊本、光绪十五年（1889）欧阳绍重刊本、1935 年成都沈氏刊本等。

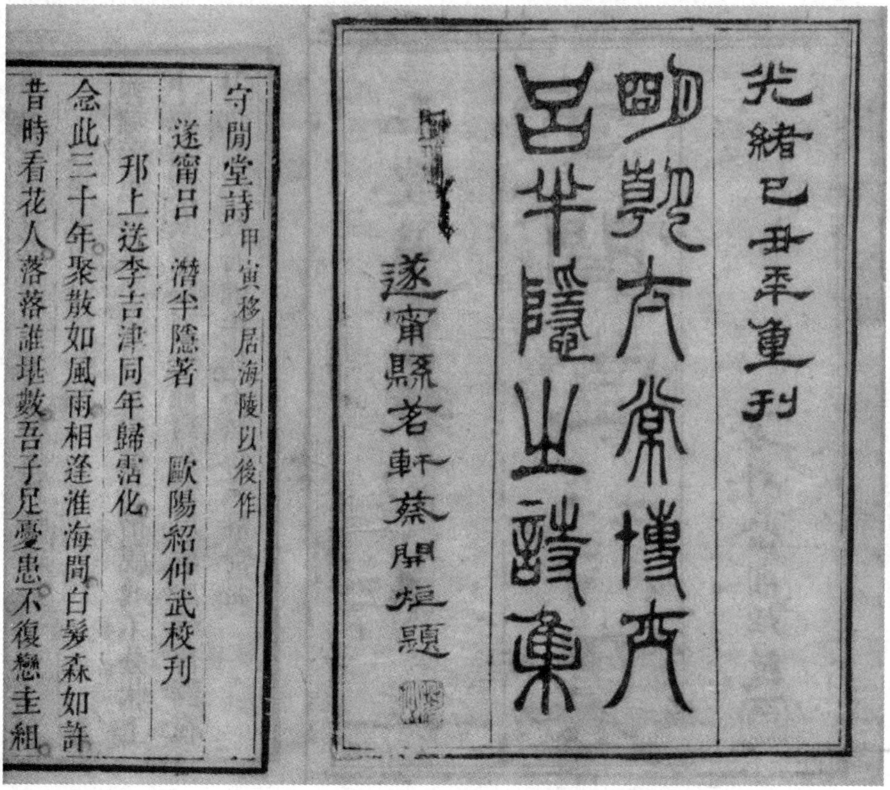

图 7-12　《吕半隐诗集》封面[清光绪十五年（1889）遂宁县刻本]

《怀归草堂诗集》，系清顺治元年（1644）至康熙十二年（1673）吕潜客居吴兴（今浙江湖州市）时所作诗歌。旧署寓曰“怀归草堂”，诗集故以此为名。收诗歌170余首，有扬州诗人陆廷抡序，吕泌跋。

《守闲堂诗集》，系康熙十三年（1674）至二十四年（1685）吕潜客居江苏广陵（今扬州市）、海陵（今泰州市）时所作诗歌。因其甥李仙根（遂宁人，榜眼，清康熙时官至户部侍郎）赠其寓所，名曰“守闲堂”，诗集故以此为名，收诗歌约160首。

《课耕楼诗集》，系康熙二十五年（1686）吕潜归遂宁后在蜀中所作诗歌。因其居名“课耕楼”，故诗集以此为名。约收诗歌80首，有四川井研人雷珽序。

图7-13　吕潜印鉴“半隐”（四川宋瓷博物馆藏）

吕潜诗凡三集，系其弟吕泌（又名柳文，字长在，号旗山）在清康熙中叶任河南叶县知县时所镌，后版藏遂宁课耕楼。道光二十年（1840），涪江涨洪水，书版被冲走。光绪二年（1876），遂宁续修《县志》时，寻求《吕潜诗集》不得，仅采录吕潜诗数十首入《遂宁县志》中。光绪十四年（1888），有一遂宁人在成都故家见《吕潜诗集》，遂购以归，漫漶处为校补数十字，付之剞劂，以广流播光绪十五年（1889），重刊《吕潜诗集》，全名为《明朝太常博士吕半隐之诗集》，射洪同治十二年（1873）举人舒云逵、遂宁庠生欧阳绍，分别撰有《重刊吕半隐先生诗集序》。该诗集中，诗不分体，也不分卷，以写作先后为序。

吕潜足迹半天下，游历甚广。从其诗歌中，可知他到过今江苏省的苏州、泰州、扬州、南京、江阴、昆山，浙江省的湖州、绍兴、杭州、桐庐、富春江、钓台、淳安、安吉，河北省的保定、易县、饶阳、平乡、正定、大名、定州、定县，河南省的武涉、叶县，山西省的高平、长子、武乡，江西省的南昌，湖北省的武汉、宜昌、巴东，重庆市的重庆、巫山，贵州省的遵义，四川省的成都、潼川（今三台县）、崇庆、邛州、眉州、洪雅、嘉定（今乐山）、果州（今南充）、蓬溪、綦江、合川等地。这些地方，都留下了他的诗作。

吕潜还和当时诗人、名士，多有唱和，如龚贤、费密、唐甄、邓汉仪、陆繁韶、姜垓、梁以樟、张鹏翮、王石谷、丈雪通醉、李仙根、郝浴、王新命、毛奇龄、吴树臣、吴绮、王玉映、李太虚、缪沅、王西樵、唐祖命、张象翀、罗为赓、周甲徵、祖嵩、姚缔虞等等，酬唱甚多，传为盛事。清初诗人费密有诗《吕太常潜自归安移家海陵》，毛奇龄《毛西河文集》中有《题罗坤所藏吕潜山水册子》。

吕潜客居吴兴（今湖州）三十年、扬州十年，在江浙流寓共达40余年。康熙二十四年（1685）回蜀后，生活了二十余年，后又到河南叶县其弟吕泌处客居了几年。目睹了明末清初大动乱和人民的疾苦，选择了不与清朝统治者合作的态度，走上了隐居之路，成为可与陶渊明媲美的一代隐逸诗人。其诗歌作品内容丰富，艺术性强，充满了诗情画意，实乃诗中有画，画中有诗。正如清代诗人陆廷抡在《怀归草堂诗集序》中所言："语云'诗必穷而后工'，顾世人之穷，只在一身；若先生之穷，则在于世道变迁、君父死生存殁之大。故其穷有百倍于世人者，故其诗之工，亦百倍于世人。今读《怀归》《守闲》两集，一若少陵（杜甫）浣花之篇、摩诘（王维）辋川之什，杂陈于前而不能辨其孰优孰劣也。"吕潜《江望》云："横江阁外数帆樯，立尽西风两鬓霜。只有乡心不东去，早随烟月上瞿塘。"诗中浓得要流出来的思乡之情，勾起了古今许许多多游子的共鸣。清人欧阳绍在《重刊吕半隐先生诗集序》中云："国朝渔洋山人（王士祯）尝采其《江望》一首入《诗话》中，并胪之《感旧集》，其为时流倾倒若此……工诗，兼善书画，一缣一素，得之珍逾珙璧。至今蛛丝煤尾之余，嗜古家犹饼金购之……窃尝反复玩咏，觉性情学术之征，身世显晦之故，与夫乡关怅惘之思，时流溢于楮墨间。而格调未始不合，词华未始不赡，共诸长留天地奕祀而不刊，无疑也！而况气节之清峻，复与靖节先生（陶渊明）相望于旷代之后者乎？"其弟吕泌《跋》云："五十年间时序之迁流、友朋之聚散、山川之阅历，展卷追忆，了然在目。"清末进士范溶在《论蜀诗绝句》中评吕半隐云："桂水漓江满目秋，瞿塘烟月几行舟。西风立尽乡心冷，自写湘累万古愁。"(《蜀秀集》卷八)。

吕潜之诗，现存400余首，受到了历代读者的宝爱。《明名人传》卷24、《明诗综》卷 69、《明诗纪事》辛集、《中国美术家人名辞典》《清画家诗史》《国朝书画家笔录》《清诗纪事・明遗民卷》《四川通志》《小腆纪传》《国朝画识》《国朝画征录》《明人小传》、王士祯《渔洋诗话》《感旧集》、邓汉仪《诗观二集》、卓尔堪《明遗民诗》《扬州府志》《四川历代文化名人辞典》《巴蜀文化大典》《四川通史》《巴蜀文学史》等书籍，对吕潜及其诗书画均有介绍。胡传淮编选《吕潜诗选》，亦可供参考。

图 7-14 吕潜山水画（四川宋瓷博物馆藏）

三、吕潜书画

吕潜工书擅画，享有"诗书画三绝"之誉。其书画，传世作品有:《仿王叔明山水》扇面(图录于《名人书画扇集》)、《山水图》卷(图录于《清朝书画谱》)、《林下草堂图》轴(图录于《中国绘画史图录》下册)。1925 年，上海文明书局出版有《吕半隐山水册》影印本。

吕潜的书法，继承了我国历代书法的优良传统，他遍临魏晋唐宋的名家墨迹，特别是博采王羲之、颜真卿、欧阳询、柳公权、米芾、赵孟頫诸家之长，取精用宏，博综融贯，把"二王"的俊秀优美，唐人的端重严谨，宋人的潇洒劲挺，糅为一体，形成自己的个人风格。然而，他的个人风格，却深深地打上当时时代风格的烙印。纵观吕潜的书法，基本上走的是董其昌的路子。他的书法，深得董其昌的意趣。董其昌（1555—1636)，明代著名书画大家。书风疏宕秀逸，对明末清初书坛影响很大。擅山水画，画格清润明秀为其特色。清初以来，特别是清圣祖康熙皇帝偏爱董书成癖，对董书近乎狂热地提倡，上行下效，影响深远，致使士子执管，莫不习董，豪贵巨篇，竞相购求，因而全国蔚然成风，整个书坛几乎为董体所笼罩。所以，吕潜的书法，不能不受到当时时尚的影响。另外，董书与吕潜绝意进取，退隐山林的思想感情相吻合。书法家的艺术风格与作者本人的思想、修养、艺术观是一致的。

吕潜的书风清秀古淡，散逸苍清。晋人书尚韵，唐人书尚法，宋人书尚意。吕潜书是尚韵、尚意的。吕潜用笔娴熟，笔笔着实，不掺虚笔，以墨韵、意境、分行布白取胜，结字秀逸遒劲，布局妥当，疏朗匀称，别具特点。行距宽博，字距疏朗，字与字，行与行，互为照顾，前呼后应，文与字相映成趣，在如此灵巧的行笔布局之中，透发出清淡幽远之气。

吕潜擅长墨法，浓淡枯湿，曲尽其妙。吕潜作书用墨，以淡墨为多。淡墨不腻笔，易得流畅之势，易传使转之情，易臻淡雅之境，故其喜用淡墨，也是他的巧处。吕书多率意作，自然、潇洒、淡雅。其书法作品，往往是他自己所写诗词，是他思想感情的真实流露。吕潜传世书法作品，以行书、行草书为主，形式多样，立轴、手卷、扇面、册页，各臻其妙。吕书一般不落年款，只落名款。署“吕潜”款者，多为其早期作品；署“耘叟吕潜”款者，当为吕潜晚年作品。

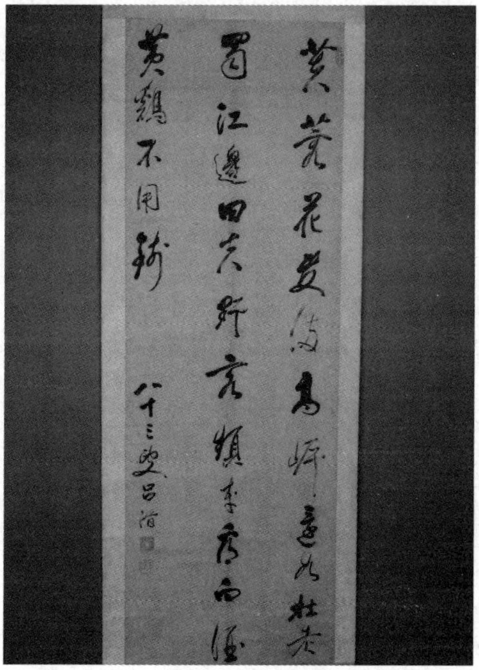

图 7-15　吕潜书法（藏四川宋瓷博物馆）

明末清初之际，是社会动乱、民族矛盾和阶级矛盾都极为激烈的时代，给当时的文人和书画家的心灵，带来强烈的冲击，引起他们思想上的矛盾和感情上的种种波澜和痛苦。明末清初画坛，画派繁衍，名家辈出，风格多样，异彩纷呈。人物画较少，山水、花鸟画占据统治地位，尤以山水画最为发达。甲申（1644）之变后，吕潜将一腔悲愤，化诸笔墨，造就了他的艺术生命，画出了大量的山水画杰作，在当时即产生了广泛的影响，享有“天下二半”之誉。“二半”，一指吕潜，一指龚贤。

龚贤（1618—1699），清初著名书画家，“金陵八家”之首。一名岂贤，字半千，号野遗、柴丈人，江苏昆山人，曾寓居扬州等地，后定居金陵（南京）。善诗文，工山水，写山水氤氲万态，深得造化神韵，广采博取，大胆变革，突破藩篱，自成一家，对后世画坛影响甚大。

《益州书画录》评吕潜画曰：“吕潜工诗善画，山水尤长。用笔放纵而不越矩矱，著有《怀归草堂》《守闲堂》《课耕楼》等集。”清代张庚《国朝画征录》称吕潜画作“用笔放纵而不越矩矱，神气清朗可赏。”王士祯说吕潜之作魄力雄浑，最难在空处多，而其作气势磅礴，画石则多皴而少擦，画树则多老杆而少枝叶。现代著名书画大师黄宾虹对吕潜的诗画、人品，更给予了极高的评价。黄宾虹在四川省博物馆所藏的吕潜《山水图》轴的题跋中评曰：“王渔洋《感旧集》辑吕半隐先生《江望》一首入《诗话》，其推重如此。今观《怀归草堂诗》，凡三集，此题画七言绝句不载集中，知其所遗佚者多矣。先生文章气节，彪炳宇宙，顾不独以诗画名，而得其寸缣零楮者，已不啻璜璧，毅崛先生其善藏之。”试观吕潜以下绘画作品，可深知上述评论其言不谬，十分公允。

四川省博物馆所藏吕潜《山水图》轴，是典型的倪云林式平远山水构图。远处山石上，几棵枯树，树干劲挺，中间一小山，远处则横卧一片浅山，气象荒凉萧疏，空旷无人。画面左上端，作者自题七绝一首：“水树迷离白鹭飘，风萧萧处雨萧萧。田家酒熟村沽少，尽日无人渡板桥。”左侧系黄宾虹的题跋。全幅格调萧散，墨法浓润，别有一番风韵。该图既是诗，又是画，融诗书画于一体，把人们带进冷漠孤寂的境界之中，堪称吕氏杰作 （此图参见上海人民美术出版社《艺苑掇英》总第 9 期） 。

吕潜《林下草堂图》轴（参见上海人民美术出版社出版的《中国绘画史图录》下册），系墨笔画，远处高树板桥，上方丛林门栅。墨法湿润，意境幽深。画面右侧，作者自题：“板桥低度两山根，山入斜阳秋有痕。林下草堂遥望见，陶家不曾设篱门。”当我们欣赏这幅杰作时，同样感到不可名状的诗情画意。秋野、斜阳、小桥、流水、人家，是古今多少画家描绘过的题材，可是吕潜却别有新意，造境不凡。布局起伏错落，疏密得宜，别具一格。该图从风格上看，与龚贤颇相接近。但用笔比较松动，用墨比较古淡。画山石细密柔和，层层皴擦和渲染，使画面浑然一体而又层次分明，富于情趣。偶用浓墨，亦见苍润。

四川省博物馆所藏吕潜《层峦丛林图》轴（参见四川人民出版社出版的《龙门阵》杂志总第 15 期），系墨笔山水，写层峦叠嶂，丛林山居。此画风格浑厚，极似龚贤。画家用黑白对比的手法，浑穆之中见苍秀，沉厚之中见空明，别有一番情趣。笔墨苍老，深而不腻，厚而无滞，画面意境空远，新奇动人。这幅画不求奇僻，没有表现奇峰绝壑的大山或雄伟深静的崖谷，而是富于抒情意味地描绘了简洁明丽、清秀畅爽的丛林山居景色，令人心旷神怡。画面左上角，作者题“丁卯夏过唐安，访徵翁长兄，作此请教”。唐安，即今四川蓬溪县。唐景龙二年（708）析唐兴县置唐安县，治今蓬溪县，先天二年（713）废。“徵翁”，即周甲徵，浙江绍兴人，康熙十九年（1680）至三十三年（1694）任蓬溪知县，吕潜有诗《寄周蓬溪》云：“枫叶初飞去马嘶，故人相望隔清溪。时逢大吏催加赋，我亦荒村懒课犁。每忆篌琴闲赏，曾储斗酒未能携。白云一片难持赠，百里蓬山草树迷。”此诗载入了《课耕楼诗集》中。《层峦丛林图》作于康熙二十六年（1687），吕潜时年六十七岁。

四川省博物馆还珍藏有吕潜一帧书画精品，为行书轴，原为李一氓珍藏，1975 年捐献给四川省博物馆珍藏。此帧行书轴，写七言绝句一首：“琴柳丝丝拂钓舟，溶溶水面一群鸥。不知谁在茆堂坐，坐看青山到白头。”款署“吕潜”，下钤白文篆书“吕潜”，朱文篆书“半隐”二方印。该书苍劲、流畅，系吕潜具有代表性的书法佳作。

《仿云林山水》扇面，是四川省博物馆所藏吕潜绘画的又一上乘之作，该画定为国家一级文物（参见秦化江主编北京文物出版社《山水花鸟扇面》）。此图系泥金纸本，仿倪瓒笔法。倪瓒，元代著名书画家。号云林子，江苏无锡人，工诗文，善书画。其画对明清文人水墨山水画有重要影响。后人把他与黄公望、吴镇、王蒙合称“元代四大家”。吕潜这幅山水画，墨笔绘平远小景。山石枯树，疏疏落落。坡石上茅屋两间，悄然无人影。整个画面给人一种宁静、肃穆、淡远的气氛。山石用干笔勾皴，淡墨写就，苍劲之至。土坡皴法隽爽，极有质感。此画用笔有龚贤的特点，意境则近倪瓒的空旷，表现了遗民知识分子的生活情趣。画面右上端，作者题“戊申冬日仿云林笔，似圣育词兄。”戊申系康熙七年，即 1668 年，为吕潜 48 岁所作。

图 7-17 胡传淮、陈名扬主编《诗书画大家吕潜》

从上述吕潜的绘画作品中，可知吕潜的作品与龚贤的作品颇有相近之处。从吕潜的诗歌中，可看出他与龚贤过从甚密，关系甚好。《怀归草堂诗集》中，有六首专门描写了吕潜与龚贤的交往，即《过龚半千寓斋》《吴尔世招同半千、无言，泛舟真江看桃花》《访龚柴丈山中》《秋兰和柴丈》《题龚柴丈半亩园》(二首)。吕潜与龚贤在交往中，彼此在绘画艺术上，互相切磋，取长补短，是完全可能的。

综上所述，吕潜的绘画属于文人画体系。他继承了我国宋元绘画的优良传统，强调绘画的抒情性，写景与抒情相结合，情景交融，诗情画意相得益彰。吕画追求元人遗韵，讲求笔墨情趣，重在表现意境，着重抒发画家个人的思想感情。他博采历代诸家之长，形成了自己的多种风格，不愧为明清以来的一代书画大家。

【原载】《地方文化研究辑刊》第七辑，作者胡传淮

清初遂宁斗城书院高才生榜眼李仙根

榜眼是中国古代科举制度中位置仅次于状元即第二名的人，但其学识水平、治国平天下的能力并不在状元之下，有的甚至还在状元之上。当然，他们居第二名的原因是多方面的，其中不乏皇帝的好恶取舍。其中很多人都成了著名的文学家、思想家、学者、书法家及朝廷重臣与社会名流。遂宁李仙根就是清代 267 年间蜀中唯一一名榜眼，亦是遂宁 1000 余年历史上科名最高的人。他是清初巴蜀一杰出人物，著名外交家、书法家、文学家、史学家，被清圣祖康熙皇帝赞为“办事有才”。今天，面对这位遂宁历史文化名人，不少人感到陌生。但李仙根是一位不该被忘却的名人，是一块“沉埋的丰碑”，有待于我们去挖掘、去宣传、去解谜，使之重新矗立于世间。

李仙根画像（来源：遂宁市博物馆）

一、幼承家学，素有远志

李仙根（1621—1690），原名之钦，后改为仙根，字子静，号南津。仙根先祖于明代从湖北麻城迁入遂宁，从二世祖李茂华始，李家迁住于遂宁县书台山下城南学宫后（即今遂宁第一中学后）。从此，李家文脉大兴。三世祖李桂元，字石泉，是明嘉靖时的庠生，善书法；四世祖李友松，即李仙根祖父，字鹤来，少通经义，善书法，精医术，义举很多，为人称赞；仙根的父亲李实是明末语言学家、经学家，誓不仕清。由于数代的家学积淀，李仙根从小习慕经义，好古文。仙根八岁入遂宁县学，因才华横溢，人称之为“高才生”。他练习书道，远效《兰亭序》《乐毅论》，近效赵孟頫。与众不同的是，仙根“不屑为俗学”，素有远志，为文作书，尤有天下襟怀。仙根自幼显露出来的抱负，受到外祖父南明重臣吕大器的重视。吕大器曾对他人言仙根：“子静气甚别，终成吾家宅相。”

二、遂宁史上科考第一人

李仙根二十三岁之时，父亲李实进士及第。李实远赴江苏担任长洲县令，有善政，威望很高，人以“长洲如镜”赞之。1645 年，明清易代之际，李实去官隐居于苏州上清江。此年秋天，留守于遂宁家中的仙根和母亲吕氏二人来到李实隐居处一同生活。仙根和被民众比为“陶靖节”的父亲一同躬耕自给，研习学问，并在苏州锦帆泾旁开馆授课。此时仙根受父亲的影响很大。数年后，清政府平定四川，仙根受父命回川省墓。

图 7-18　李仙根书李白《南陵别儿童入京》（来源：《榜眼李仙根》）

关于仙根回川一事，坊间还有一种传说：仙根在苏州的学生柴世俊梦中知自己将得状元，师得榜眼。学生将此梦告知仙根后，仙根随即拆“榜眼”二字之半，合为“根”

字，将原名“之钦”改为现名，并回四川应举。仙根回到遂宁家中时，正值四川举行入清以来第一次乡试。仙根心知父亲誓不仕清，是不会同意他为清廷效力的。可是，仙根面对的是一个亟待汉臣建设的新兴政权，需要中华正统尧舜儒家之治国理念。仙根 1654 年参加四川乡试，中举。1661 年赴京参加会试，中进士。殿试廷对第二，成为榜眼。旋授弘文院编修。从此，李仙根成为四川入清后获鼎甲的第一人，亦为有清一代四川唯一一位榜眼，遂宁历史上科名最高者。此后 230 余年四川无人超越。

康熙甲辰会试，李仙根任阅卷官，经过他批阅录取的士子有 11 人。1666 年，仙根上疏言五件政事，详细介绍了四川的政治经济情况。不久，仙根便升为国子监司业、秘书院侍读。遂宁张鹏翮评仙根曰：“公负勃郁磅礴之气概，然以天下为己任”“既而擢冠礼闱，翱翔艺苑，时邀金莲归院之荣。”

三、清初外交名臣

1667 年，清廷封臣安南国王黎维禧，进攻清廷封臣安南都统使莫元清所据高平地。莫元清战败，率族跨境逃入云南。第二年四月，黎维禧擅兵进攻莫元清事传到北京。边将请兵征讨，康熙不许，让廷臣推选“具才望、善辞令者”使安南。时任秘书院侍读的李仙根被廷举为宣谕安南正使，奉旨平息边境兵事。康熙赐仙根正一品麟蟒服，诏许便宜从事。兵部主事杨兆杰为副使。

离京赴安南之日，众大臣在宫门外为仙根饯行，只见仙根手持康熙帝所赐“龙旗玉仗”，身穿“一品绯衣”出现。仙根与众臣赋诗饮酒，谈论安边策略。清廷大臣张玉书、申涵盼等为仙根出谋划策，仙根说只要“情以感之，义以喻之，利害以惕之”，安南君臣终会诚服接旨的。

友人龚鼎孳等纷纷为仙根远行赋诗。龚鼎孳《送李子静侍读使安南》云：“披香丹诏出龙墀，东观西清辍讲时。蜀国雄文驱弩矢，汉关明月照旌旗。儒臣久裕安边略，庙算全胜下濑师。纶阁策勋应计日，九重前席问疮痍。”

使团一行于康熙七年十一月到南宁。李仙根到南宁后面会了莫元清，并于十二月初前往安南。仙根到安南后，安南国王黎维禧先是不接旨。仙根引据律典，对安南君臣晓以大义，反复开谕十多次，耗时达三月。吏众见仙根威严若神，“震慑以为天人”，终按清廷三跪九叩礼接受了康熙圣谕，退还了莫元清高平地。仙根不辱使命，安南大定。他依据在安南的见闻和调查，归途纂《安南杂记》《安南使事纪要》，后成为研究越南史的重要典籍。

康熙八年六月，仙根回到北京。备奏始末，并进所撰《安南使事纪要》四卷。康熙大喜，御弘德殿召问，慰劳良久，命内院将该书翻译留览。不久后，仙根被任命为国子监祭酒。友人严我斯在《赠李子静奉使安南歌》中赞曰："男儿何必致身通显万里求封侯，如君赫赫垂千秋！"

四、清代第一批经筵讲官和起居注官

李仙根曾作诗云："不读逸民传，焉知圣主劳。招弓虚玉帛，洗耳自蓬蒿。迹已河山邈，名犹日月高。今皇方吁俊，此辈岂终韬。"号召贤良为君服务，共建国家。

1670年，李仙根总裁康熙庚戌科武会试，得士200名。在此前后，仙根撰《圣学颂》进呈康熙，言"古有起居注，记言记事，而礼科因请设左右史官"，祈请康熙设起居注官。1671年初，李仙根与都察院左都御史明珠等十五位大臣受命为清代首批经筵讲官。数日后，仙根与熊赐履、严我斯、孙在丰等十位大臣受命为康熙朝日讲官。八月，仙根以日讲官兼摄起居注，与严我斯、陈廷敬等成为清代第一批起居注官。李仙根担任康熙朝经筵讲官和起居注官，成皇帝近臣。他为宣达圣教、儒化清廷作出了不可磨灭的贡献。

五、经国济民

（一）康熙湖广填川，提倡与民惠政

仙根协理翰林院时，敢于直言，曾对四川招收移民一事上谏。康熙年间，因川乱后人少地多，须从湖广等地招收移民填川。那时曾有四川湖广总督蔡毓荣"其本省现任文武各官有能如数招民开垦者，准不论俸满即升"等议。仙根听闻后谏言"目前虚名，转瞬实课，恐病民并病官矣，齐豫耿贾二抚覆车可鉴也"，坚决反对此制。部议又准关东例，招百家以知县用。仙根谏言"关东招圈内失业民，充应募数，旋以多捏报而止。今陕楚州县，胥用丁口。考最此蕲招民，彼甘弃民乎？惟勤抚孑遗，则民且不俟招而集。"他认为令民迁徙的最佳方法在于与民惠政。

图 7-19　胡传淮、陈名扬主编《榜眼李仙根》

（二）"内传李仙根有骨气可用"

当都察院副都御史职缺时，"内传李仙根有骨气可用"。都察院副都御史职掌监察弹劾事，非秉直者不可任。此事反映出仙根在朝之名位，可知仙根秉直气节广为人知。

（三）"崇实为要，不然是适滋扰也"

1673 年，李仙根由翰林院侍读学士升任内阁学士兼礼部侍郎。仙根为阁学时，"善持议，毗赞庙谟为多"。仙根常议国家兴化问题，提出"崇实为要，不然是适滋扰也"的主张。七月，李仙根受命为《太宗文皇帝实录》副总裁。

（四）"文臣之知兵者"

1674 年，因吴三桂反清事，朝廷大举用兵。康熙认为李仙根是"文臣之知兵者"，派他到荆州协理大兵粮饷，兼理驿传抚民事务。同督粮者有左都御史多诺、兵部侍郎纳布。仙根在鄂日夕谋划，终使经费够用。

（五）"言事率持大体，朝审覆奏，堂议参遗漏"

1679 年李仙根任鸿胪寺少卿。11 月，康熙特擢仙根为都察院左副都御史。仙根"言事率持大体，朝审覆奏，堂议参遗漏"。关于河督所请别项银事，仙根反对左都御史的论议，终使康熙采纳他的意见，照数拨银。于此期间，仙根曾任明史纂修官。

（六）副宪秉直廷论，尽显“中川风骨”

康熙十九年（1680）三月二十八日，李仙根与唐朝彝、李宗孔、宋德宜等因对九卿会推事持异议，遭吏部弹劾，吏部议欲降仙根五级调用。事件起源于江西按察使员缺，九卿会推举江西按察使。左通政张可前、大理寺少卿联合保举福建副使张仲举，兵部尚书宋德宜保举湖广副使杨大鲲、山东佥事叶方恒，“举出之人各怀私意”。最终在权臣的主导下，九卿会拟定让张仲举做正，叶方恒做副。等到须所有议事人员签字认可奏议时，广西道御史唐朝彝说：“我闽人也，知仲举为真，其人平常，不应保举躐升。”坚决反对推举张仲举任职。于是众口争执，至午不决。宋德宜此时言“会推大典，如此哄争，不若仍较俸开列。我所保二人，亦不必保举矣。”宋亦不签字。第二日，都察院堂官、六科给事中、各道御史联名弹劾唐朝彝、宋德宜，因时任左副都御史的李仙根和吏科掌印给事中李宗孔亦不签名，一并遭到弹劾。

康熙于三月二十八日乾清宫听政时言，“以朕观之，唐朝彝似属无罪。”三十日吏部再议仙根降级事时，康熙认为言官直议当属本职，仙根等“皆无过”。吏部议方罢。此事是朝官之间权斗的典型体现。权官想独掌朝议，而如李仙根、李宗孔、宋德宜等颇为正直的官员，敢于对朝中论议提出不同意见，却受到联合打压。此事既反映了朝中群臣间斗争的残酷性，也体现了仙根敢于直言、秉公议政的“中川风骨”。

（七）反对陕粮运四川，心系民生情更切

康熙十九年（1680）十一月初六，康熙因“天象示异”，传谕曰：“今白气见于西方，必有征验。尔等可各抒所见以奏”。召集群臣论议。工部侍郎赵璟、金鼐提及陕西民众困于转饷入蜀事，死伤甚多。时任左副都御史的李仙根论曰：“陕西地方极为紧要，今民人困苦至极，宜停止陕西运粮四川，即令买四川之米为便。计购买四川粮米，可以济二十万军之用。其果否购买足用？应特遣大臣一员前往详察。”康熙言“诸臣所奏皆善”，最终以陕西总督哈占任川陕总督来解决此问题。通过此事，可知仙根心系民生之切。

（八）为无辜者平反，“全活万人”

康熙二十年（1681），历时八年的三藩之乱终平定，清廷大庆。当时无辜受三藩案株连者甚众，仙根力为平反，“全活万人”。

（九）康熙评：“李仙根办事有才”

康熙二十年（1681）4 月 2 日，康熙于乾清宫听政。吏部题补户部左右侍郎员缺，康熙言“李仙根办事有才。”因得帝信任，李仙根由左副都御史升任为户部右侍郎。同时，仙根仍担任经筵讲官。仙根任户部右侍郎时，敢于直议。按例收铜银限八月解缴国库，仙根莅任后，特意宽逾限日。他言“关有远近，奈何以例限之。”对于滇黔之案，仙根力请分别族系，省查解释无辜。仙根还曾对四川增茶盐、引解铜经由地称验具结、潼关税务增部员等议持否定意见，“力言不可”。还曾发起廷议改折河南漕米、减临清关铜价万两等案，“皆获允”。

张鹏翮在《祭李子静文》中评仙根曰：“意公得柄用，当必有以道济天下，使家给人足，物阜民安。见公之立于朝，气象严严，威仪卒度；意公而得柄用，则必以方正之气，肃百僚，使贤良在位，忠谠盈廷。见公学术宏深，博闻强识；意公而得柄用，则必以帝王之学，深启沃，使礼乐明备，教化滂洽，而今皆已矣。”

图 7-20　李仙根《行书五言诗·扇面·金笺》(来源:《榜眼李仙根》)

六、李仙根与苏州

李仙根父亲李实 1643 年任长洲县令。长洲，位于今苏州。仙根 1645 年后随母赴苏州与父亲生活，在此一待就近十年。1674 年后，仙根又两度在苏州生活若干年。在此期间，他留下了大量墨宝。1690 年仙根病逝，亦葬于苏州。可以说，苏州是仙根除四川遂宁外的第二故乡。

仙根在苏州助力当地文教事业。康熙二十二年癸亥(1683)，据同治本《苏州府志》载，仙根曾于此年偕郡人宋骏业一起，帮助江苏巡抚余国柱修苏州庙学。

苏州子游祠于宋庆元三年（1197）由孙应时建在学讲堂之东，该祠纪念孔子弟子吴国人言偃。明成化二十二年(1486)，巡按御史胡汉改建祠于学之东市民地，立坊曰吴公祠。清代苏州人徐崧编撰的《百城烟水》中载有李仙根《谒子游祠》诗：“祠宇标名胜，薪传自古今。庭闲人语静，井渫墨香侵。文学斯人在，弦歌雅化深。高山惟仰止，肃穆动清吟。”

仙根还关心苏州地区民生经济。据民国本《吴县志》载苏州娄关蒋氏义庄由康熙年间岁贡生蒋维城偕其弟建成，初置时田仅一百三十亩，复陆续添增至五百余亩。仙根对蒋氏兄弟建设义庄举动大为赞赏，有记，惜不传。

民国本《吴县志》还载有苏州孝子管增的事迹："管增，字方至。父勳，宦殁广南。时当乱后，万里寻访。溯九江越五岭，跋履经年，备咨艰苦，负骸以归。高士徐枋为之传，太仓吴伟业、遂宁李仙根并赠以诗。"惜仙根赠诗今也不存。

仙根流连于苏州风土。苏州吴山脚下有"永言斋"，斋前临石湖，斋后绕褒忠岭楞伽诸山，旁有张中翰祖茔，内有云绵草堂、泛月楼、志喜亭。"当春秋佳日，湖光山翠宛如图画"，文人雅客莫不流连于此。李仙根有诗云："置亭春山下，搜胜坐云根。众峰晴霁初，佳气来清轩。绿萝蔓空壁，此中雅韵存。幽庭满芳菲，枝叶何蔚繁。我庐恣回转，新见长桐孙。奇趣临坐隅，岂并流俗论。"

仙根重教隆佛，对苏州的佛教文化颇有贡献。《周庄镇志》载顺治年间，永庆庵僧衍微增置田亩改为十方禅院，仙根曾为其撰写有《永庆庵饭僧田碑》。作为清初书法名家的仙根，还曾为周庄全福讲寺撰写有"水中佛国"匾额。得仙根墨宝后，全福讲寺名声大振。仙根字今不存，现"水中佛国"为赵朴初题写。

仙根 1674 年前后与友王武携游苏州上方山。俯仰今昔，人生多变，感慨万千，仙根有诗云："二十年前望落霞，如今重到似还家。半山红日迎人出，一径清烟傍马斜。鸦势远盘孤塔影，渔歌长应转帆挝。偶然兴会因同调，欲觅闲身愿恐奢。"

七、李仙根与友人们

顺治十八年（1661）辛丑科鼎甲分别是：状元马世俊、榜眼李仙根、探花吴光，三人为挚友，同科进士张玉书等亦相与为欢。某年七夕，仙根与马世俊、张玉书等同人共登北京瀛洲亭，马世俊作《七夕登瀛洲亭喜李子静张素存朱克咸徐孟枢诸年兄至》，表达登科共荣之心。全诗如下："旧事记瀛洲，亭光已带秋。一蝉吟院树，双鹊问河流。客到怜同调，官闲即胜游。恩波在天上，时望碧云头。"

顺治辛丑科鼎甲中马世俊和吴光二人皆早逝。仙根曾在西湖与友人吴景旭相晤时，谈及同科好友马世俊英年早逝。世俊虽工书善诗，然遗墨甚稀，仙根深为叹惋。吴景旭念此"不觉愀然"，言"阁学不忘故人，于笔墨犹惜之"，乃赋诗两首。其一为："三人得路两人沉，到此谁无感慨心。总是燕昭怜死骏，岂从内史访来禽。因君话惜遗笺少，令我归搜退笔深。今自钟情忘未得，更缘宿草动悲吟。"

"三人得路两人沉，到此谁无感慨心"，曾经鼎甲三至友，而今阴阳已分别。"今自钟情忘未得，更缘宿草动悲吟"，友墓生"宿草"，文人相与悲。

仙根在吴光逝世后撰《太史长庚公传》以纪念其生平与思想。仙根言吴光在史馆时“慨然以天下为己任”。1664 年，吴光任祭谕安南国王正使。“炎暑就道，届冬过粤，其间逾崇山，历鬼门关，跋涉风霜瘴厉中”，路途艰难可想而知。面对安南人不知礼仪之情形，吴光言“天朝自有定制”，并谓“使臣衔命而来，此身已许国矣”，终令安南人“悚然敬惮”。仙根此段文字，也是对自己奉使安南的侧面描写。吴光至为尽孝，后奉命纂修《孝经衍义》。仙根评其为“慧心人兼有定力”，因平日善与人同，邻里听闻吴光讣告后，“莫不呼天而为之叹息也”。仙根对吴光的离去甚是唏嘘感叹。

仙根在朝中的好友还有陈廷敬、严我斯等，他们一同担任康熙朝第一批经筵讲官和起居注官员，为宣扬圣教、儒化清廷共同出力。

陈廷敬曾在《答李子静少司农兼索其书法二首》中赞仙根曰：“千古风流让蜀人，西当太白望峨岷。眼高四海名无敌，狂客谁为贺季真。”既表现出对仙根书法和为官品格的认可，也流露了他们之间的深谊。

严我斯是浙江归安人，康熙三年（1664）甲辰科状元，和仙根一道为康熙朝起居注官。他二人常为搭档，轮班给康熙记言记事。《康熙起居注》第一册保留着他们为国存史奋斗不息的足迹。严我斯曾著近五百字的《赠李子静奉使安南歌》与仙根，详叙了仙根奉使安南的前后过程，赞叹仙根作为“书生”立功堪比王侯，诗末云“不加一矢控一弦，重关绝域靖烽烟。谁谓书生不出户庭夸坟典，不能封侯万里致通显。呜呼！男儿何必致身通显万里求封侯，如君赫赫垂千秋。”

后成为康熙四十八年（1709）己丑科榜眼的戴名世亦为仙根友，其文集《巢青阁集》中所存《同李仙根林吉人黄阆友过延福寺访损岩禅师止宿》《同李仙根辜再扬徐岂凡游小若岩》等诗，反映了仙根的交游情况。其《秋日寄李仙根，时以紫竹山兰见贻》云：“去年雪里送君归，期向春山醉落晖。游屐尚迟沽酒处，吟笻空倚钓鱼矶。连枝修竹含烟紫，并蒂幽兰带土肥。百里孤舟轻似叶，几时相过旧柴扉。”

李仙根受咸宁友人所请，撰写有《文昌阁记》。仙根言“翼文明而阐扬圣教，变化尽神者，惟文昌之司命为最著也”，言文昌星“功用至无穷也”。仙根友人廷韬“孝友，根于天性慈和，达之躬行，于治民事神之道，悉本至诚为感格矣。”廷韬治理咸宁第二年（1665）见文昌祠久废，叹曰“咸之山川祀典，无问不秩，何独文昌有缺享焉，诚守土者之责也。”1670 年春，在地方乡绅的支持下，咸宁文昌阁终落成。仙根回忆之前奉使安南，经过咸宁，与廷韬交谈的情景，谓“侯固卓异中之表表者也”。仙根赞曰：“阁成而侯之功成矣，侯之功成而侯之明德与天地自然之文字俱一成而不易矣。”此文体现了仙根与友人廷韬的交情，为仙根散文之代表。

《四川通志》中有仙根为友人高霖公《庐山纪游》所撰跋文。仙根论曰“昔览庐山志，王弇州有纪无诗，钟退谷有诗无纪”，高霖公“诗宗唐音，铿訇俊逸，妙笔一时，纪崇正学，怀大雅，有侃然自任之心”，且其“凡神奇仙佛之说，皆屏而不录”。仙根称其为“儒学之正宗”。

仙根在《王璲暨元配熊氏墓志铭》一文中追记了友人王璲的生平事迹。此文作于1681年，仙根时任户部右侍郎。其赞王璲云“宇内谈经济风雅者，莫不推蜀北子荆先生云。”三藩之乱后，“蜀道阻绝，余官京师，望故乡如异国”。仙根以“异国”一词表现其对家乡忧切之心。文末言王璲一生“惜中道坎壈龃龉，卒不得竟用，以展其所学。呜呼！岂非天哉！”

仙根舅父吕潜与仙根亦亲亦友。两人学问相长，共通书道。吕潜为仙根编辑的《高惕菴语录》作序，言“读惕菴语录而不胜斯道盛衰之感也。”从濂洛之学到王阳明，至今“遂成绝响”。吕潜感慨道“其名至于名废，而世遂不知讲学为何事，辄相与非而笑之，人心之不醇，风俗之不古”，是由于学不倡的缘故。四川梁山高惕菴“毅然以讲学为己任”，“日与二三门人讲习其中，远近向风骎骎，有昔贤之遗轨焉”，仙根与吕潜都深受其教导。他又言“吾蜀固多君子，伊川客涪而易学愈进”，勉励蜀人从善向学。吕潜还有《题李子静学士安南使事纪略》诗，大为赞叹仙根奉使安南之壮行：“史臣归国重旗常，尺简成功十万强。象马域中谈俎豆，女牛槎上挟风霜。乞诗绝徼环椎髻，奉朔天南认绣裳。始信书生戡定力，歌钟何用出明光。”

张文端公鹏翮在《户部右侍郎李公家传》中云“余与李公同州籍，公虽留殡吴而尝从公于朝”。张文端公康熙九年（1670）进士及第，曾与仙根同朝为官。同为遂宁人的李仙根和张鹏翮，同为相才，同为经国济民而努力，为乡人争光。张文端公有《祭李子静文》，其言“自吾乡席文襄公之殁也，百余年而吕少司马起。吕少司马之殁也，又三十余年，而公兴。”自席书以来，遂宁文脉延绵不绝。吕大器为南明重臣，李仙根继之，终成一代名士。李仙根之后即张文端公，亦为一代贤相。张文端公言仙根“钟岷峨之秀，秉箕尾之精”，“负勃郁磅礴之气概，然以天下为己任”。“以天下为己任”为席书以来数百年之遂宁精神的内核。遂宁之“东山涪江秀杰蟠积之气”孕育了李仙根，推动着仙根走出盆地，“以道济天下，使家给人足，物阜民安”，“以方正之气，肃百僚，使贤良在位，忠谠盈廷”，“以帝王之学，深启沃，使礼乐明备，教化滂洽”。张文端公可谓知仙根之最矣。

八、李仙根与佛教

李仙根出身于“观音文化之乡”遂宁，从小为佛教文化所熏陶。每当他处江湖之远时，则致力于重教隆佛。仙根重教隆佛的思想，集中体现在其为宁波天童寺所撰的《敕赐天童弘法禅寺重兴碑记》中。

宁波天童寺是江南名刹，为佛教“五山十刹”之一，号称“东南佛国”。《敕赐天童弘法禅寺重兴碑记》又名《重兴寺记》《李侍郎书天童弘法禅寺重兴碑记》，康熙二十五年（1686）夏，仙根受川僧天童寺住持山晓晳所请作于苏州。

康熙二十五年（1686）冬，山晓晳禅师去世，仙根作《山晓晳禅师塔铭》以纪之。仙根在序中言“夫一切兴替，皆有数而佛法不至中湮者，则亦时赖有人耳。”赞山晓晳禅师继承密云悟禅师来振迹名蓝之高举，继续光明，开承昌裕，使宁波天童寺终成“梵海之砥柱”。

李仙根受大理鸡足山僧慧辉所请，作有《鸡足山藏经记》一文，见于《鸡足山寺志》，署名为“李仙根蜀遂”。该文又名《迦叶殿藏经记》，见于康熙《大理府志》卷二十九，署名为“侍郎李仙根遂宁”。

李仙根《鸡足山藏经记》与《勅赐天童弘法禅寺重兴碑记》《山晓晳禅师塔铭》等文均体现了其重教隆佛，善于辩证的思想特征。

清代文渊阁大学士、《康熙字典》总裁官陈廷敬《答李子静少司农兼索其书法二首》云：“千古风流让蜀人，西当太白望峨岷。眼高四海名无敌，狂客谁为贺季真。”对李仙根作了高度评价。

【原载】《蜀学》第十辑，作者胡传淮、陈名扬

清代解元蓬莱书院高足杨兆龙

杨兆龙为清初蓬溪县赤城镇葫芦坝（今竹林桥村）人，康熙时解元、蜀中文章巨子，诗名惊动公卿，其名荣列《四川通志》《四川历代文化名人辞典》，其事迹至今仍在蓬溪广泛传播。

一、少年勤学

葫芦坝位于蓬溪县城西南约两公里处，蓬溪河环绕其间，三面临水，风光旖旎，杨兆龙的童年就是在这里度过的。

图 7-21　蓬溪县为纪念杨兆龙建“金声玉振”牌坊（胡云柯摄影）

少时，杨兆龙聪颖伶俐，七岁受业于乡贤硕儒蒲拱辰门下。蒲拱辰学识渊博，是蓬溪著名教育家，其业绩今已载入《四川古代教育人物》一书。清初，蓬溪历经战乱，经济萧条，“学宫长满茂草”，文教无人过问，为了振兴蓬溪教育，蒲拱辰中举人后，放弃做官的机会，甘居淡泊，以教授生徒为业，从学者众多。杨兆龙、王许、梁再灏等名士皆先后拜蒲拱辰为师，跟随他学习。

杨兆龙由于有名师指点，加之自己刻苦用功、博闻强记，因此学业大进。经史子集均有涉猎，诗词歌赋均极擅长。后来，杨兆龙参加了小试（俗称考秀才），通过县试（蓬溪知县主持）、州试（潼川知州主持）、院试（四川学政主持）三个阶段的严格考核，成绩均名列前茅，最后被录取为秀才（当年蓬溪全县仅录取了八名），进入县学学习。

二、乡试夺魁

明清时代，秀才要进入仕途，途径有二：其一为乡试中式，其二为五贡（恩、拔、副、岁、优）。否则，终身为秀才，无出学之时。

杨兆龙考取秀才后，于康熙壬子年（1672）赴成都参加四川乡试。考场设在四川贡院（今成都市人民南路展览馆址），时间在农历八月，由四川总督监临考场、办理一切。朝廷简选任命的主考官为德高望重的户部郎中、文坛泰斗王士祯。参加乡试的秀才来自四川省各府、厅、州、县。

乡试共考三场，每隔三天一场，每场考一天。第一场《四书》题，八股文三篇，五言八韵试帖诗一首。第二场《五经》题，八股文各经一篇，共五篇。第三场经、史、时务策（即时事政治）共五题，每题限300字以上。考生入场须搜身，不准夹带。完卷后，试卷交收卷官，收卷官将所收之卷加盖封印，转送誊录官，誊录官命人用红笔誊录完毕，送对读官，对读官逐一对读一次，确认无伪无误后，交房官阅批，房官取录后，呈荐于正副主考官分别弃取。

康熙十一年（1672）四川乡试，考生盈万。试题为：一、“老者安之”三句；二、“此天地之”一句；三、“文王视民”二节。考后，共录取举人四十二名，考中率仅为千分之四，真是凤毛麟角。第一名叫解元，由正主考取中。第二名叫亚元，由副主考取中。第三名至第十八名，叫房元，由十六位房官取中。旧时也有将第一名以下举人统称为“亚元”者。杨兆龙学识渊博，诗文俱佳，被主考官王士祯取中为解元。压倒群芳，来之不易！杨兆龙的同学王许也考中了亚魁（第六名举人）。此科乡试，解元、亚魁都出自蓬溪，都是蒲拱辰的学生，震惊了四川，为蓬溪县增了光。乡试放榜次日，官府邀请杨兆龙、王许等新科举人参加鹿鸣宴，歌《鹿鸣》诗，作魁星舞。并给杨兆龙家赠“解元匾”，以示荣耀。最后，由四川乡试主考官王士祯将杨兆龙等四十二名举人的姓名及试卷奏报康熙皇帝御览。

杨兆龙中解元，对蓬溪士子热衷科举，以求仕进，也是一大刺激和鼓励。蒋超（江苏金坛人，清顺治时探花、翰林院修撰。1672 年到蓬溪，曾为潘之彪修的《蓬溪县志》作序）说：“蓬之人文，必有炳鳞蔚起！”当时，年方五岁的蓬溪县儿童梁再灏，看见杨兆龙中了解元，也说：“丈夫也，吾当其步其后尘！”十八年后，二十三岁的梁再灏，果然在杨兆龙影响下，又考中了解元！

三、著述诗文

杨兆龙乡试夺魁后，回到故乡。次年（1673）又赴北京，参加农历二月由礼部举行的“会试”。蓬溪有两名举人上京赶考，即解元杨兆龙、亚魁王许，他俩离别故乡时，蓬溪知县潘之彪（江苏丹阳人，进士）在县衙设宴，为他们饯行。席间，潘之彪作有一诗《送杨解元王亚元会试》：“却是蓬莱第一流，秋风送子挽行驺。已看九万腾羊角，还借添修起凤楼。风雨几年羞马帐，间关万里羡吴钩。长安自古繁华地，定有新诗付莫愁。”

杨兆龙、王许到京参加礼部会试，惜均未中。后来，杨兆龙出任涪州（今重庆市涪陵区）学正，任职期间，“德器深沉，毁誉无所动。”终因正直被贬，回蓬溪闲居，以诗酒自娱。

杨兆龙以文章知名于世，著有《杨兆龙诗集》。清代大诗人、主宰文坛数十年的王士祯对门生杨兆龙的诗歌很赞赏。在清初蜀中诗坛杨兆龙是有一定影响的。

康熙二十年（1681），蓬溪知县周甲征，鼎新蓬溪学宫，修复明伦堂、启圣祠、先贤祠、名宦祠、文昌宫，使蓬溪学宫“庙貌维新，焕然改观。”杨兆龙为此撰写了《蓬溪县学宫记》。文中，杨兆龙追述了蓬溪学宫的历史沿革，记载了明代翰林黄辉、吏科给事中杨文举、山东巡抚张鉴、河南巡抚杨作楫等大臣给蓬溪学宫题词撰文的史事，为研究四川教育史、蓬溪教育志提供了十分宝贵的资料。1993 年出版的学术专著《四川教育史稿》一书中，多次引用了杨兆龙《蓬溪县学宫记》一文中的史料。

康熙二十四年（1685）农历八月十四日，杨兆龙在他书斋“明月山房”里，撰写了《蓬溪县志·序》。序文记载了蓬溪知县周甲征增订康熙十一年潘之彪所纂修的《蓬溪县志》的经过，为研究四川方志史、蓬溪县志沿革提供了珍贵的史料。

四、身后传说

今天，蓬溪县城葫芦坝一带，还流传着许多杨解元的传说。民间不少人把杨解元误称为“杨状元”，这是因旧时称呼别人时有一种拔高的习俗所致。今县内一些人士将举人纪大经称为“翰林学士”，亦是如此。其实，纪大经只是清末举人，不是进士，更不是翰林，有史可稽。科举时代，今遂宁市辖区内，无一人考中过状元。杨兆龙墓在梅苏桥（今赤城镇城南新区），墓碑上镌刻有“杨解元”三字，笔者曾目睹过此碑。由于搞建修，其墓已毁。传说，葫芦坝颈上还有一座“杨状元墓”，为杨兆龙疑冢。据说杨兆龙著有不少劝世诗文，人称《杨状元四足歌》《杨状元读书格言》，至今一些蓬溪耆老尚能背诵。1995 年 12 月 7 日，《遂宁报》上还发表了《杨状元的传说》。这些都是杨兆龙抬高了的称呼，仅为民间传说，不是信史。

葫芦坝遂蓬大道旁，有一石朝门，为杨解元府第遗址；石朝门前面的大田，为昔日杨解元跑马之地；石朝门背后的花园湾，为解元府的后花园。经过三百多年的历史变迁，星移斗转，“旧时王谢堂前燕，飞入寻常百姓家。”杨解元府已夷为平地，不过“石朝门”“花园湾”等地名，还沿用至今。

【原载】《文化遂宁》2019 年第 3 期，作者胡传淮

清代遂宁旗山书院弟子著名诗人张问安

清代蜀中第一家——遂宁张氏家族，是一个颇具特色的文学艺术世家，在其二百余年的发展历程中产生了张鹏翮、张懋诚、张勤望、张顾鉴、张问安、张问陶、张问彤、张问莱、陈慧殊、林颀、杨继端、张问端、张筠、张知简等以诗文、书画著称于世的文化名人。民国《四川儒林文苑传·张问陶传》载："先生父耐舫（张顾鉴）太守，以被议归，家无余蓄，而子女皆教以声律之学，故张氏一门，风雅称盛。"清代遂宁张氏家族，有诗文流传于世者，多达 50 余人，名扬诗坛，领一代风骚。张氏家族成员中，文学成就最高的是张问陶，他是清代巴蜀诗冠，东坡之后，一人而已。其次则是张问安，与弟问陶，皆一时之杰，以诗名世，号称"二难"。又与弟问陶、从弟问彤，合称"遂宁三张"。

一、张问安生平

张问安（1757—1815），字悦祖，一字季门，号亥白。清初名相张鹏翮玄孙、大诗人张问陶兄。一生六次应乡试，七次应会试，足迹半寰宇，到过岭南、苏杭、荆楚、齐鲁、中州、三秦、燕赵等地，遍览名山胜水，格律益进。清乾隆五十三年（1788）考中举人，例授教职不就，后家居奉母，以图史自娱。曾主讲四川华阳、温江书院，诱掖后进，多所成就。诗才超逸，撰有《亥白诗草》8 卷，存诗 840 余首。

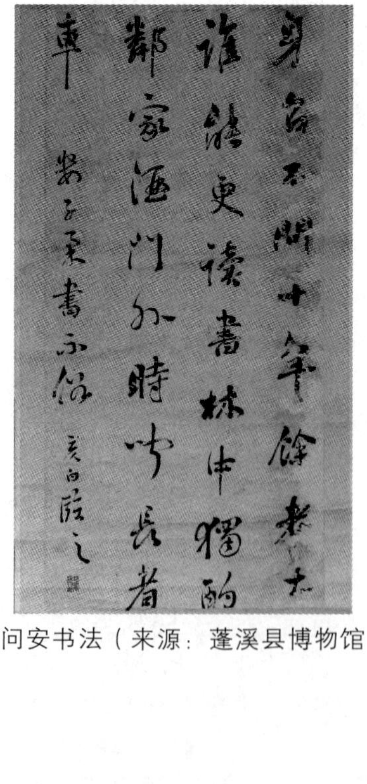

张问安书法（来源：蓬溪县博物馆）

清代学者李星根《张亥白先生传》云：

> 亥白先生者，蜀诗人船山太史之兄也。先生姓张氏，名问安，字亥白，遂宁人。遂宁相国以经济显名于仁皇帝之朝，迄先生五世矣。而独昌其诗，兄弟竞爽，旗鼓相当，虽天才雄放，文采风流，照映四国，若稍稍逊乃弟一筹。至于抚山范水，刻画杜陵，唐突康乐，真力弥满，万象在旁，殆有过之无不及焉。先生兄弟生长东南，既举京兆，卒不得志，宜其倦于游矣。故自粤游以后，收拾山水，入奚囊中，归而奉母，博膝下之欢。虽授馆时有邻县之役，而终非其志也。惟一室琴书，母妻静对，人生之乐觉无以逾；而殊不偶，屡断朱弦，虽历聘名媛，有同声之乐，究之彩云易散，昙花爱空，荀粲伤神，微之悲遣，又数数焉。以视船山闺咏，几于频见不鲜矣。至如宛若中论四声，又似妇为巨擘，倘亦亥白之所为，回首而慰藉者乎？

张问安生平事迹载《清史稿》卷四八四《文苑》二张问陶附传、《清史列传》卷七二《文苑传》三张问陶附传、嘉庆本《四川通志》、《益州书画录》《中国文学家大辞典（清代卷）》等文献。清代孙桐生《国朝全蜀诗钞》、张应昌《清诗铎》，民国徐世昌《晚晴簃诗汇》，当代钱仲联《清诗纪事》、胡传淮《张问安诗选》《张问安研究》录有其诗。

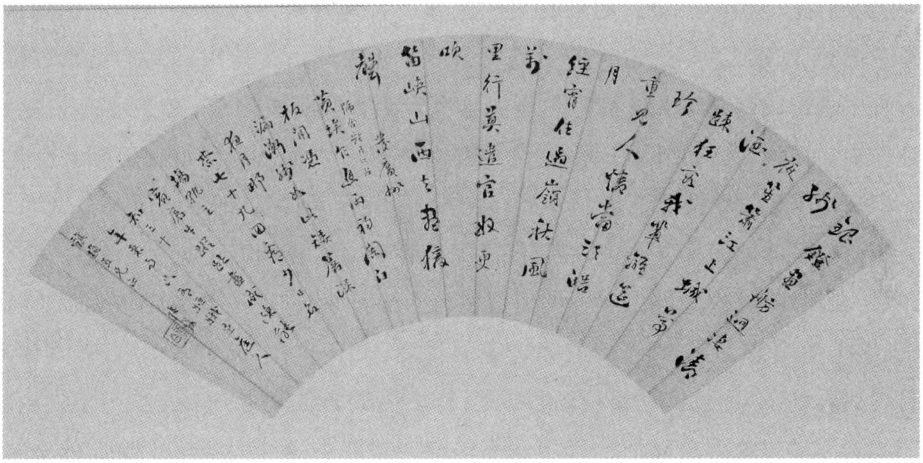

图 7-22　张问安书法（胡瑶提供）

二、张问安诗歌

张问安与弟问陶，享誉清代诗坛，皆一时之杰。时人将张氏兄弟二人比拟为西晋的兄弟文学家陆机、陆云和宋代的兄弟诗人苏轼、苏辙。张问安的诗歌在清代诗坛影响较大。傅亦舟（光绪年间遂宁知县）序云：“船山天才秀拔，亥白学养深隽”“《亥白诗钞》古藻纷披，遗音孤戛，沉郁顿挫，卓有本源。”其季弟张问莱云：“余伯兄亥白、仲兄船山皆以诗名于世。”清诗人王学浩评亥白诗云：“读之但觉其语淡而味腴，节短而韵长，盖将韦孟之外，另辟一径，以与唐人争席也”。清代学者李星根《张亥白先生传》云：“兄弟竞爽，旗鼓相当，虽天才雄放，文采风流，照应四国，若稍稍逊乃弟一筹。至于抚山范水，刻画杜陵，唐突康乐，真力弥满，万象在旁，殆有过之，无不及焉。”《归田老人诗话》云：“张问安，字亥白，船山兄也。诗魄沉挚，如《剑门关》诗，少陵以后无敢作者。”清人范溶《论蜀诗绝句》评张问安：“昌谷苏门今不见，风怀澄淡更谁知？梧桐夜雨灯前读，道是韦郎五字诗。”

张问安之诗，内容广泛，寄慨深远，有时事诗、山水诗、咏史诗、悼亡诗、忧愤诗、题赠诗等。其诗品格超胜，笔意清新，咏蚕丛鸟道、三峡险滩之诗，屡见不穷，岭南诗亦有独至。尝同吴锡麒、洪亮吉、孙星衍、王学浩等人掉鞅文坛，角艺相逐，寄赠频仍。《读庄子》《读程史》《西藏画佛歌》《天庆宫刘銮塑像歌》《明铜钞》《题梧门图》《题闵贞奉馔图》《罗两峰以梅花卷子赠行赋谢》《孙刑部坠车行》等诗，不事雕镂，落落不凡。

（一）时事诗

张问安诗是现实的记录，动荡时代的画卷。张问安从十八岁（1774）始为诗，直到嘉庆二十年（1815）年去世，前后经历近四十年时间。这段时期又恰恰是乾隆盛世走向嘉庆中衰的动荡之期。虽然诗人出生于世代书香和官宦之家，但到了他们这一代，与国势一样，江河日下，正是夕阳，已向西山坠落。尤其是诗人足迹历湖北、湖南、江西、广东、广西、江西、江苏、安徽、浙江、陕西、河南、河北、天津、北京等地，目睹了所谓“乾隆盛世”下的苍凉荒芜，民不聊生，贫窭四处可见。由北京去广东的途中，见一苦命孤独的老媪，书所见写下了《悲哉行》，记述了老媪无依无靠，社会人情冷淡，各自挣扎保命的现实，“道旁老媪筋骨癯，负手向山号且呼。哀音絮絮惨不舒，纵横涕泪沾衣裾”。人间辛苦事，莫过纤夫，作者频繁奔波于各地：或步行于崇山峻岭，穿行于羊肠小道；或乘舟渡河，经历风高浪险，对船夫及纤夫的倍于常人的辛苦劳动和死里求生印象极为深刻，感触良多，那首《牵船夫》活画出下层劳动人民的辛酸苦难，为了生活，他们还是日复一日，年复一年地拿自己的生命与水斗。“钓鱼公（地名）前波怒号，急流直泻掀洪涛。扁舟倒曳万牛尾，舟意与水相争高。纤夫爬沙手拄地，尺寸不得移分毫。”诗的结尾“人世风波少快意，艰辛莫辞据平地。”显然，社会的不平，引起纷争扰攘，诗人不可能粉饰现实地写下盛世祥和、国泰民安，此诗直接透露出诗人关心民瘼，担忧现实的思想感情。

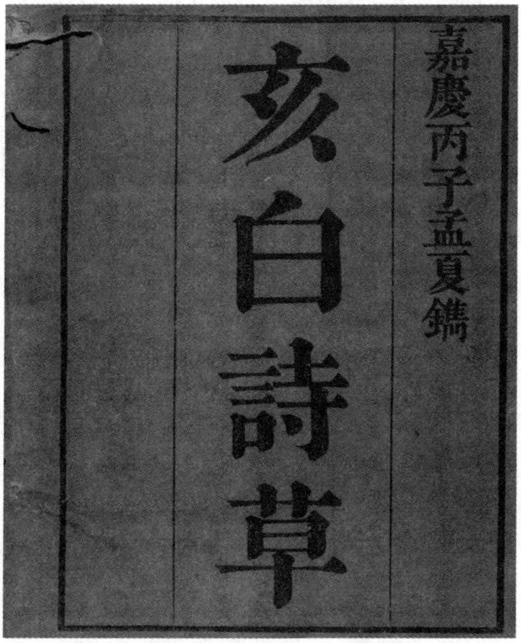

图 7-23　张问安《亥白诗草》（清嘉庆丙子刻本）

乾隆末年至嘉庆初，由于乾隆帝的骄奢，王室的享乐，大臣的巧取豪夺，清政府的逐渐衰败，民不堪命。故而爆发了湖北、四川、陕西川楚白莲教起义，直接威胁到中央政权的稳定，而黎民百姓为避战火，流离失所，辗转他乡。

嘉庆四年（1799）四川总督额勒登保、德楞泰调兵合击四川白莲教首领罗其清。营山、蓬溪、遂宁、阆中、巴州为交战的主要战场，这些州县的百姓早已避难逃外，十室九空，张问安此时家居，也是走投无路，家有年迈的老母及一个年幼的女儿，为避兵乱，从遂宁西行逃命去成都，为记其事，专门写有两首诗，即《九月三十日自遂宁赴成都道中作》。一家三口老中幼，艰难跋涉，胆战心惊，故有："萧条行李出城闉""眼前三世仅三人"的慨叹。穷乡难舍，故土难离，为保身家性命又不得不离开养育自己的故土，诗人抑制不住乡土情结，悲苦地写下了纪实性的沉郁诗句："故园十载小勾留，到处溪出足钓游。此日兵戈怜父老，百年涕泪恋松楸。去自无端留不得，烟波浩荡羡轻鸥。"在成都只待了几个月，战火更为猛烈，省城成都形势吃紧。次年又携家人离开成都，由乐山乘船而下，直奔京师，有诗《十月六日发成都寄船山京师、寿门杭州》，内有"去路连群嶂，全家共一舟""生计无多日，归来十五年。开头辞蜀水，买棹上吴船"等句记其事。又在《大风泊芦溪口有怀船山寿门》一诗中，描写了一个离乱的痛苦与煎熬的场面，真是饥寒交迫，难以为继，"嗟哉远行人，何以慰烦扰？"从心底里发出"人生苟自立，那免饥与寒。"诗人都如此穷困而忍饥挨饿，而一般社会下层人民就更悲惨了。

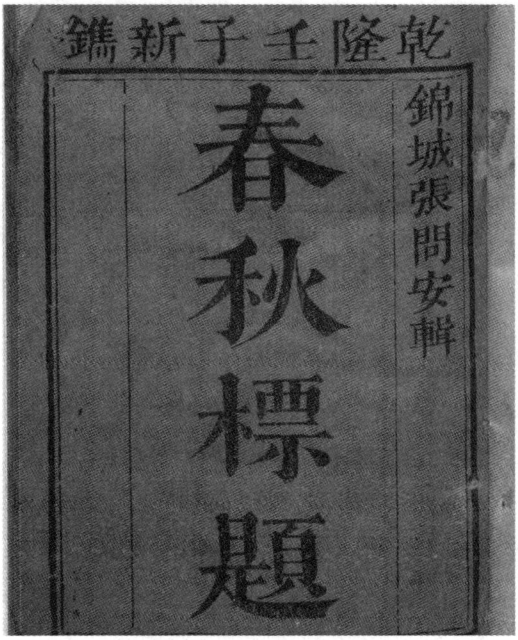

图 7-24　张问安辑《春秋标题》(清乾隆壬子刻本)

在动荡时期，由于社会的不安宁，百姓的生活自然不安定，岌岌可危的清政权处于风雨飘摇之中，在这特定的历史画卷中，能审视到诗人寄希望于某些官吏的善政养廉，清除隐患。诗人居滞在湖北时亲眼见一知州春荒时粜谷济民，极为感慨，写下了《粜谷谣》诗，诗题注文云："与客话春时所见，歌善政、刺里豪也。"诗中对这一举动满怀激情地赞颂："官符忽下来，开仓预筹算""贤哉使君心，十日罢欢宴""始如贤者心，到处泯忧患。"然而在那个险恶的时代，这种官吏实在太少了。也正因其少，诗人用诗加以张扬，对不关心民瘼的里豪则鞭挞。《亥白诗草》中呼号现实，记写动荡年代生活的诗篇，构成了乾嘉年间浓墨画卷。

（二）山水诗

千古文人山水情，《亥白诗草》中山水诗占一半，诗人凡经历一地，所见所思所感，拥抱自然，绘物状景，浅唱低吟，或五言，或七言，随物赋形，临境结构，描绘壮丽山河，抒发爱国爱乡情结。

图 7-25　张问安编辑《五经标题》（清嘉庆丁卯刻本）

张问安诗风秉承家传，淡定质实，诗意超远，诗思流丽婉转，而余味极醇厚。张问安因诗歌缺乏张问陶英气通人的豪放感，所以他的诗坛名望比张问陶相去甚远，但这不影响他和张问陶在山水诗创作上的互补性与兼容性。从互补的角度看，张氏昆仲不但诗风略有差别，而且山水诗题材亦呈现交叉态势，张问陶所历，乃张问安所短，质言之，张问安所经，即张问陶所阙，比如张问安笔下的岭南山水，张问陶就没有涉足；同样，张问陶扈驾巡守的塞上风情，亦是张问安所欠。这种无论题材还是风格的差异互补，既显示了家族诗学同源异流的多样性，又体现了同一诗学背景下不同个体间的内在差异，由此形成了遂宁张氏在山水诗创作上的繁盛局面。就兼容性观察，张问陶与张问安手足情深，二人诗艺相切磋，风月相邀赏，他们骈肩联袂观山临水，吟弄自然的影迹留遍巴山蜀水的每个角落，凡张问陶激情洋溢的笔墨所至，亦张问安澹然自若的诗情所驻。《亥白诗草》卷二之《入蜀集》《下峡集》《衣尘集》；卷四之《上计集》基本收录诗人出川、入蜀时所作的江行、栈道山水诗，其中包括大量和张问陶同题唱和的吟诵山川之作，比如《除日同船山登豆积山游张果祠》《游葱岭同船山作》《剑州道中回望大剑山》《同船山游元山寺》《洛阳道上同船山作》等。张问安山水诗既清新自然、流畅生动，如《岐山道中》“疏林丛薄近郊垌，万仞云梯接玉屏。太白西来势雄绝，骡纲小队入青冥。”《涪江道上》“疏林摇曛黄，天寒远沙退。旷野不逢人，昏鸦立牛背。水凫接天飞，回翔下数泽。涪江似湘江，波流自然碧。”《广德寺》“悠悠西林下，隔岭闻钟声……峰转露精舍，灌木当前楹……爱兹云木秀，远遗尘世情。”又能自出机杼，于性灵之外，别辟一番境界，其造语遒劲，写景精致微妙，有工笔画的效果，如《黄牛峡》“石根裂厚地，远岫摩苍穹。飞瀑激怒湍，终古悬琤琮……岸如古丈夫，森立垂孱容”《巫峡》“崭岩但绝壁，峭拔倚天半……狰狞欲崩石，骇露压人面。仰窥绝圭景，茫昧天一线……石气黯然青，凄其集风霰。”《晓行风岭望云气》“朝云起东岭，舒卷当晴空……凌晨陟山冈，忽坠鸿蒙中……然四荡潏，拗折迷硿能……连山浸波涛，似欲开长风……纷变极万态，一气无始终。”其他如《豆积山》《心红峡》《马鞍岭》《七盘岭》《五丁峡》《朝天关》《剑门关》等，诗人皆用象形的比譬、巉刻的笔法，将三峡两岸连山、浓荫蔽日；秦蜀古道关隘险仄、万峰耸峙的江山形势刻画得如鬼神夜哭、商飚突至，给人极强的心灵撼动。从张问安这一路的山水诗风辨察，他有钱载、杭世俊、胡天游等人笔势凌厉、造语奇戛而不循常规的特点，与张问陶一以贯之的性灵风尚有些微差异，正是这个迥异说明了张问安在诗学上“于韦、孟之外另辟一径，以与唐人争席”的不凡气概。

三、山水诗选析

《亥白诗草》八百余首诗歌中，山水诗数量最多，成就最高，今特选析数首，尝鼎一脔，可知张诗之妙旨也。

张问安《定州道中》云：

班马萧萧下碧湾，一林枫柏染秋山。
数声啼鸟不知处，人在清风明月间。

这首诗作于乾隆四十五年（1780）。这是诗人应京兆试，返回居住地湖北汉阳途中所写的山水诗。诗中描写的是诗人经过定州时的所见所闻所感，借助诗情画意般的美景，表现了诗人热爱大自然和对前途充满信心的精神面貌。

诗的前两句写旅途所见。大致意思是一匹离群的马驮着它的主人，一路嘶叫狂奔着，来到了长满水草的水湾。诗人举眼望去，只见漫山遍野柏树参天青翠欲滴，深秋满地的枫叶恰如一抹红霞，把深秋的山峰染得通红，煞是好看。“班马萧萧下碧湾”，点明了诗人归途的匆忙之态。“班马萧萧”化用了唐代诗人李白在《送友人》中有“挥手自兹去，萧萧班马鸣”的诗意，诗人告别友人，独自匆匆踏上归途的情景。“下”表明诗人自上而下，策马而过。“碧湾”，指碧绿的村庄或长满水草的水湾。一个“碧”字初步展示了景色之美。“一林枫柏染秋山”，形象地描写了所见之景：碧绿的松树苍翠欲滴，金黄的枫叶染红了山峰。枫叶有意将秋山染成金红色。一个“染”字赋予了枫叶以生命力，着意将秋山染成金红之色。

诗的后两句写所闻、所感。大致意思是：不知何处地传来阵阵鸟叫声，明朗的月亮把那脉脉银辉遍洒在人间，清新的风吹在旅行人的那充满疲惫的脸上，格外清爽怡人。在这样幽美的图画中行走是多么的惬意和舒坦。“数声啼鸟不知处”，在那密林深处，不知道什么地方传来阵阵鸟儿的叫声。叽叽喳喳的鸟叫声给这“一林枫柏”的“秋山”平添了许多生机、活力和乐趣。正如宋代文学家欧阳修在《醉翁亭记》中所描述的那样“树林阴翳，鸣声上下，游人去而禽鸟乐也”，而这首诗是通过鸟啼声写鸟之乐，写鸟之乐实写人之乐。因为，诗人这次是初次参加考试，虽然不知结果如何，但诗人对自己的才华与前程是充满了信心的。再者，也交代了时间的推移，此时已到鸟儿归巢之时。“人在清风明月间”，清爽的秋风吹着大地，也凉爽着诗人的心；明朗的秋月照着万物，也明亮着诗人前面的路。这清幽宁静的山水风月让人心情倍感舒畅。

图 7-26　胡传淮主编《张问安研究》

诗人采用了白描的手法，即用最朴素、最简练的笔墨，不事雕饰，不加烘托，抓住描写对象的特征进行描写。这首诗借助“碧湾”“枫柏”“啼鸟”“清风明月”等色彩鲜明的意象，生动形象地描绘了一幅秋山流金、群鸟欢唱、风清月明的美景。既是诗人细致观察的直接描写，又是自己真情感情的自然流露。天然去雕饰，意境优美，含义丰富，而语言平淡自然，充分体现了性灵诗派“自磨碎墨写天真”的特点。

诗人高度集中、多角度来表现主题。时间集中在一天以内，我们可以想见诗人清晨告别友人，踏上归途，直到夜幕降临，啼鸟归巢，自己还行进在“清风明月”之中。从所见、所闻、所感多角度生动描写了秋日景象斑斓的色彩、蓬勃的生机。一反古人秋风萧瑟、秋景衰败、令人悲戚之感。“景语皆心语”，这正是诗人愉快的心境所致。

张问安《魏城驿》：

照影寒流欲上潮，一林松桧雪初消。
晓风残月丹沙岸，古驿斜临金带桥。

魏城驿，位于今四川省绵阳市游仙区魏城镇。这首诗作于乾隆五十四年（1789）十二月。诗人于十二月十日与其弟船山一起从成都出发，再次上京师参加庚戌恩科会试。诗人着重描写了在魏城驿道所见之景，表现了诗人悲喜交加的心理状态。

诗的前两句：照影，对着镜子照自己的影子，这里是指对着小河或小溪的水面，看自己的影儿。这里含有“瘦影自临春水照”（明·冯小青《春水照影》）的意味。这两句的大意是：在清冷的小河边照个影儿是多么惬意的事，小河好像马上就要涨潮的样子；整片的松桧树上，积雪刚刚开始融化。“寒流欲上潮”“雪初消”，均是初春特有的景致。把静态的景物写得具有动感，充满生机。“寒流”可“照影”，既写出了春水的清澈，又写出了人的快乐之态。“欲上潮”写出了春天水面将平、渐欲上涨的情态。“一林”描写了松桧数目之多，面积之广。“雪初消”描写了晶莹的积雪在青翠的松桧上将消未消即化未化的白绿相间，绿托白、白盖绿，白绿掩映的美丽壮观的景象。

后两句描写的是远观之景。大意是：残月将落的时候，拂晓的凉风吹拂着小河那红色沙土筑成的堤岸，古老的驿道歪歪斜斜地通向金带桥。“晓风残月”意境冷落清凉。“丹沙岸”与“金带桥”色调鲜明，“丹”代表热烈、喜悦、奔放，表现着快乐、力量、热情；“金”象征高贵、光荣、华贵、辉煌。它们与前面的“晓风残月”在感情色调的表现上形成了很大的反差，透露着诗人心中的不快和悲凉。

诗人在乾隆五十三年（1788）八月参加戊申恩科四川乡试中式第七名举人。此次及第，欣喜异常。次年三月与其弟船山参加会试落第后，十二月再次上京师参加会试的途中写下了这首诗。在诗人大喜（参加过六次乡试，此次方及第）与大悲（参加会试落第）之际，又赴京会试，中与不中未可料知。所以，诗中在初春清新、积极的影像中，又透露着一丝对前途迷惘的感伤。

这首诗写作上特点有二：色彩丰富。清澈的河水、苍翠的松桧、晶莹的残雪、丹红的沙岸、金色的桥梁，构成了一幅色彩斑斓的山水图。给人以色调明快之感。但是，春水的冷寒、残雪的行将消亡、晓风残月的苍凉，营造了一种冷落清凉的意境。采用了意象组合法（即意象名词罗列法）。如：“晓风残月丹沙岸”一句是由“晓风”“残月”“丹沙岸”三个意象名词罗列组成。使描写更像特写镜头，营造了一种冷落、清凉的特定意境。

张问安《泊重庆》云：

人家高出翠微间，石上层城匝地环。

一种市楼灯火夜，清辉寒到月中山。

这首诗又名《重庆夜泊》，写于乾隆五十七年（1792）。诗人十一月二十八日同其弟船山等一起从成都出发，沿水路，由嘉州、重庆、涪陵、万县沿长江出川，赴京师参加次年三月举行的会试。这是诗人经历了两次会试落第之后，再一次赴京参加会试，这首诗就作于此行途中。本诗通过诗人细致的观察，着重描写了美丽的山城夜景，突出山城重庆的特点。

诗的前两句由远及近展示了山城的特色。大意是重庆的地理位置很高，住家人户都在青翠的群山之间，围绕山坡岩石上排列着高低错落、参差不齐的街道。“高出翠微间”描写出了“人家”居住的位置之高。从下向上看，确有“白云生处有人家”（唐代杜牧《山行》）之感。“层城”写出了山城街道的高低错落、参差不齐的情态。“匝地环”写出了山城依山而建，随势而走，螺旋而上的特点。重庆山即是城，城即是山。

诗的后两句由近及远地描写了山城之夜灯火辉煌的胜景及感受。大意是每当夜幕降临，整个山城万家灯火映红蓝天，映红江水，金碧辉煌，煞是好看；清丽的月光照着山城的山山水水，沟沟坎坎，城郭回廊。然而，月光的清冷，让人心生寒意，只觉得月亮中的山岭沟壑都充盈着寒气。“一种市楼”是指整个城市。“灯火”点明了描写的对象。“夜”交代了时间，山城的夜色最具特色。重庆市区三面临江，一面靠山，倚山筑城，建筑层叠耸起，道路盘旋而上，由此形成绮丽夜景。凭高眺远，万家灯火起伏错落，银霞明灭，与两江粼粼的波光、满天闪烁的星斗交相辉映，其景奇丽醉人。山城夜景得益于两江环抱，双桥相邻，江中百舸争流，流光溢彩。桥面千红万紫，宛如游龙，动静有别，有似不夜之天。“清辉”，月光的别称。清，清丽、清冷。“清辉寒到月中山”夸张地描写了月光“寒”的程度之深，连月亮中的山岭都“寒”冷了。这两句前一句是写实，是描述；后一句是写虚，是抒情。诗人通过月光之“寒”，间接写出了自己心中的“寒”。诗人遭遇了两次会试落第的打击，这第三次会试会不会迎来“春风得意马蹄疾，一日看尽长安花”（唐代孟郊《登科后》）及第后的喜悦，虽然还是一个未知数，但前两次落第的打击着实让人心寒。所以，这“清辉寒到月中山”，实际是诗人此时对会试既向往，又悲观。怕再次落第，接受“辛勤误功名”“飘零到妻子”（《九日》）的后果。事实上，这次会试诗人落第。连其弟船山都十分悲伤，“我昨下第时，弟泣不可住。”（《亥白诗草》卷四）。其从弟问彤在《秋怀・谓亥白》诗中说“（诗人）四十不求官，嗟嗟鬓欲斑。”诗人的悲伤程度是可想而知的。

这首诗在写法上特点有二：一是采用了多种角度描写景物。先由远及近，从仰视的角度写山城人家住户高居于翠微之间；再到近处，从平视的角度写“匝地环”筑的“石上层城”。然后由近及远，从平视的角度写近处的灯火辉煌之“夜”；再到远处，从仰视的角度写寒到月中山的“清辉”。二是采用了虚实结合、寓情于景的手法抒发感情。诗的前三句写的是实景，最后一句写的是虚景。诗着一“寒”字，既与“清辉”之“清”（清冷）一脉相承，更是诗人前途未卜的迷茫心情的具体体现。

张问安《嘉定道中》云：

天然图画枕江开，碧树丹枫绣作堆。
才过嘉州棹歌起，一声欸乃万滩来。

这首诗写于嘉庆五年（1800）。诗人通过在嘉定道中所见所感，抒发了作者热爱大好河山和对时局的担忧之情。

嘉庆元年（1796）二月，湖北襄樊一带爆发了以王聪儿为首的白莲教起义。九月至十二月四川达县、宣汉、通江、巴中等地也燃起了白莲教起义的大火，诗人谋划全家迁徙避难。九月三十日从遂宁赴成都寻找栖身之地。十一月二十四日诗人奉母携女极其悲伤和惶恐地离开了养育自己的故土，赴成都避难。十二月，船山在京师得知其奉母移居成都，建议诗人奉母就养京华。次年正月，白莲教起义军从四川定远（今武胜县）过嘉陵江，由蓬溪向遂宁，兼及射洪、盐亭、三台、乐至诸县，烽烟所及，势如燎原。六月，船山再次建议诗人奉母离开成都赴京师。于是在十月初六日，诗人从成都出发，由水路奉母出川，赴京师其弟船山处避难。这首诗就写于赴京途中。

诗的前半部分写的是嘉定道中所见的景色。大意是（江岸上）佳木葱茏，层叠有致。幽美的景物像一幅自然生成的美丽画卷临近江边徐徐展开；特别是那碧绿的树丛、金红的枫叶，宛如簇簇锦绣团花堆叠在画卷之上。“天然图画”，尽情赞美这里的美景完全是大自然的造化，并非人工雕琢而成。“图画”，比喻景致的美丽。“枕江开”，描写了“天然图画”所在的位置和展开的方式。诗人犹如一个经验丰富的导游，首先总的简洁而又生动地介绍了嘉定道中自然风光的全景，然后又隆重推出两个重要景点：“碧树”“丹枫”。因为林木葱茏，枫叶丹红，宛如团团锦绣，美不胜收。“绣成堆”，既指“碧树”“丹枫”，又是形容“天然图画”的。

诗的后半部分写的是诗人所闻所感。所闻的是刚刚响起的“棹歌”，所感的是“万滩来”。大意是刚刚过了嘉州地界，就听见了渔民在撑船、划船时候唱的渔歌；随着一声划桨声，船儿飞奔向前，即将迎来很多激流险滩。这两句既交代了诗人一家行程的路线：“过嘉州”、来万滩，又写出了船行速度之快，还暗示了诗人一家躲避白莲教之祸心情的迫切，更透露了诗人对时局的担心与忧虑。过了嘉州，迎来了险滩密布的危局。从另一个侧面反映了诗人心中的忧虑。因为此船能否闯过这万重险滩踏上风正帆悬的坦途，就像诗人一家能否成功避开白莲教战火，顺利到达京师一样，诗人忐忑不安，十分忧虑。世道纷乱，战火遍地，诗人要保护家人平安抵京，责任是多么重大。忧从中来，我们可以体味个中艰难。

这首诗采用了大量的修辞手法来写景抒情。其一，运用生动、贴切的比喻写景，增强了诗的感染力。如用“天然图画”比喻沿途江岸景色的美丽，用“绣作堆”来比喻“碧树丹枫”的多彩多姿，美不胜收。其二，运用鲜明的对比手法表现主题。如果说诗的前半部分描写的是静态之美，是一种静如止水、宛若处子的文静、端庄之美的话，那么诗的后半部分则描写的是动态之美，那是一种天地翻覆、猛虎下山、乘奔御风之美。从而，更加突出了诗的主题。

张问安《黄州道中》云：

萧萧风竹隔溪湾，白鹭临流自往还。

一带春林茅屋外，菜花黄处有青山。

黄州，位于今湖北黄冈市黄州区。这首诗是嘉庆十年张问安四十九岁时，在杭州作别其季弟问莱、古雪夫妇奉母将赴成都途经湖北黄冈时所作。诗歌勾画出了一幅色彩明丽清新的春景图，抒发了诗人热爱自然、怡情山水的情趣。

诗歌的题目就点明了诗中所描绘的具体地点在湖北黄州境内。这里的春景如何呢？作者以生花之妙笔勾画出：在溪流的对面有一片茂密的竹林迎风作响，一只只白鹭在溪水与竹林之间欢快地嬉戏翱翔。农家的茅屋外有着许许多多刚冒出嫩芽的各种树木，远处一片片金黄的菜花与背后的青山相映成趣。“青山、绿水、白鹭、黄花”，一幅清新、淡雅、静谧的画面，充满了盎然的春意、生长的欢乐。在这四句诗中，作者写到了七种事物，有无生命的、有有生命的、有动的、有静的，诗人把它们巧妙地融合在一起，静中有动，动中有静，一派生机跃然纸上。

本诗声调和谐、自然，色彩明丽而不妩媚，语言清晰流畅、朴实无华，没有渲染和雕琢的痕迹，有“清水出芙蓉，天然去雕饰”的美学情趣。诗的字里行间充溢着诗情画意，构建了一个空灵、清静之境，高远深邃。视觉、听觉、感觉并用，淡墨的轻染，出色地描绘了一幅色彩明快而优雅静谧的“春日山水图”，让人心驰神往，浮想联翩，“春色”历历在目。该诗有唐代山水田园诗派大家摩诘之风，堪称问安山水诗中的精品。

张问安《剑州》

百里梁山道，天涯感慨同。

凄然武连雨，横绝剑州风。

溪水犹前度，吾生竟转蓬。

年时忆归路，红透万山枫。

剑州，位于今四川广元市剑阁县。这是一首抒写旅愁归思的诗，大概作于诗人会试落第后归乡途经剑州时所作。

在此次会试落第之前，诗人已几次参加过会试未果，心中的愁闷与伤感是可想而知的。当他到达剑阁梁山之时，眼望着那蜿蜒的山道，苍茫的山色，感慨怎能不生呢？首联“百里梁山道，天涯感慨同”。因景生情，由眼前曲折绵延的梁山道，生发出“天涯何处不感慨”之情。诗人以“百里”对“天涯”，是从地理概念上写身处异乡、归路迢迢的处境。颔联“凄然武连雨，横绝剑州风。”进一步诠释那种“感慨”。以“凄然”“横绝”之词，修饰“武连之雨”“剑州之风”，把心中的那份孤凄、悲凉很好地宣泄出来。而眼前的“风雨”又怎能遮挡过心中的“风雨”呢？

颈联中的“前度”“吾生”二词又从时间概念上抒写出自己飘零、孤寂的境地。眼前的溪水还是同往常一样，然而自己竟然如同蓬草一般，飘零于天涯。“吾生竟转蓬”一语，巧用比喻，把诗人心中的孤苦、无奈和失落刻画得入木三分。一位在秋风秋雨中，满怀凄苦、酸楚、考场失意的读书人孑然独行于深山巨谷之中的形象顿时跃然纸上。

尾联“年时忆归路”道出了天涯漂泊失意之人的思乡之情，一年将尽，秋已深，万山枫叶红尽，还是想着回家能让人温暖。诗到“红透万山枫”这里，诗人的情绪终得以缓解，望着四围高山枫叶尽红，心中的低落情绪已慢慢消退，变得高昂起来，对未来仍充满信心与希望。“红透万山枫”这样一个纯景色描写的句子安排在篇末，这是一种“以景结情”的写法，把归途的哀情与对前路的憧憬都寄寓在这漫山的红叶之中。南宋沈义父在《乐府指迷》中说：“结句须要放开，含有余不尽之意，以景结情最好。”这首诗的结句就有宕出远神，耐人寻味之妙。

整首诗在艺术上做到了抒情与写景相结合，交织成篇，诗中的情与景互相作用，彼此渗透，融为一体。诗首的失意、抑郁之情，正因“风”“雨”的渲染而加浓了它的悲怆色彩；而篇末的“万山枫红”之景又宕开一笔，为诗歌注入了新的情感元素。该句与李白诗《行路难》末句“长风破浪会有时，直挂云帆济沧海”异曲同工，言浅意深，颇有余味。

【原载】《文化遂宁》2019年第9期，作者胡传淮

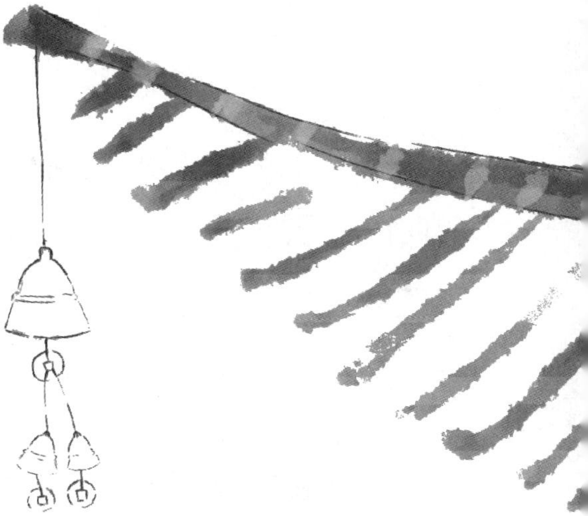

第八章　遂宁书院文献

第一节 书院碑记

金华书院记

元·文礼恺

国家自延祐始设科，悉革浮靡陋习，专选经明行修之士。故天下郡县，凡先哲著德立言有功于名教，往往即其生长燕游之地祠而奉之。因即其祠增馆舍，贮经籍，延师儒以讲道，遵前贤、励后学也。唐拾遗陈子昂先生，梓之射洪人，其读书址在县之金华，其墓在县之独坐，其文翰议论在史册，天下学者至今景慕如在目前。至正改元（1341）冬，监县柏延建言，请择地创拾遗书院，又援墨池、草堂、眉山例，请建山长员，以职教祀。朝省是其言，以祠宇未葺，学田未置，下有司经度，会柏延迁秩，未果。九年（1349）春，周侯廷望来尹县，慨然以为己任，巡行视县治之西，前界庙学之堧，后枕金华之麓，有隙地焉。承命芟薙，规为蔬圃，偶于瓦砾中得仆碑，虽漫，其额题识云“建金华书院记”。侯惊且喜曰：“方议相攸，不图前代已有其处，且名副其实，岂可复易？”于是捐己俸，鸠材谷，募工匠，亲董厥役。越明年秋八月，仍故基构正祠四楹，位先生像于中。又明年春二月，构书楼、门庑、斋房若干楹。既而重得庑闲官田三百余亩，他日收其入以给廪饩。而独坐之祠，昔封灵祐文惠侯，额赐英显，久为风雨飘摇，亦割俸集士民新之迹，其施设勤矣哉。驰书求记，欲刻之石。礼恺，生也后，忝侧郡末，不敢以非陋辞。

窃惟古圣贤之言，备载于经，坦明敷畅，日星垂而江河流。汉去古未远，体制典雅。降魏晋迄陈隋，士各以纤文丽思、雕虫篆刻为学问之极致，大雅绝响久矣。唐兴，犹扇徐庾风，独子昂先生起布衣，奋然高蹈，追媲六经，与西汉并驾。不幸嗣君废御，牝鸡鸣晨，剪灭亲贤。斯时也，罗织纷纭之狱起，在朝公卿方视爵禄为鬼朴，噤瘖惴惴，保首领之不暇。而先生以一秘书正字，悼人之冤，闵国之危，以崇德缓刑，抚慰宗室，引古证今，反复论谏。又愿兴太学以教胄子，止击羌之役以保全蜀。凡有利害于天下，知无不言。史臣称其词婉意切，信乎其知言矣。后之评史者，谓先生谏说武后非狄公仁杰比，或者讥其失言，以武后不可与之言，遂谓事同而情异。殊不究夫先生所谓抚慰宗室者，果何意乎？其为唐室谋深矣，则先生之心，即狄公之心也。但狄公言之于武后衰老悔悟之际，其势为甚易，所以成反正之功；先生言之于武后淫虐隆炽之时，其势为甚难，非惟不见听，竟殒于贼奸之手。自古不可以成败论人，原其心可也。噫！先生以忠厚之心、恻怛之意，陈救时谆切之言，以正大高明之学，著雄深雅健之文，至杜子美、韩退之继作，咸推服为先倡，其有补于名教如此，崇而祀之，礼也。虽然，书院本为作养人才而设，而学者贵穷理以求践履之实，非苟为利禄计，今而后相与瞻仰先生之遗像，心其心，味其旨，循进乎孔孟之门墙，不负国家专选经明行修之本意，此则周侯之所望于来学，而亦乡人之所愿也。

侯名镐，字廷望，晋宁人，历官多善政，观于此举，概可知矣。

【原载】清雍正《四川通志》卷四十二《艺文志》

斗城书院记

明·杨名

书院之建，非制也，然名郡巨邑必有之。盖以彰文献、储异才焉尔。遂宁在蜀为腹，山川之奇，自昔称胜，人物文章，未可甲乙，顾独无此何与？楚监利郑侯来莅斯土二年，政立民孚，乃咨废坠，次第修举。喟然曰："兹典，岂若邑之所当缺者哉！厥责维予。"遂相地视度，即百福寺前通道，岂谓得所。毁去金刚殿三楹，又赎民居隙地，以充拓之，亦既深广。卜日叶吉，鸠诸匠氏，指授规画，极其委悉。后为祠堂三，以祀邑先哲。祠前为厢房二，以贮祭器书籍。中为寝室五，藉憩也。厢房如祠前制，宿卫卒，供厨爨也。前为厅事五，虚其三，主教者居之。厅下两旁为书楼十，左右称。将遴俊彦于兹，将潜养也。楼外为仪门一，出南数十步为大门三，司启闭也。匾其眉曰："武信书院"。周遭缭以崇垣，殆近百丈。凡所供费木瓦，皆取诸淫寺，廪饩则出自俸薪之余，特借民力耳。经始于庚寅夏五月，落成于冬初，亦神速矣。

事竣，关中李尉率其父老造予，而请为之记。予谓尉曰："君知侯之法乎？祠祀乡贤，示其的也。室备寝食，先其养也。讲论于堂，相观善也。退藏于斋，体验诚也。限以重门，检出入也。环以严墉，谨防守也。"尉曰："明哉，悉哉！维侯之法矣，诸匠氏敬之。"予曰："未也。君知侯之意乎？弓矢既备，匪的曷依？定其的，有归宿矣。朋从孔来，匪养无资？足其养，无顾虑矣。立异者，德之贼。相观于同道，术一矣。信言者，实之病。体验于私，身心谐矣。出入无时，是谓无恒。克俭于兹，趋向纯矣。防守不密，是谓居简能谨。于是存省全矣。"尉曰："勤哉，淑哉！维侯之意矣，诸俊彦懋之。"予曰："未也。君知侯之德乎？政法仁爱，酌斯中焉。民无冻馁，养斯裕焉。闾阎弦诵而寡喧豗，善斯达焉。雨旸协应而鲜愆伏，诚斯昭焉。贫者受赉，富者锄粟，出入检焉。吏驯其职，卒恪其事，防守谨焉。"尉曰："至哉，显哉！维侯之德矣，父老念之。"乃起而再拜，请以是为记。侯之建置，如里有小学，村镇有常平义仓，四道有公署，多不止此。然咸有纪述，予可略也。

侯名重威，子修其字，号东溪，起家丙戌进士。尉名铠，字朝肃，赞侯之法，乐侯之意，昭侯之德，亦可以附书云。

【原载】明万历《重修潼川州志》卷四十《艺文志》

射洪瑞芝书院记

明·杨名

镜山先生休沐以来，筑室别野，以游以息，且以避喧嚣。然偶有灵草生乎其中，园丁初不识，拔去之。再生，再拔。乃闻于先生，知其为芝而示之意，且命之守。无几，果复出。出数日，遂盈六七寸许，方茎紫花，馨香袭人，人士争观之，咸称为异。升庵太史得其故，因以名书舍而系之诗。先生推爱不肖，属为之记。

呜呼！天地太和之气，不自珍秘，则发而为灵瑞。大者著于人；其次著于物，然必有所以感之而后应。是故九官进而虞昌；十臣庸而周泰；三凤大薛八龙盛，苟著于人者然也。元鸟降而生商，流鸟化而应武；周公朱草，汉祖白蛇，著于物者然也。然上而君相，下而贤哲，虽不必有此以兴，而兴之之几，则于是乎验。则夫先生瑞芝之出也，岂徒然乎？不肖尝稽诸古，唐贞观中，芝生太子寝室及御榻时，群贤登庸政，理清明，逮于今称帝业者三宗为盛。商山之阳，产芝数种，神仙来止，而四皓之名亦昭昭在宇宙间。据往推来，杨氏之祥，自是为益光矣，何言之，先生蚤负鸿才，坚守古道，历官郎署藩省，树立不群，顾与俗牴牾。壮年子告自归林壑，脱累垢尘，图史琴尊，悠然自适。称高风于蜀士者，必归之行，且寿考无疆，福履崇集。兹芝也，其商山之灵根欤？诸子森然如琼瑶，麟凤克传，家学聿收，时望将来，芥拾青紫，作宾王家，茂实策功，永惟世道之庆，以衍先生未究之泽。如取诸券，人人所任也。兹芝也，其唐室之芳蔓欤？书舍之瑞，其在是矣。虽然，盛先生之书舍者，非芝所能异时，使天下后世，知先生有是书舍，以与昔贤遗居并论，则自芝乎发轫，若是者，可无言以张大之耶！

不肖不文，无足以报先生之爱，即发升庵之意，俾勒诸石，庶天下后世之欲知先生者，于此乎考云。

【原载】明嘉靖《潼川志》卷十《艺文志》

蟠龙山方洲书屋记

明·佚名

方洲子古道直节，独步于时。予自释褐，以至服荐，恒倾慕焉。乃今奉扬圣天子之休命，按治巴蜀，观风采俗，旌德飏贤。岁十一月，北巡至遂宁，见邑之士，雍雍肃肃，烨有可观。问于其俗，婚丧饮食咸中礼节。行于其郊，让畔让路，扶老携幼，与他郡迥乎不同。语云："与善人处，久而自化"，遂宁之人其化欤！

予于方洲子，盖凛凛也。及入其城，遂祓秽辞冗，斋心肃衣，履行而候之。应门者导之三溪之庐，直庐者先之蟠龙之巅，巅有屋与僧舍相倚，乃方洲子旧读书处也。于是方洲子乃下榻启户，正冠易服，率若季弟方石及所友二三子弟来迎于麓。予掖方洲子而升，登莲花之台，坐祇园之树。上下古今，其出如涌。及时政，俯而不答。而经济调停之略，则固知其素俗也。予窃喟焉！曰："邑之文献，其在兹欤！"客有葛巾野服，鹤首蚕眉者，揖予而诮方洲子曰："久要贵于不忘，发言端于能信，吾昔与彼友也，抗浮云，黜流俗，梦游于华胥之乡，神接乎逍遥之客，厥志非不奇矣！中道弃吾，遂形尔我。晞鸿名于周召，快芳誉于旗常。向也，吾欲云云，寻自叛之，吾则兹不悦，子从而为恭也，毋乃是过欤？"予曰："体用一源，隐显无间，耕莘野者，必幡然以冀亲行；钓棘津者，宁䜣然而忘天下。方洲子以俊逸之才，跻明盛之世，上友唐虞，下昇管晏，固其所矣。尔何进处士而退勋庸也？"客曰："畴昔之言，吾既闻命。诗曰'匪懈夙夜惟勤。'亮曰'后已死生罔避'。方洲子既释褐于明廷，旋设帐于故里，理乱无闻，得失不校，仁者为人之心，固若是欤，子何异于吾言也？"予曰"道有通塞，命有遇否。周流四方，丘焉奚庸；寄食诸侯，轲也徒尔。彼岂不欲游唐虞之朝，而觐尧舜之君者哉？韩路八千，一封为祟；惠官三黜，直道速尤。悲秋惨巫峡之云；悼穷嗟瞿门之月。岂故让美于英贤，而甘比迹于农圃也欤，时哉时哉！已而已而！方洲子盖有憾焉，顾尔何足以知之？"客乃俯首而退。

予遂进二三子而语之，曰："若知余与客之论方洲子乎？孔门有言，学优则仕，仕优则学。匪学何仕，匪仕何学？方洲子昔之出也，非尚通也，学而优以成物也。今之归也，非苦节也，仕而优以成己也。成己成物，则性之德尽，而内外之道合一矣。兹方洲子之所为，而客固不识也。二三子业方洲子之门，从游于蟠龙之上，直见夫学必优而后仕，则不可有躁进之心，仕有优则必学，益当专用力于内矣。诗有之'其则不远'，其亦善取焉。"二三子再拜以谢。予遂题其楣，且记其事于石。俾方洲子之居与兹山相为不朽云。

【原载】民国本《遂宁县志》卷一《古迹》

九山读书记

明·蒋信

蜀有号斗阳子者，尝游道林子之门，闻万物一体之学，以为从之，莫由也。乃与其徒卜胜而托栖焉。曰："吾以读书其中，就树而风，就泉而浴，庶其有得乎？"乃明日，呼二三子与俱，造众山观焉。观广德，曰："吾乐之，吾当居广德。"观灵泉，曰："吾乐之，吾当居灵泉。"观鹤鸣，曰："吾乐之，吾当居鹤鸣。"观梵云、观蕨山、观箕头、观普光、观瑞相、观上乘，曰："兹诸山者，吾皆有乐焉，吾其能勿居。"自兹惟其兴至，则携册而往，不限岁月，故二十年之间，而九山者，未尝不探其深，足其巅，披拂其烟萝，而摩娑其泉石。或与诸子，商经论史；或从野僧，看花观竹。夜或开轩纳月，独坐冥心；或浩歌送月，倾觞赋诗。九山之景虽不同，而其怀则无乎不相与适也。

有太一丈人者，哂之曰："子以足乎一丘一壑者，不若西观华岳，东览岱宗者，与何其务博而寡约也。"则应之曰："吾非务博也，将以致约也。丈人不闻仰观而俯察，近取而远取者乎？"又有无名先生者，论之曰："夫天下可得而名者，必其可器者也。惟大道不器，是故不可得而名。故至人者，无名者也。子岂欲法象九山以成名乎哉？与其为九德之英，孰与为玄德之舜之为至也。"则应之曰："自吾之与九山游也，淡兮泊兮，熙熙穆穆，日月在上，河岳在下。吾与万物处乎其中，放睫而观，吾固不知日月河岳万物为我耶？我为日月河岳万物耶？而何有于九山，而何有于有名无名矣哉！"

一夕，道林子神游焉。则见夫九山磊磊，如九华焉，缥缈乎云中。斗阳子手一琴，振衣而从之游。清风飒然，顷刻而遍。道林子歌《无声无臭》，斗阳子歌《文王陟降》，陶陶然，盖不知其为梦也。既觉，则桃冈依然，白云满户。俄而，斗阳子书至。发其缄，则以记文请也，遂并书以为记。

斗阳姓章氏，评其名，嘉言其字。

【原载】北京大学图书馆藏明万历四年姚世英刻本《蒋道林先生文粹》卷四

学田记

明·杨文举

蓬、果相邻，仅百里许。惟是邑大夫治行异等者，不惟蓬民德之，即果人亦藉荫焉。

余顷以便归省，取道蓬邑，见其封域井井，民多颂声，私计邑大夫必异等者。已而博士李君格、李君尚鉴，帅其弟子员苟巘等百六十人，以梓里谊，辱临馆舍中。余询其大夫所为治状，乃博士各肃揖陈词，曰："幸哉！问走卑卑者，请言大夫学政。夫蓬在充国西南，曩称富教之区，其人才在往昔为盛。自乙丑（1565）兵燹后，弦诵之声几辍响矣，邑大夫王公，甫下车，慨然以兴学右文为己任。定章程、勤考课，日兢兢焉，求所以不愧为师帅者，为诸士先。择诸士之贫乏者，时赈恤之，且谓赈之不可为常也。出俸金，置腴田为长久计。诸士不能举火者，从兹永有所恃。是其政在学校者，如此。若其五年惠政，则当路者载在贤书，比屋者铭之舆诵，固非走所能缕指也。今主上方优异寓内守令，以惠养元元。明公居琐闼，主吏事，若我邑大夫者，不可应优异之选乎？"余惟太史公，记两汉循良，独详教化，而文翁治蜀尤为炳著，今考其事惟延经师、开石室，储养士供具而已，乃吾蜀以比齐鲁。以王公所为，古今人岂相远哉！

田一区，坐落官行嘴，计四十六亩一分，价百金有奇，时耕敛而均积散者，则议有成规，以属博士掌行之，后之嗣公者，倘人人如公，蓬之士必有蒸蒸振起，为赤城增重者矣！

公名良谟，楚蒲圻人，以乡进士宰蓬邑者，凡五年；格，简池人，教谕；鉴，罗江人，训导。时万历乙酉（1585）。

【原载】清道光二十五年本《蓬溪县志》卷七

新建学坊并置学田记

明·黄辉

赵侯令蓬溪，子弟、秀士，弦歌声相闻。视学宫所刓乏葺，以时政既平，岁数登，复置田若干亩，业贫士。谓学负崇抱深，风气环合。俎豆乎嵯峨泙渫之间，宜有所庄内而揖外也者。乃捐俸坊之，士踊跃来请额，余为题曰“梓东邹鲁”。是秋，士褒然举于省。侯间过充，与余言学，余善侯造士，侯逊谢曰：“是何足言，令去为诸生几时，猥得临诸生上，胡故吾之能忘？今夫塾子弟济济，则家长喜，益思广饬馆舍，恐不给游处，老塾师见才俊雅少，即不在门，意亹亹常欲予所有。今旧学荒落，愧无可予士。然语及故业，胸吻亦犹亹亹然，诚不敢自问，职宜家百里，学则其大塾也。仓卒饬馆舍，何足有？”

余乃为记曰：“天下之学一也，为子弟仰师，师为师帅，忘子弟可乎？夫学政之本也，士民之菁华也。故长令六事，尤重学校，顾于俗吏如无暇何也？趣有所溺，神夺于卑念，固不肯暇；或狱讼萦怀，身竞日力，才又不能暇；即才矣，意在期会厨传，意有笃响；至马队讲肄，不过露莽芝楠与豆几争，不得已缘饰，耳目取衅塞故事。嗟呼！天子付令百里，不将使一人谷十百人之惓惓乎？乃问士所出之无暇，而暇于何许？彼且以为政末欤。其所谓本安在？如不能任民之首，而曰吾有以任民，夫孰能信之？彼其于学也，未也，恶知政？赵侯可谓知学矣！优为士，不遗厥本。谷乃民先，储其菁华以入献国家，恬然不自功，善乎哉；人之所三不暇，而暇于蓬。蓬之人文继，自今其益昌乎！”

蓬绣错十余郡邑，地远俗杂，赖多士染化，不细先进远亡。论若凤台王先生，纯孝澹质，卜知其身之贵人，人无贤京，必心仪之，此多士耳目所逮，可谓天资近通，学务其本矣！端本肇末，远自表树，以穀其乡人，尔多士所踊跃，当在乎是？必勿曰：无暇以称侯所为家，视蓬而邹鲁之者哉？

侯名端益，字裕学，滇太和人。时万历三十二年（1604）。

【原载】清道光二十五年本《蓬溪县志》卷七

修建石鱼山书院记

明 · 杨作楫

蓬在梓东，境内多名山。非山有名也，由名公巨儒，品题游览，因得名焉。域中艳称，如蓬莱山，中阳子曾注解《大洞仙经》；龙多山，司马太史周夫子，及诸名流遗墨于上；明月山，贾浪仙辈赋其巅。是山藉人以名，而山之名亦将与人薪传于无穷也。

县郭沿溪而上，有石鱼山，前对三台榭，洗芝溪水来与大溪合，环绕左去，下则宝屏关锁，星峰罗列，各擅奇观。正德间岩崩，现北郭神主像，邑人士因修建祠宇，凿石得石鱼，鳞甲俨然，是名石鱼山。自是伏腊奔走，祈请嗣续，罔不应，灵异益彰。

乙丑岁，杨邑侯谒选都门，梦双溪合流，有红蛇浮水面，侯登览珠宫，风景迥异，觉而识之，后分符莅蓬，展谒祠下，恍然梦中光景，遂捐俸改建正殿，新加结甃，附元君殿于左，三教殿于右，前砌层台，竖桂香阁，高耸壮丽，入窗爽朗。登临者逍遥云表，有挟飞仙之意。另建书院于右，置桌凳于中，以供多士会文，并登眺者宴乐。仍置观右山场田地，招僧常住焚献，更建虹桥，工始于天启年四月，落成于崇祯元年三月。

殿阁耸照，阶级层嶙，像位香火，秩然具备，四衢瞻礼，万室皈依，山灵生色，名垂不朽。万世下，蓬人睹庙貌，思宰官说法；登楼阁，思厦屋帡幪；闻炉烟，思明德馨香；听松风，思琴声鹤韵；仰慈云，遵棠阴覆露；沾法雨，思惠泽飞濡。从此石鱼自成名山，赤城增一胜概，又何不与蓬莱、龙多、明月、司马太史辈共传于永远哉。

侯讳学孔，别号泗源，滇南人。时崇祯戊辰（1628）。

【原载】清乾隆五十一年本《蓬溪县志》卷七

第一山精舍读书记

清·张鹏翮

第一山精舍者，信阳子少时读书处也。环舍皆山，虚谷深邃。无市井之嚣，有云林之静。鸟语花香，月白风清。翛然独坐，咏胡宏“青山青不老，雨洗山更好”之诗，超然尘埃之表，觉心旷神怡，春融天理之妙。精舍旧有关夫子像，奉为严师。立为课程，熟读深思。鸡鸣而起，于关夫子前背诵一周，然后授徒论学，孜孜不倦，箪瓢屡空，晏如也。学成而仕，扬历中外，精白一心，不改素志而已。讵能舆论交孚，声闻于天，荷“天下第一等人”之温纶也哉，时人称稽古之荣，与山灵相辉映，皆缘天幸，岂曰人谋？爰是重新精舍，署曰 “关夫子庙”。俾后之学者读书其中，睹赫濯之声灵，动固有之良知，忠义之心，有不油然而生者欤？。

当风日清美，凭高遥瞩，触类兴思，无往而不舒发其精神，以感动其学道之心，其有裨于学者，岂仅游目骋怀而已哉！

然而为学工夫，必循朱子定式。《书》曰：“敬敷五教，父子有亲、君臣有义、夫妇有别、长幼有序、朋友有信”。学者学此而已。而其所以学道之序：“博学之，审问之，慎思之，明辨之” ，所以穷理也。必因物求理，瞭然无毫发之差，则应事自无毫发之谬。

若夫笃行之事，则言忠信，行笃敬，惩忿窒欲，改过迁善，修身之要也。正其谊，不谋其利；明其道，不计其功，处事之要也。已所不欲，勿施于人，行有不得，反求诸己，接物之要也。诚能躬行实践，由是而悟体用一原，显微无间，天德王道，一以贯之矣。

陆子曰：千载以上，有圣人焉，此心同也，此理同也。千载以下，有圣人焉，此心、此理亦无不同也。是在学者，静观而自得之耳。如欲发明道要，异日者予陈情得归，重登斯堂。年虽老矣，尚欲为学者娓娓言之。信阳子者何？太宰张鹏翮也。

【原载】清光绪《遂宁张文端公全集》卷四

蓬莱书院记

清·蒲荐馨

蓬莱之有院也，人知自鄱阳王公始。不知公之建此者，其忧民也切，其爱民也深，事不求人知，人亦莫得而知之也。雍正十一年春，蓬邑偶旱，公率僚属士庶，相与步祷于今书院侧之丰泽庙，肃拜诚敬，且誓于人曰："吾之为民请命也，苟一日不雨，吾宁以其身为拜跪，不遑之身，若晏然返署，坐视民瘼，吾岂忍为？"故日移簿书于此，自朝至暮，未尝稍离者累日。

继因甘霖立沛，奉币酧神，缓步书院旧址，偶见一泓清湍，万竹交阴，正可为多士读书地。遂毅然以书院为已任，而书院即于是乎成。日集是邦英俊，诵读其中，校课不怠，文风因是益振。

当其始也，以忧民之故爱吾民；其继也，从爱民之故并及夫民。煦妪周浃，意良至已，夫贤亲乐利，没世不忘。我公以祷雨之故，而为惠无穷，宜乎蓬之人士，为位以祝之，建亭以祀之者，累累若若矣。若非表而出之，栋宇之崇隆，只谓我公当日经营之善，又焉知其忧民如此切，爱民如此深哉！爰记真事于贞珉，以告夫后之读书于此者。

【原载】清道光二十五年本《蓬溪县志》卷七

建环溪书院置买学田记

清·李炘

书院之兴，仿古学校，所以宏乐育而广造就，典至巨也。

邑旧有蓬莱书院，久而废弛，后值军务繁兴，改作客馆，讲席虚悬，可乎哉？余去年权篆兹土，另购城西王姓民房一座，为诵习之所，城下溪水环绕，余尝筑堤其下，潆洄溶漾，因名之曰："环溪书院"，文事固未可以武功废也。是冬卸事赴省，今春赴任渠阳，道出此间，正当贼锋逼近城邑，为士民挽留。兵燹之际，烽烟满目，瓦砾塞途，独余建环溪书院，尚依然无恙，招徕抚辑之余，复加修葺，选集生徒，延师教之，不逾月间，诵读、月课如故，所以奖励之者，无弗殚厥心也。然不为之谋经费、计长久，后之视今，亦由今之视昔，岂不缺陷常留也哉！

夏初，自捐廉俸，买回前充郡院郑姓学田一分，另售之，得五百金，复有庠生陈汝珍、江右民、黄桂芳捐银千百金，益以公项，共成三千四百金。买郭姓田井山场若干顷，计亩收租，修脯膏火，可以不缺，今而后，庶足以垂久远欤！

余两载于兹，自愧养土治民之道，不能追踪往哲。是举也，其敢自以为是乎？然守土之官，任师保之责，所使广教化、美风俗者也。乘兹规模粗就之后，踵而增之，阔而大之，嘉惠士林，栽培后进，使人文蒸蒸日上，则有望于后之君子也。是为记。

【原载】清道光二十五年本《蓬溪县志》卷七

环溪书院并义学记

清·奚大壮

余自乙丑（1805）通籍，筮仕楚江，计违井里十有七载。其间治吾蓬者非一人，风声所树，必倾耳遴听，以求其实心实政之所在，如约堂敬公之养民惠，而镇以静；心湖李公之卫民生，而孚以诚。至今系人思也。

今邑侯吕公朗山先生，以嘉庆十九年（1814）来守是邦，余亲族由蜀之楚者，咸啧啧称公德政不辍，窃喜枌阴梓里，何幸而得神明之宰也。迨引疾归来，侍养万春，始因缘识公于成都。才非百里，气备四时，深慰心香南丰之意，亟欲言旋故邑，随父老子弟，亲承雅化，以奉讳读礼，弗果其行。今夏斋长寓余书曰："吕邑尊自下车来，劝课农桑，安良除暴，美不胜纪，尤于学校人才，加意培植，谅所耳悉，将缕撮要略，勒诸贞珉，曷操笔记之。"余维德诵去思，功令所闲，学道爱人，贤有司之职也。公本文章为经济，必不以舆论相重轻，抑更不重以鄙言，顾敝举废兴，非旦夕计，则始末宜详，而无取谀溢之词。会邑人士偕赴秋闱，得相谘询，纚纚而言曰："蓬邑非昔时气象也。环溪书院，昔者宛平李侯创于戎马倥偬之际，公与罗学师偕绅耆士庶，相度形势，移近黉序，增其舍宇，规模视前廓如也。昔无所谓小学者，今设十余所矣，如上乡之锣锅、槐花、明月、大石、小潼；河西之蓬莱、河边；下乡之任隆、黄泥、高坪、米心、玉溪、太和、太平、古溪、蓬南各场镇，列市粜籴，向无司纪，黠侣缁流，私拥操概之利，公为裒益其间，挹彼注兹，每处岁储钱十二千，用资寒士馆谷，而无力童蒙皆得从师受学焉。西南两乡距城较远，分置蓬山、玉山书院二处。又建立文昌专祠，即其前列考棚，又葺完塔顶突兀峥嵘，有健笔凌云之势，更修东关毛公滩石桥。凡此数大端，经费恐多矣。公权衡在心，首捐廉俸，兼筹赎锾，合邑士庶感公德意，相率踊跃输将，是以事无不济，而利被者广。"余曰："然"。今之所有，诚昔之所无也；昔之所难，今之所易也。亲民之官，动关休戚，转移之柄，风草斯应。因循不足图功，操切亦难为理，因所利而导之，人心风俗，翕然一变，此岂以无本之治治之哉！贤者固如是，其不可测欤！公循绩彰著，五马双旌，直指顾耳。爱公之深者，恒窃窃焉，欲私厚于一邑；而爱公之深者，又不忍以私一邑之故思淹大贤之驾，此必至互营之情也。允当综纪其实，以示来兹，俾知公数年之所经营、擘画者，用心良苦，而无敢或废。

昔文翁兴学，风教大行，比于齐鲁。公劝学重农，勤垦若此，才非子渊，将何以诵之？惟期自兹后，凡我乡人，革薄从忠，明易使之分，如尧舜之民，比户可封乎？凡我士林，砥行砺节，崇实黜华，勉为国家有用之人乎。思乐泮水，束躬圭璧，求所以楷模闾阎，而裁成后进，以广公之德惠于无穷乎！庶士习民风，蒸蒸日上，使人之视斯邑也，谓犹有礼教信义之遗，则幸甚。时道光二年（1822）。

【原载】清道光二十五年本《蓬溪县志》卷七

移建环溪书院记

清·徐建永

吾邑书院之设，始自嘉庆庚申（1800），时军需倥偬，李侯权县事，劝捐置王姓房舍仅七间耳。甲戌（1812）吕侯至，即欲改修之，以他工未暇也。庚辰（1820）自外江回任，适都匀李畹侯师来主讲，师兼善学博罗君，曰：“迁之学宫之右，其地吉，非特爽垲之足云。”学博以语侯，侯曰：“盍集士庶往观之！”侯因谓学博曰：“我与君共教士之责，其日月积累，徐图之可乎？学博曰：“善。”侯于是欲鸠工而未遑也，民闻相谓曰：“侯与学博方急训吾侪子弟，又忍不困吾侪，而躬苦节省，吾侪独坐视耶！”于是从风而应者，相继得三百余金。侯喜曰：“民尚义如此，事不难集矣。然我职司繁剧，孰可董事者？”诸生曰：“侯不忍困吾侪，师方急训吾侪，吾侪独坐视，非人也！”于是贡生陈席珍、生员江文渊、张忍济，相请任其役。学博以告侯，侯曰：“吾士尚义如此，事更不难集矣。”

会督学使者聂太使道过，见而嘉之，为题额，并书楹帖，众益趋以劝。六月兴事，越辛巳秋月竣工。学博察勤惰，稽出纳，立讲堂，大堂内外厢房二十六所，庖厨备具，计费钱一千九百缗有奇。后之升堂者，可不日迁于高明广大，以洗俗学之陋哉。

侯与学博不言功，吾侪志之不敢忘，爰晰注记。

【原载】清道光二十五年本《蓬溪县志》卷七

增定环溪书院条规记

清·宋家蒸

蓬邑，环山带水，其西流经北城外者，曰“蓬溪”，邑以是得名。其枕山临溪，宫阙巍然特起者，泮宫也。

泮宫之右为环溪书院。昉于前宰李公心湖，改建于前宰吕公朗山。朗山明府于予为乡先辈，先后宰此地者十年。去今六十年，而循良声传播不衰。振兴书院，以培英俊，其一端耳。顾院之经费，出于土田。数十年来，天时之旱涝不齐，而人事之经画不必皆善。久而经费不支，士之肄业其间者，不能有课矣。夫非敦善行而不怠之君子，为之筹划措置，前宰之善政不几于废坠矣乎！近惟杨生旭林，韩生绪辉，经理甫及两载，清厘田土，撙节浮费，所称贷，权其先后缓急，以渐而偿。自是公车之旅费、月课之膏火粗足也。两生又以非酌定条规，无以垂久。集邑绅耆议之，凡二十二条，其用心也勤，其虑事也周。前宰教育之泽，赖以不坠。其裨益于文教者不浅，谓非敦善行而不怠之君子哉！

予去年八月，因公侨于此邦。今岁三月，奉檄摄邑篆。以公事接见两生，取条规稍为商订，俾刻书院之壁，以垂久远。因进诸生，语之曰：“学以经史为宗，行以伦常为重，道以圣贤为轨，文以德行为基。严义利之辨，则不眩于行，祛浮华之习，则不流于伪。毋倖进以猎科名，毋奔竞以苟富贵，毋忿疾以损德性，毋躁妄以遏天机。操守严于平居，器识期于远大。修辞立诚，则月课之文艺，亦拜献之先资也。修身为本，则齐家之模范，即治平之勋业也。居是院者，朋友互相讲习，日取圣贤遗训，身体而力行之。他日师儒之任，贤良之选，皆今日学者事也。诸生其敬听之，予有厚望焉！”

抑又思之，予德薄能鲜，不足上继乡先辈吕公盛轨，推实惠于此邦，而徒以言为诸生勗，予滋愧已。虽然不可不与诸生共勉也。后之董院事者，其恪守条规，循而行之，更扩充而增益之，毋让两生独为君子，则前宰教育之泽，绵延弗替，邑之人其利赖庸有既耶？是又予无穷之望也已！

【原载】清光绪二十五年本《蓬溪续志》卷七

隆道书院记

清·宋家燕

乡里书院之设，即古者党有庠遗意，特古今所以为教有异耳。古之立教其幼者，教之洒扫、应对、进退，教之礼让，教之孝亲、敬长，教之数目、方名。《书》记其节目，散见于《曲礼》《少仪》《弟子职》篇中。稍长就学，教以明伦，俾深知孝弟之义。孝则忠，可移于君；弟则顺，可移于长。所以三代盛时，风俗敦庞亲睦，讼狱衰息。盖其时天下莫不有学，即天下之人莫不受教。其为士者，卒业为士；为农者，授田为农。而其初，则皆自党庠中出也。孟子曰："人人亲其亲，长其长，而天下平"，不信然欤？

今之为教则异是。以诵习句读为始功，以庸陋时艺为能事。诵习先王之法言，不必躬行先王之德行也。凡一切猎取科名浮华，剽窃之词章，则日讲而月课之。其于孝亲、敬长、敦品、励行，概乎未有闻焉！作伪趋浮，侥幸苟得，人心因之而坏，风俗因之而漓。在家无孝友之实，在乡无礼让之节。强陵弱、众暴寡、讼狱滋多，民生不聊矣！

然则书院之设，其无益之举乎？非也！书院固即古之党庠也。创建书院，皆有志之士，辅国家造就人才之盛意也。居于其地，必为之。师者，本古之教以为教，以孝弟忠信为本，以记诵词章为末，先器识而后文艺。俾学者讨论古训，身体而力行之，则于躬行心得之余，发为文章，皆道德之藻采，而仁义之灿著也，于取科名奚有焉！视资质之所近，造就之浅深，以待朝廷器使。他日必有良吏、名臣，出于其间。其禅益后学，顾不重哉！

予摄篆斯土，屡以公事止任隆场。罗生景芬馆于其地，尝为予述其乡先生文举李维均、增生罗炳墀，尝筹费若干缗，买田业若干石，岁得息若干，将创立书院于其地，名之曰"隆道"，以成先志不足，则更集于其乡之好义者，以增益之，甚善举也！乞予一言，以纪其兴创之所始。予因举古今立教之异，与取效之殊，以告来者。俾书院既成，为师者，本古人之教以为教；学者，法古人之学以为学。培乡党英俊之士，即为国家储有用之才。予所望于其地之人士，讵有极哉！罗生其勉力，亟成之勿懈。时光绪六年。

【原载】清光绪二十五年本《蓬溪续志》卷四

金华书院学规条约十二则

杨司业曰："学者，所以学为忠与孝也。"程伊川先生曰："学以至圣人之道也。"胡安定为湖州教授，严条约以身先之，置经义、治事两斋，解经至有妙义，恳恳为诸生言，其所以治己而后治乎人者，其为文章皆传经义，必以理胜，此所以师道立而善人多也。书院为合邑造就人才之地，不严立课程、董率有方，则狃于故常，诸事颓隳，是犹不琢玉而求文采，其欲贤才之出也，不亦难哉！今不揣固陋，谨就切近者约举数则，以互相警觉。非敢自谓能教，亦有待于诸子之扩充而上之耳。

一、为学之道，莫先于忠孝大节。山长于每月之朔望日，引诸生宣讲圣谕广训数条，俾学者晓然于君亲大义。凡有奉到上谕，关系士习风俗者，皆宜敬谨誊缮，悬贮讲堂。又凡奉上宪刊发学约遗规等书，各移贮一部。每逢会讲经书之期，务须宣读上谕，并拈讲学约遗规数则。此皆切中学者身心之要，使之触目警心，知所遵循。

二、作圣之基，莫切于朱子《小学》一书。许鲁斋曰："《小学》一书，吾信之如神明，奉之如父母。"今人溺时文，艳科第，不能居敬穷理、置身圣贤之域者，只缘少此段工夫。学者果能于此中加意寻求读书乐处，不患不成大器矣。

三、曾子曰："以文会友"。学者考文，所以证道，证道所以修身。古者以诗书六艺之文教弟子，非徒帖括了事也。诸生执经请业之余，习礼歌诗，从容涵泳，凡射御书数等类，皆宜留心学习；推而上之，天文地理兵农礼乐之精微，讲究贯穿，卓然可见之施行。如程伊川称安定之门人，往往知稽古爱民矣，则于为政也何有？夫稽古者，经义斋之事也，爱民者，治事斋之事也，其门人如范纯仁、钱公辅、刘彝、孙觉辈，文章经济皆从两斋工夫做出。学者尚其善为取法焉可矣。

四、书院之建，既在城市，一切非礼之事，尤易陷溺人心，引入邪僻。近来风气，在书院肆业者，赌博淫秽往往不免，其端在不知廉耻故耳。孟子曰："耻之于人大矣"。不耻不若人，何若人有？古人云："廉耻已丧于未仕之前，功名可想于既仕之后。"凡有蹈此辙者，急宜痛惩前非，当思读书为圣贤地步，作文代孔孟立言，谨言慎行，砥砺名节，则心术正而士气振矣。

五、制艺各有渊源，上者取精经史，融合传注，次者亦必遵循理法，出入大家。虽立意遣词，标新领异，才各不同，总宜格遵功令，以清真雅正为主，不得为无稽之谈、险怪之语。且得失穷通，自有定数，平时书院会课，先存侥幸之心，舍其在我，好为诡御，即此心术不端，他日必非善类。防微杜渐，作者阅者不可不慎。

六、书院启馆之后，山长率领肄业生童，每月朔望日恭谒神座，行四拜礼；师生行三揖礼。初二、十六两日会讲；讲毕，有愿习射者，于射圃各射箭五枝。初三、十八两日课文。每岁四仲月下旬，则为大会宣讲；之后，乃课文艺。凡肄业及取准附课之人，是日务期齐集，毋得一人不到。（按：宋元间，书院后旧有陈公祠。今拟修祠未果，朔望日行香无地，姑俟之异日可矣。）

七、肄业生童，必经官考，选素行端谨、文艺卓越之士，方送入书院肄业，不得滥觞。其或乡居道远，或现在训读，不能入院肄业者，亦一体考取，准其附课。

八、书院每岁必须延请山长，总于本邑宿彦中，求其学优品高，众所推服者，礼聘掌教。如邑中果不得其人，乃于四方延请，慎毋令请席久旷。倘有闲缺时日，节省费用，务宜存积，以便增置田产，扩充屋宇器物，不得移充他项公用。官长及在院诸生，互相稽察，庶免侵渔。

九、书院乃讲学育才之地，理宜静肃。在院肄业会课者，方许住宿往来，一切闲人，禁止出入。地方官长，率同绅士护持，不得借作公廨，并僦寓外人，以免作践。

十、书院旧有斋长，今每岁于肄业生员中，公举二人，经理督率院务，并理一切经费出入，岁终公同核销存案，不得假手书吏，致滋弊端。

十一、书院学田十余处，岁共收租钱三百余千，除山长束脩月费外，其余概作肄业生童膏火奖赏。其在院肄业准取正课者，每月给与膏火，会课之期复给奖赏。其未在院肄业，仅取附课者，有奖赏无膏火。

十二、学夫一名，在书院居住，平时司启闭，供洒扫，典司院内器皿以备用。每年酌给工食钱十二千，使有事责，毋得推诿。

【原载】清嘉庆《射洪县志》卷八《学校志》

金华书院讲堂跋

清·沈清任

陈伯玉先生，为初唐诸儒冠冕，所为诗文，一洗六代淫靡之习，金华山读书台，其遗迹也。后人思其明德，创修书院，为诸生肄业之所，即“金华”为名，亦高山仰止义。即长白续公松亭，以天潢名士，出宰蜀疆，权篆斯邑，大兴文教，葺而新之，属余书“讲堂”二字悬额其中。诸生之肄业者，履其地而思其人，能以拾遗为镜，而景行焉，庶不负培养之意也欤？

【原载】清嘉庆《射洪县志》卷十五《艺文志》

新建广寒书院碑记

清 · 夏肇庸

蜀之文教，肇于文翁高朕，而射邑在西汉为郪地，学校之设，从来远矣。志乘久湮，其详不可得举。国朝菁莪化洽，邑故有金华书院，以陈公读书处名，志景行之意也。惟是治城，北界三台四十里而近，东南界蓬遂，率百里而远，寒素之家，艰于负笈。岁在戊申，琢石何明府以公至太镇，进文学任君国才、杨君桥等而诏之曰：“兹地溪山郁盘，人物都雅，宜为邑市镇之冠，且以道里计之，适当县治之中，于此增设书院，使下游生童便于肄业，因以广吾邑乐育之风，盖亦古者党庠塾序之遗也。”则皆应曰：“诺!”议既定，牒申大府，沐制藩两宪深嘉奖励，且谆论妥立章程，期垂久远。牒已下，何公以任、杨二公董其事。镇之西南，行台久芜，略加修葺，为讲诵之所。仍用里名，颜以“广寒书院”，于月殿霓裳之义，天然吻合，其科第之朕兆乎？规模粗举，则五庙领袖愿仿金华书院旧例，由杂粮斗局，助膏火钱一百二十串为倡，若丝秤，若猪店，以次来归。而叚君永泰、谢君上才、上义等复各有所捐助，通计每岁所获三百金。首聘孝廉金森亭主讲席，执经者不远数十百里，弦诵之声与金华等埒矣。

慨夫学校废而青衿刺，读《诗》，聶然伤之。自科目既兴，圣教因之益晦。太镇商贩之区，曩在嘉道之际，俗竞锥刀，人文阒寂，屠沽市脍之为，荐绅先生耻言之。逮宣庙末年，人才蔚起，举贤书，列明经者，所在不乏，而登芹榜，累累若贯珠。噫，其盛矣！而书院之建，会逢其适。然则，学校张弛，固有时数存其间耶？抑亦公之倡率，任、杨诸君子之赞襄，与夫镇之士民出金粟相资助，其维持羽翼之功，皆有不可泯灭者在也？夫积小高大，物理之常。继起之士，益厚积其脂膏，以充拓其模范，而师友渊源，复能深维本末，先器识于文章。则圣道昭融，即科名之学，终不外此，将必有宏通踔厉之才应运而起，而不惟拾遗忠节之独擅千古。仆虽久弃空山，幸得亲睹其盛，尚思淋漓濡笔，纪吾乡雅化之成，以上媲鹿鸣、凤翙不难矣。

今岁在甲子，距书院十余年矣。何公既解组归，而任君亦下世，杨君偕同人不忍没其劳，又惧兹举之历久而弛也，因谋诸仆，以告来者。

【原载】清光绪《射洪县志》卷十六《艺文志（下）》

改建书院碑记

清·汪世椿

《邑志》宋嘉泰（1201—1204）中，徙置学宫于治南书台山下，其地为唐张九宗读书地。邑文学自九宗倡，是今之学宫，即古之旧址。历代鸿儒名臣蝉联辈出，比物此志也。宋元以来，书院之建置废兴不可考。明嘉靖（1522—1566）间，杨太史名记，邑令郑公重威创书院百福寺前，颜曰“武信”。今无存者。

我朝康熙壬寅（1722）秋，前令庄公承祚建于县署之西偏，颜曰“松峰”。乾隆丁卯（1747）间，前令田公朝鼎改建文昌宫后，即今之颜以“鱼山”者是也。顾栋宇零星且湫隘，嚣尘近市，邑荐绅谋改作久矣。余以庚寅（1770）冬，尹兹土，方筹经始。其明年夏，值进剿金酋，飞粟輓刍，旁午不给。越丙申（1776）春，乃蒇事，以夫粮报销棼如治丝，又未得晷刻宁岁。戊戌（1778），邑孝廉席君有源、李君晋阳，亟请于余割俸竿先，即以工属两君。两君谋诸同学，佥曰：“可。”助金各有差，卜地学宫之右，计徒佣，虑材用，择旧构中木石、瓦甓，其中用者，仍之；其残缺者，购补之。为堂一间，以堂之东为肄业斋七、厨一。西称是，其前为厅事，又其前为大门，周遭缭以崇垣，覆以瓦甃，盖材工靡不坚緻。始事岁之春仲，讫于秋九月。余周视其间，岚光柏翠，蔚然深秀，俯仰可拾。匾其堂曰“撷秀”、厅曰“学山”，见会心不在远也。其斋东曰“明志”、西曰“致远”，取武乡侯澹泊、宁静二语，以有守、有为之学，望多士也。匾其眉曰“书台书院”，以示自古在昔，先民有作，地灵则人杰之意也。至于主教之脩脯，诸生之膏火，将与诸君子次第谋焉。

夫书院之建，非制也。然国家庸人之法，取士于科目，养士则于学校。书院固佐学校以造士者，幸生作人之世，当讲求经传之精微，实而体诸身心间，以期为经世致用之具。董子所谓“正其谊，不谋其利；明其道，不计其功”者，此也。若但以圣贤言资为利禄计，岂国家所以养士意哉？是为记。

【原载】清光绪《遂宁县志》卷四下

补修书院碑记

清 · 赵由忠

邑书院之设，匪自今始也。其地则屡迁，其名亦屡更。署之左，署之前，署之东隅，皆其故址。曰“武信”、曰“松峰”、曰“鱼山”，悉著芳名。越若来百有余岁。

适楚北房州汪公世椿，名进士也。出宰斯邑，甫下车，即以培植人才为先务。每叹城市嚣尘，究非藏修之所，谋及席、李二孝廉，讬以迁徙书院事。爰共相其阴阳，观其形胜，得书台山麓，相顾而谓曰：“此真可以为造士地矣。盖士以伏案肄习为业，山以静镇敦厚为体，缘书台而建书院，讵非天造地设乎？”遂鸠工庀材，岁余落成。即以其山名之，固已美善兼备矣。第历年既久，栋宇不无倾斜，墙垣渐即坍塌，窗牖门户悉多凋敝。倘无人继续而振理之，前功不几尽废欤？

余于壬申（1812）岁，奉命司铎兹土。越二年，都人士公同计议禀请邑侯，欲从而更新之。邑侯准将延师课士之项暂停二载，以为修补之资，委厥任于总理斋长诸人，于是创建讲堂三间，匾额一轴，外屏一座，增修学山堂、书斋二间，东西厢各一间，并卓凳炉灶器具等件。倾斜者正之，坍塌者砌筑之，凋敝者补葺之，添其瓦石，益以丹青，鸟革翚飞，煌煌奕奕，蔚然伟观焉。

窃思万里之流，发于原泉；千寻之木，始于萌芽。蒙养，为圣功之始；乡学，实国学之基。先品谊而后文章，黜浮华而敦实行，由士以希贤，由贤以希圣，由圣以希天，儒者分内事也。由童冠而入胶庠，由胶庠而登乡荐，由乡荐而登甲第科目，所必及也，诸生勉乎哉！庶不负后先培植之雅意也。孟子有言曰：“待文王而后兴者，凡民为。然若豪杰之士，无文王犹兴。”夫士莫不以豪杰自命，岂甘与凡民为伍哉？且无文王犹兴，而况躬逢圣天子寿考，作人涵濡教泽，沐浴雅化，其鼓舞奋兴，争自树立为何如哉？

是役也，始于乙亥（1815）秋杪，成于丙子（1816）冬。初经一周，功乃告竣。统费四百九十余缗。

【原载】清光绪《遂宁县志》卷四下

重建书台书院序

清·鸣谦

国家设学校，以培育薄海人才，而贤令尹与其乡先辈，亦多各出私力，以教一邑之子弟。俾明体达用，卓然为当代伟器，翊文明、助化导，甚盛事也。乃或志焉不能作，作焉不能久。讲筵经舍，济济生徒，不数十年而栋折榱倾，风飞云散，今昔之感兴焉。名虽存而精已竭，莫为之后，虽美曷传乎？

遂邑书院肇自胜国，地屡迁、名屡易，其建于书台山下，而即以山名名之者，则始于乾隆戊戌年（1778）。前令汪公世椿，而补葺于嘉庆丙子年（1816）间，具详邑乘。又数十年于兹，今上龙飞之二十八年戊申（1848）春三月，余奉檄来权是邦篆。下车伊始，进邦人士而首询之，佥以湫隘沮洳，方事改作对。自去岁四月迄于今，犹未落成也。

秋九月成。邦人士砻石请文以志。余尝亲至其地矣，骈田宏厂，水木清华，面野背尘，亦城亦郭。岚气山光，挹于簷际；晨钟暮鼓，接于庭除。无近市之喧嚣，有谈经之胜地。居其中者，心爽神豁。上下千古，敦诗书，说礼乐，渊渊乎，洋洋乎，金石之声盈耳。而进德修业，日跻高明，是佳子弟也。是父老之所欲也，是令尹之所欣慰而栽植之者也。若然，则居学舍、食月饩宜也，非倖也。至乃丧实袭名，既怠且荒，援党聚徒，武断横行，好勇斗很，狂荡披倡，《子衿》刺而不顾，《相鼠》讥而若忘，既败厥守，学亦日丧，是稗类也，是父老之所不欲也，是令尹之所深恶而严惩之者也。若然，则居学舍食月饩罪也，亦愧也。

且夫遂宁固名区也。唐宋而后，人文亦蔚起矣，或理学传，或文章著，或节烈功名显。而我朝李光禄、张文端诸先达，焜燿垓埏，楷模百代，今虽百有余年乎，流风余韵，犹有存者，诸生勉乎哉！学不在于杂，贵乎精；道不一其途，衷诸是。日知所亡，月无忘所能，涵濡焉，紬绎焉，渐顿相因，积而至于纯粹，以精之域无难也。曰诸生亦知缔造之始乎？初则翼翼尔，严严尔，久之而污秽焉，久之而荒芜焉，又久之而垣颓井断、瓦砾纵横、为牧场、为菜圃焉，其朔皆自鸟革翚飞来也。君子之去私视此矣。《易》曰：“恶不积，不足以灭身”，言恶之，不可积也。汤盘铭曰：“苟日新，日日新，又日新。”言新之不可以已也。诸生勉乎哉！若夫涉猎词章，徼倖人爵，在朝廷，为庸禄，无所短长之人；在乡党，为猥琐，无关轻重之士。虽未尝显背于圣贤，而又何足比算也？岂陶成意哉！

因邦人士之请，爰举国家培育之恩，父老建立之意，与令尹属望之心，书而归之，使泐于石，以告来者，庶几无负斯言。而李、张之风徽，不难再见于今日矣。至重建之岁月，出入银钱之数，与夫添造若干间，增高地基若干尺，墙垣若干丈，别有记。

【原载】清光绪《遂宁县志》卷四下

建修旗山书院碑记

清·张问彤

学为教化之原，乡实贤能之本。三物六行，为率众以明伦；殷序周庠，特因时而立教，此所以子舆氏望诸五十里之滕，而乡大夫设于六十属之职也。镐京钟鼓，于乐无方；凫峰藻芹，言来斯颂。然而圆桥观听，非俊选莫与其荣；泮水迈从，岂小大毕分其乐。是以《礼经》有党庠之目。郑人为乡校之游，稽古足徵，于斯为盛。

吾邑惟书台之麓，自昔开都讲之堂，规制未宏，容留盖寡。方今人才济济，文治蒸蒸，山居场市之地，或路隔百里而遥，田膏土沃之方，或素有奇赢之积，莫不远卜郊垧，创兴义学，俾邑中人士得附近以安絃；乡达先生各因材而乐育。用是龙翔、安溪，接武于井里；桂香、鉴亭，分建于朔南。从游日众，成就惟多，远近观瞩，邻邑共羡。

旗山书院者，地据河东之胜，近联附郭之郊，盖肇基最先，而程工独后。原其所自，厥有由来。迨及今兹更历多故，昔在康熙辛未（1691），先光禄公尝于广济坝捐地若干亩，建宇数楹，拟择师以诲来学。其时兵燹之后，地僻民稀，负笈未遑，担簦无几，士人因之以祈年报赛，遂为庙祀田租之基。继因棘子坝有刘秀荣捐业，乃移建于兹土。殿阁崇宏，祠宇焕彩。先州司马成一公，更竖两廊为东西学舍，虽则延师课士，而书窗并于僧寺，未得为堂庑之全，且以其地属他姓遗留。历年既久，而祀神祈福，人咸视为给孤之园，叩鼓鸣钟，无复有诵声之作。于是，招僧焚献，鸠据鹊巢，以土地之高腴，供缁流之浪荡，代传数世，累负千金。不惟文昌之会成立，亦且天公之神弗寺，僧徒败坏，靡可罄言。及至衣钵之丝无存，香火之裔遽斩，首事悉心经理，代为偿债收租，屡费不赀，始就清剔。然而创兴学校，啧有烦言。或谓古刹之赢余，无关劝学；或谓布施之故址，仍欲舍僧。不知前人固有深意，立学岂出无因。乃至进牍讼廷，争端以起，贤明剖断，平允为昭。邑侯邓云川先生三分其所入租赋，以一分供神祠祀事，二分作师生膏火，雇看司而典守。既无损于香灯，经首领以持筹，兼可资乎诵读。舆情允协，部署咸宜。遂由此而延师，犹未逮乎启宇。乃者邑贡生雷君时行，义重急公，闻而兴起，不辞多费，为士民先。始捐二百四十缗，命匠庀材，则书院所由建也。继捐一千三百贯，置亩收赋，则膏火所由增也。雷君倡首，士民乐输；集腋成裘，奂轮具美。卜地天公庙侧，为堂五楹，前列回厅，左右联以书舍，并具文案几榻之属。垣墙周迎，宏敞维新。净几明窗，成千秋之美举，上栋下宇，备多士之藏修。于是前人创学之意，始克底于有成。

是役也，起工于道光戊子，告成于己丑。计费千余金，地亩岁入若干贯。以为延聘之用，考课之需，固有余无不是也。书院距城五里许，为县境之东，与桂香、龙翔等，各以其方相辉映。涪水环流，旗山挺峙，平原沃壤，秀毓人文，鼓歌弦诵之余，必有应科第勋名而兴起者。余于多士有厚望焉。

【原载】民国《遂宁县志》卷七《书院》

创建龙翔书院碑记

清·张问彤

事之近而可缓、切而非迂者，其惟乡学乎？古之教者，党有庠，术有序。孟子曰："谨庠序之教，申之以孝弟之义。"故郑人欲毁乡校，子产不可，岂徒以其议执政之善否，足以改而行之哉！夫亦以其切于人而效之远也。盖其为教也，专之诗、书、礼、乐以执其业，设之三物六行以兴其行，观之禜酺读法，以使知奉神临民之意，而又射以示尚德，饮以示养老事长。而及其成也，则以礼礼宾之，即终其身不出乎一乡一曲之间；而其所学，则古先圣王之道，国家当世之法，淑身善世之宜，无不备也。是故其材之成，则天下有所赖；而其未成，亦不失为醇谨寡过之士，而于人心风俗无所败坏也。何也？邪说、诡异之说，未尝陷溺，则不敢为佛、老、庄、列、申、韩、苏、张之术也。孝友、睦姻、任恤之训，未尝暂忘，则不敢得罪于父兄、师长、宗族、乡闾也。久服于讲肄歌咏之劳，则不忍舍而征逐于饮食游戏也。熟睹夫耦进、升降、坐立、出入之仪，则不乐为倨傲惰慢、而以礼法为困苦也。呜呼！以是为教，以是为学，则亦庶乎其可矣！

邑西三十里，有山曰"龙头"，地与横山寺相近。其间贤父兄虑子弟之失其教也，而买黄氏之居，创为书院；复买其田六十余亩，以为延师之需。余之始至也，每以风雨、穿窬为虑，既而补苴罅漏，差次施工。逾年，银理斋翁始募建大门，竖立坊匾，土墙悉易以石。费钱二百余千，不足之数，己力肩之。中间余改馆书台，诸君乃得以厚其盖覆，治其阶除，其旁之垣墙，后之山脚，皆选石层叠之，坚整厚实，可历久远。更补东偏之缺。盖始自甲戌（1814），迄于甲申（1824），而规模备矣。初，乡人之创为是役也，以属之理斋昆仲及郑君书、王君景运、吴君东望等十人，而始终十年之间未尝推诿、懈怠。用观有成，则理斋之力也。田租岁可百数十千，修脯岁计百千，米一石有余，则以为修补校课之地。

余前后主讲凡六年，理斋因属序于余。余维乡学之所以成就人才者，不异于国也。而其用则尤切。今之所谓书院者，大可慨矣。名师、宿儒，既不可多得，而其大者类以养位高望重之人；其次，非在上荐引即其守令之所受请求者也。夫位望尊，则不以训诲为贤荐引；专请求力，则不必以学行为重。且当郡邑之中，凡耳濡目染，无非末俗嚣陵之习，而从游者，又每各挟其意而后至，务传道、受业、解惑者，盖无几矣。乡学则不然，其事，乡人主之官司不与也。为之师者，必具乡人之信服者也；子弟者，必其材可冀其成立者也。地处偏僻，故耳目清而无市井之习，道不远涉，故往来便而无旷废之功。至于子弟之勤惰，功课之疏密，其父兄皆足以助其师之所不逮，故其用尤切也。吾邑惟书台书院，兹诸公以是倡，将和之者徧于阁里，而家有絃、户有诵。人心之正、风俗之美、人才之盛，未必非诸君有以基之于始也。其地发脉龙头，因目为“龙翔书院”，而述其巅末云。

【原载】清光绪《遂宁县志》卷四下

安溪书院碑记

清·曾守锐

古者，家有塾、乡有校、党有庠、州有序，所以广教化、厚风俗，而选士、造士、秀士，即出乎其中。今之书院、义学，即其遗制也。往奉大宪札令各镇市集兴立乡学，而我邑侯谆谆屡以为谕，此诚教训正俗、作育人才之深心。自是乡民响应，各处修造者接踵。

吾乡于一邑中，儒风较盛，俗尚亦淳，不及此时而培养之，何以长引于勿坏，爰集同人议兴书院，拟其名曰“安溪”，因地之大安溪而名之也。募众捐金，所获者已自不少。适乡之诸会，乐襄厥成，或田产、或街房，尽数而归之书院，由是成效大有可观矣。

夫乡学之兴废，人才之盛衰系焉，习俗之淳浇亦系焉。以吾乡之淳朴有素，而济济英奇复得此聚会之区，将见教者为之激励，学者自相观摩。起风腾蛟之彦，无不有云蒸霞蔚之观，彬彬然家诗书而户礼乐，士愿慤而人忠信也，岂不幸哉！兹值落成之期，未敢没诸君子赞助之功，因勒名于石，以垂不朽。

【原载】清光绪《遂宁县志》卷四下

继修旂山书院记

清・詹融宇

光绪丙子（1876）岁，余安砚于旂山之麓。讲贯之暇，摩藓读碑，而知书院有自来也。院枕倚有庙，俗以祀上帝，因名曰“天公”。始仅肖然灵光耳。庙旧为张氏舍宅，而吾姻西垣之高祖、州司马公归，尝授徒于此，小有缔构。后寄公刘秀莹者终乐之，即以其所置数百金，河壖地归诸庙，庙由稍大。僧之徒得以其间淫博。僧且死，以管钥授张朝议，公又西垣祖也。而僧之徒亦旋尽，始议立塾，环村之众旧与僧博者，以不便词于郡，郡以庙一学二判焉。

时运同衔雷君时行，亦以镪来归，进益广，因别建书院，与庙相依，名曰“旂山”。以地名，且励学者也。由此延师课士，扢雅扬风，盖三十年于此矣。讵意咸丰庚申（1860），滇贼围攻县城，负郭之地，十室九空。堂宇虽未遭回禄，而门壁、窗棂、床榻、几案悉化子虚，惟余栋、梁、榱题而已。西垣惧先泽之终湮，虑前规之遽斩，积数年之储蓄，备一旦之补苴。手握其枢，身亲其事，兴工于同治丁卯（1867），不逾岁而垂成。需金八百有奇，绰有余裕，是亦剥极而复、化尽而育之一机也，岂不幸哉！

余深慕西垣之急公好义，而勇于有为也。欲使后之君子有所仿焉。是以记之。西垣，名知铨，现就职县丞云。

【原载】清光绪《遂宁县志》卷四下

德阳书院碑记

清·李星根

德阳之名古矣。而尤古者，莫如至今其名尚存之德阳陌。汉以置县，故其后遂宁郡之置，在今废下县者，回距此地正七十里，并符旧志。时遂宁郡治称小溪。《志逸》载：至所云“谯纵叛后，德阳县移于石坪者，谓今县也。若德阳县之废，则在宇文周之时。县废而陌名如故。”《通志》据宋《寰宇记》云：“德阳废县，在今县西北。”原志引而斥其臆说，不知亦谓陌也。盖宋之时，小溪之名，移于今县，而遂宁由郡而降称县，即谓废下县，故陌在遂宁之西北。志家互相沿引，而今实非。今则不变，文之过也，以及旧志所称德阳县，后汉置于梓潼郡之北，既乃移广汉界者，均不出此二十里之中。夫考证古今，儒者所有事也，予故为辨别于此。

举人陈君彩，募建书院于陌旧地，仍名之曰“德阳”，以示不忘。遂邑之书院多矣，陈君犹汲汲于此者，孟子曰：“岂好辨哉，予不得已也！”盖其地旧为定觉院，释氏之旧业。同治（1862—1874）末，其徒弗能有而售之，□氏里之人不安于心，乃讼而赎之，无所于归，因建书院。凡讲堂、旁舍、庖湢毕备，其赎项则悉捐以为讲费焉。其落成之明年，主讲欧阳纶氏，升座而言曰：“诸生亦知彼我之淆乎？亦闻歧途之中又有歧乎？彼我之淆其害犹浅，歧中之歧其势方张。”故凡卫道之方，不可以不讲也。然，岂必强与为争哉，亦自明其道而已矣。古之道，明体以达用，今则必博用以还体，何者？彼固以为吾徒不周于事，而殚其心思智力之巧，以赴时会之不得不然，而不知吾圣人者，原未尝绝一物、弃一能焉，故曰：“孔子之道，大而能博”。特后儒言体而不务用，以致外教之流，得争胜鸣豫耳。然则博用奈何？曰：“近儒之书有言曰，‘昔者和仲之宅也，伯阳之适也。天子之所由失官也，吾儒之所以不竞也。’”是则为是，书者固尝从事焉，即而求之不远矣。陈君之徒，刘生则诚，忠于事者也，衔师命来求记，故记其所以名，与其所当致力云。

【原载】清光绪《遂宁县志》卷四下

凤栖书院记

清·段会昌

人才之盛衰，原于学校之隆替。国家稽古右文，制诏宇内行省，创立书院以为造士地，多方培植，以备将来之用，意甚盛也。吾邑附郭，建设书台书院，萃全县之士，肄业其间。而各乡镇之好义者，亦踵事设立焉。邑东河沙乡，旧有文武宫，为乡先辈雷孝廉云帆、王茂才仪廷暨先君子天章所创修也。土木未半，先君子遽捐馆，嗣因经理乏人，金钱不继，停搁十余年。光绪甲申（1884），云帆、仪廷诸君不忍得半之功将归全废，爰约唐君兰亭、雷君言坊、王君建侯暨家叔筠庵并附近绅耆，募资修葺。添建两廊及围房，众以其高明爽垲也，遂辟为书院，而颜曰“凤栖”，缘河沙乡旧名栖凤场也。又置买禹庙之田业，计二十八亩，土凡若干，以资膏火。

乙酉秋（1885），书院落成，张乐设宴，而唐星奎师与雷君亮工以是科登贤书。己丑（1889）恩科，王君云程、伯藩昆仲，曾君佑卿，俱获隽。伯藩联捷成进士，以知县即用，分发云南。先后得挑选知县教谕者，则有雷君夒臣、序东昆季，傅君涵川。至采芹、食饩者，未易更仆数。论者云：“书院所在，诸峰环拱，风水之说，信可凭矣。”会昌窃不谓然，谚有之：“重斯文者得斯文。”凤栖书院之成，云帆、仪廷两先生之力为多，故其食报于子孙者尤先，且重风水不过会逢其适耳！独惜乎书院规模粗具，租重息微，不能每岁聘延名师，与莘莘学子讲求根柢之学。俾上焉者，接周、程、张、朱之坠绪，奏名臣循良之绩；下焉者，亦敦三物，率六行，而不失令名。此则书院之仅有虚名，尚无实效，为可惜也。抑会昌窃有说焉，吾辈读圣贤书，以好学力行为大端，随地随时皆可砥砺潜修，必待有藏修息游之所，始闭户琢磨，犹其学之浅者也。虽然书院既已立矣，尤冀修业于此者，日有课，月有程，互相策励，以跻高明广大之域，庶无负先辈作育之意也夫。

【原载】民国《遂宁县志》卷七《书院》

象山书院碑记

清 · 钟瑞廷

吾乡素多聪明、奇伟之士，然圣朝作育二百余年，不特儒林道学绝少传人，即功名亦未有登科甲者。岂时地为之限与？抑肄习无所，无以成其德而达其才与？

咸丰辛亥初，余与同里黄显杰、张国訏、江美寿等，谋建书院于三蓬毗连之金象山侧，因以为名，募金千。鸠工庀材，计五阅月工竣。惜无羡余，岁取各会神金以备膏火。庚申之变，遂至搁废。同治丙寅，予过而恻焉，不禁喟然曰："学校者，世运之盛衰，人才之成败，风俗之美恶，人心之醇薄系焉。事固无有急于是者。"命子永绍暨门下生谭霖、唐瑞、赖启昌，从新捐募，得金千三百有奇，用少裕。己巳、庚午间，余司讲事。时胡君荣耀，以黄金湾业索半值。惜田广、土狭，不便耕殖。光绪辛巳，复募金买井湾义桥、茨土，与前业毗连者，遂称完善。嗟夫！吾乡自有斯举以来，经三十余年，始克就范。其间游庠、食饩、举明经、膺拔萃、登乡荐、成进士者、十里之内相望不绝，是科甲验矣！然使汩没于是，不知力行，以求至于道，虽日读圣贤之书，其所学有与圣贤背而驰者，科甲奚贵焉！学者诚能以陆子象山为法，尊德性而道问学，主静以端其本，慎动以审其几，严君子小人义利之辨，深思而力行之，造就既深，本躬行心，得以发为文章。得，则行道于天下，以辅世而长民；不得，则传道于吾徒，以砥行而厉俗。吾知人心之醇、风俗之美、人才之成、世运之盛，胥于是乎在。而儒林道学之传，其有几乎？庶科甲亦增贵焉。是在为学者之克厉其志耳！今诸生谋所以寿诸石者，曰："愿有记。"故记之。

时光绪甲申，夏六月也。

【原载】清光绪二十五年本《蓬溪续志》卷四

经义书院记

清 · 钟瑞廷

一代之世运，系乎士风；一代之士风，关乎学校。学校兴，则士风正；士风正，则世运隆。三代之兴，胥是物也。蓬西河边场，旧有经义斋，建同治初。光绪辛巳，梁秉寅、张蓬山、邵平山、叶应筠等以式隘，不克庇多士，募金三千有奇，扩斋为院。高其閈闳，作之堂构，严严翼翼，得屋若干间。置书房嘴业，因请于县。宋公云浦高其义，复捐俸千金，置业达人桥。尤虑资微难久，督取本场花厘、斗息，蓬山、义塚两会暨各官庙田地，以助膏火，遂大裕。云浦，余己未恩榜，乡举同年友也，相知最深。坚聘主讲席，不获辞。课余，诸生谋所以示后者，余曰："嘻，士风之不振也久矣！利欲之薰，浸入骨髓；义理之习，视为肤廓，弃良贵如敝屣。至轩裳外物，则决性命以求之，虽灭顶陷胸而不悔，斯亦惑之甚矣！然其害尚止一身、一家，今又有甚于此苦。宋儒诚敬之学，无以悉其放轶；又恶陋儒，不考古而蔽于近。遂假汉人训诂小学家，穿凿附会，矜华斗博以睥睨一世，于圣人躬行求仁之旨，概置不问。公孙禄所谓颠倒五经，使人迷惑者，其遗害天下。后世人心，祸更百倍于名利。世运之替，士风之靡，宁有极邪！今院名经义，所愿登斯堂者，深思内省，力求之于《易》《书》《诗》《礼》之中，反证之于身、心、性命之地，实践之于伦常日用之间。不屑章句、名物，以希声誉，则士风之正、世运之隆，庶有几乎！不然，诵言而不体诸身，务名而不践其实，夸多斗靡，至有胸罗万卷，目不识君父之尊者，是岂诸君子立学之意哉！又岂宋公所望于吾邑之士者哉！

学规六则：

敦重伦常，存养心性，变化气质，谨饬言行，勤修职业，扩充材识。

前六者，为学之要，尽是矣！诸生平日读书明理，务将六者之理，时时讲求，六者之事，一一体认，庶不愧读书种子。否或视为老生常谈，玩而忽之；纵文艺淹通，倖获科第，其不流为名教之罪人者几希！

【原载】清光绪二十五年本《蓬溪续志》卷四

经义书院月课会序

清・张蓬山

古者乡举、里选，有年比之经，无月试之典。自国家取士以文，于是官课、师课、季课、会课，由京师、行省，以逮各府、厅、州、县，凡有书院之区，争相考校，一道同风，所以鼓舞奋兴，宏奖风流者，殷且周矣。

然其费，卒取诸公。而捐资成美者，鲜矣！吾乡经义书院创于同治三年（1864），今上庚辰秋，署令宋公云浦，札委敬亭梁君、平山邵君、竹轩叶君等，募资建院，提场中斗息及三圣宫施田作膏火，复捐廉千金，置达人桥业，由是束脩有资，而课奖未遑，唐君懋斋毅然曰："是吾责也！"凌风一呼，万山皆应，醵钱三百七十三千有奇，而其事遂成。于戏！金枢不惜，固诸君子慷慨好施，微唐君功不致此。

越岁，肇开课应者四百人，缄卷就宋公于峨眉，公为捐廉加奖，一时多士舒翘，争相琢磨。今岁孟夏，举行卷呈县阅为定制。夫儒者席珍待聘，虽籍文字博科名，然必德行与经济交修，而后有体、有用。故明道有看详学制之议，安定有经义制事之分，此物此志也。今此会，岂维成山成川，用以弋科第乎！如违唐君及诸公初心，何异燕麦兔丝，南箕北斗哉！至如本会底金，永以佃地收租，概不出借，兹特标捐款姓名，并以文谂来会诸子。

【原载】民国本《蓬溪近志》卷十三

文明书院记

清·周学铭

蓬溪，山邑也。邑中设义塾课子弟者，数十计，而书院又数十。绵亘三乡数十里之间。邑人培植文教，可谓至矣。

邑东乡，有场曰蓬南。向未专建书院为会文讲学之地，居左之人引为慊。光绪甲申，众议醵资卜建书院于场南之坡，以蒲国馨、张茂显董之。用所醵金，构厅事二楹，区分上下。襟带溪流，屏三台山基扃，固护足称焉。经始于甲申之秋，落成于乙酉。董事者志期望之意，颜其额曰“文明”。乡之隽士，怀才负异，磨砺其中者，盖已有年矣。岁丁酉，庠生蒋鸿仪等，以状来请予记。予惟书院之设，由来尚矣，自宋迄今近千年，天下郡国以千数，郡县设书院，星罗棋布，徧于方夏。所以陶冶人才，振兴文教，补学官教育之所不及也。今天下学官，职为闲曹，教育之责，恃书院以为重。师得其人，教得其术，传其学者，往往声称耀当时。其上者，沉经葄史，沉潜训诂，通大义、订讹误、补阙漏，综其绪论，足以翼圣经、谕来哲；其次，亦翱翔驰骋典册藻采之林，咀其精华，抒宏丽之词，崇约简之制，卓然成一家言；又其次，亦寻章摘句，习义理之说，工干禄之文，射策取高科，登显仕，焜耀乡里，委蛇荐绅，致使庸夫、孺子，夸幸其荣遇，若此者，实繁有徒。此书院之设，所由关乎人才学术之盛衰。布衣韦带，桑户蓬枢之士，所由昂首奋舌，精典籍、殚述作，以求光显于当世也。

今蓬溪书院之设，不为不多，培养之术不为不尽。而经术文章，与夫科名之士，或不能与当世竞盛，安知郁之久，不发之畅。文明书院之建，殆将为之兆欤！今夫经济文章，后起之事也。科名，倘来之物也。倘来者存乎时，文事之优绌半焉；后起者存乎人，不得其传，途之曲折歧焉；各具其资诣之高下异焉，皆可求而不可必至。夫可求而可必至者，固有之物而已。居是院者，当知君臣、父子、兄弟、夫妇、朋友之间，有义、有亲、有序、有别、有信，厘然各得其分者，吾性天之至文也。容貌、辞气、颜色之显著，及足重、手恭、目端、口止、声静、头直、气肃、色庄，俨然不可犯者，吾身之至文也。恻隐、羞恶、辞让、是非之发，见仁得其仁，义得其义，礼得其礼，智得其智，有条而不紊者，吾心之致文也。以吾身心性天固有之至文，证诸六经，而求礼节性，求乐发和，求书道事，求诗达意，求易道化，求春秋以道议。不使失愚、失诬、失奢、失贼、失烦、失乱者，是彬彬然质质有其文之君子也。由是本所学以为治，而敷治有其本，本所学以立论，而论述为不诬，将见文物昌明，与古人方轨并驾，岂仅夸一时，荣一乡，竞盛当世已哉！

予既诺蒋请，志书院缘起，因并著属望之意，以为来学者勗焉。

【原载】清光绪二十五年本《蓬溪续志》卷四

云龙书院记

清·夏璜

出古溪场而西不半里许，山石荦确，冈峦晻霭，雨水明镜，双桥彩虹。龙钟峙其前，云林拥其后。循麓而上，一塔屹立，有书院焉，颜曰“云龙”，盖族叔亮臣、茂才偕里士之所募建也。

拓地十笏，结斋数楹，近隔市尘，遥答钟磬。中奉至圣文武，配之几席骈罗，窗厨灿备。谷口喧鸟，时杂书声。屋角补楼，飞入屏障。黄昏之伴，惟对紫薇，清响之闻，始惊竹露。榕阴半亩，桂隐小山，洵乎名区，可资讲学已。

先是乾嘉中，乡先进集资创会释奠先师，拟渐兴学，置基未果。茂才乃力成众志，借助他山，料理拮据，积岁不懈。遂于咸丰癸丑创院舍、两廊，续于同治丁卯，建山门、石磴。盖自匡、张二氏相踵捐田，邑侯宋公割俸倡义，而书院规模乃渐次就绪焉。

夫石鼓、鹤山，仰承宸翰；鹅湖、鹿洞，兴起名贤。即吾蜀石室而还，不乏学舍而合宗，大益功半，倡于有司。东坡、南轩，地率涉于名迹。兹则规制创手，经营匠心，前不见古人，后不待来者，铢积寸累，卒玉于成，瓦合缶鸣，不挫乃志。为善最乐，信东平之有征；无文亦兴，真豪杰之自命。嵩庐睢岳，几抗芳踪，不更论名，则微语劳尤倍欤！而或者以蓬莱、环溪，邑中并峙。村庄阛阓，俊秀无多，遂谓书院废兴，无足轻重，抑又过矣。夫文教覃敷，无远弗届；大化遗已，自古向隅。古溪离蓬，百七十里，深林密壑，不乏隽才，居肆成功，可无处所。周茂叔为徒造屋，尚筑廉溪；吕伯恭会友晚年，是名丽泽。以今况昔，殊途同归。蒙窃更有进焉者，执经问业之地，非逐声华；入学鼓箧之时，非专帖括。途岐不一，士辨宜先彼。认性似心，阳明且有流失，忘动求静，顾高尚有参差。申韩刑名，佛老清净，更无论矣。况夫派来海外，毒流寰中，立教则怪诞不经，相炫则奇技淫巧。居近禽兽，圣有忧之，道不明行，我知之矣。则是书院也，固将正谊明道，挽沧海之横流，岂特术序党庠，仿成周之茂矩而已。

余以菲质，承乏讲席。山馆寂寂，时有会心，桃李阴阴，相关乐意，日夕栖止，寓公致佳，暇询由来。爰撰斯记，所望如云如雨，直冲紫阳安定之风，从虎从龙，长著声气应求之盛。若夫学田之多寡，好义之姓名，另有专碑，兹不复赘云。

光绪癸巳秋月。

【原载】民国《潼南县志》卷五《艺文志》

记三书院始末

清·佚名

吾邑金华书院,《旧志》文礼恺记言之详矣。道光戊子己丑间，邑令钱秉德字复斋，以循吏来射，与邑前辈赵燮元讲程朱学，相得甚欢。时书院规模湫隘，乃募众增修如今制，延聘掌院，始举宾兴礼筵，设膏火课士。赵以此得重谤，几罹灾。逾年辛卯，前候补道张崇恪，遂登乡荐，邑人交庆，钱公力也。

又十有五年甲辰，而有广寒书院之建，何公琢石设济民局，以羡款创修。时廪生马开基、夏肇庸议修文风阁于斗龙背，一月得金四百有奇，文生某以有碍祖基，事寝，遂移此项入书院。后添斗息、猪行、丝秤，文生任国才、田万青、杨桥力为多，聘山长，僦居广寒寺僧舍。岁庚戌，乃移住广寒驿行馆，始膏火课士，学徒日众。同治癸酉，斋长文生杨桥、监生胡寅等议廓大之，延学博杨甲秀赴院详视。杨学博以向不吉，改向谢家坝增修，鸟革翚飞，成巨观矣。执经请业，较前倍多。

时溪镇贡生熊学儒、李成林适有东山书院之议（系以镇盐炭秤所入，积赀为建修计），监生王玉美任其事，拚身犯难，始终不挠，兼募众资修之，遂于戊辰工竣。美卒，举人马如筠、美子王相观董其事。将开馆，适邑令欲挪馆作汛弁帮项，遂兴大狱，赖吴制宪廉得其情，讼事寝，书院得不废。每岁延师课士，人文彪炳。光绪甲申，举人王相观、文生熊朝彦、监生郭征伟等复添建，益壮观焉。

【原载】清光绪《射洪县志》卷七《学校志》

斗山书院记

清 · 王殿英

从来师道立则善人多，古圣王之世，党有庠，塾有序，家喻户晓，故人才辈出。雅咏菁莪，颂歌芹藻，猗欤休哉！何其隆也。

近世以来，文教渐衰，即大邑通都，亦鲜鸿儒硕彦，况穷乡僻壤乎？无他，富者惟思聚财，贫者艰于馆费，虽有聪明智慧之士，不游学宫，奚由成德而达材？故文衡典试，每叹川省文风之陋。昔年文翁化蜀，比于齐鲁，何以久不嗣音也。

今有郭子连城、翰城、屏城，家素丰裕，不为钱虏，而重学校，遵祖父遗训，于光绪五年，敬承母命，创修斗山书院。高其闬闳，厚其墙垣，不使讲习之地邻于蔓草，复置买学田数亩，为膏火之资，更于馆之右旁，建筑高台数仞，创造字库七层，上出云霄，以培风水。前后约费数千余金，皆昆台三人，共襄厥成，以成此大观也。

且书斋上下四旁，天造地设，有八大胜景，四时赏玩，目不暇接。古云："物华天宝，人杰地灵。"将来掇巍科、取高第，山川秀气所钟，势有必至，理有固然也。英承不弃，三次设教于兹，不揣固陋，抖擞枯肠，将形胜八景，各赋俚一阕，书斋长律一首。后者览之，其不以予为着粪佛头，则已幸甚！

【原载】射洪县金鹤乡 1999 年 12 月编修《郭氏宗谱》

第二节　书院诗联

一、诗　歌

黄南庄宗泗书屋

明 · 黄宗泗

满院松花忆旧游，摩崖苔藓又从头。
云蒸石窦丹青落，烟拥山门紫翠浮。
缔构百年人已去，荒凉千古记空留。
我来此地无穷思，兀坐岩前晚不休。

黄简肃书院

明 · 黄宗泗

卜筑龙崖下，埋云径不通。
霏霏霑竹雨，飒飒泻松风。
草细泉声滑，亭孤晦景蒙。
澄心寒谷日，如在广寒宫。

黄简肃书院

明 · 余玮

风飘白云来，雨逐浮埃去。
不遇斋中人，空倚斋前树。

三仲书堂

明 · 余玮

翠柏苍松绕碧苔，浮云无意傍山隈。
光华莫道收藏画，稀处依然露出来。

登梅山书屋

明 · 陈讲

灵泉为遂宁名刹，四峰奇峭，一水襟流，迥绝人世。今赠少卿席梅山象读书其上，梅山卒，寺僧图其象于其堂，匾曰“梅山读书屋”。嘉靖癸未，予按陕归省，偕其侄、吾内兄月川哭其所，因作诗二章贻僧。呜呼！曩予见梅山立朝，正色剀谏，死且弗悔，君子谓之遗直，征于其素，其得之山川者多矣。悲风冥雨，若助予泣，山灵其有知哉。

十年司谏栖迟地，匹马清秋怅望时。
更有篇章留讽咏，犹疑风雨助唔咿。
冰霜地下照颜色，铁石人间起梦思。
万壑江声悲落叶，忍摩苍藓读残碑。

凤鸣鹘击昔何如？伏阁曾看引帝裾。
朔漠有书回八骏，长沙无赋吊三闾。
褒函飞下光泉室，谏草编摩贮石渠。
山舍一经空架上，夜深风雨正愁予。

游灵泉寺有席司谏读书屋感怀兴悼

明 · 杨慎

编者按：杨慎（1488—1559），明代著名学者、文学家，字用修，号升庵。宰相杨廷和之子， 四川新都人。正德六年（1511）状元，官翰林院修撰，豫修武宗实录，禀性刚直，每事必直书。武宗微行出居庸关，上疏抗谏。世宗继位，任经筵讲官。嘉靖三年（1524），因“大礼议”受廷杖，谪戍终老于云南永昌卫。终明一世，记诵之博、著述之富，慎可推为第一。著作达百余种，后人辑为《升庵集》。

司谏幽栖地，空门岁月深。
泉台埋玉树，灵境閟仙音。
逝水兴三叹，游山废九吟。
风徽何寂寞，松柏自萧森。

登梅山书屋 并序

明·杨名

辛卯岁北上，道夷陵，时有司议公俎豆适成，予敬吊之。见同祠为欧阳公修、苏公轼诸先哲。因勒一诗曰：“夫子千人杰，平生志不徒。力行师孔孟，直谏举唐虞。云汉联鹏翮，遐荒育凤雏。盖棺公论定，应不忝欧苏。”计今十年。辛丑乃得登山，见公手泽于岩石，不胜悲感。呜呼！天方有意于圣时，忍使三凤高飞耶？不吝之言，聊著耿耿。

广汉江光新庙开，灵泉山色旧碑苔。
甘棠影落弹琴席，野鸟声盈注易台。
前辈风流空涕泪，当时气节岂尘埃？
正怜三凤俱长逝，致主谁当伊吕才。

登梅山书屋

明·黄华

编者按：黄华，字秀卿，明代遂宁黄榜石（今遂宁市安居区西眉镇）人，工部尚书黄珂之子、女诗人黄峨之弟。嘉靖十一年（1532）进士，任户部主事，转郎中，督饷有功，授松江知府。历江西副使，升江西布政使，进光禄寺卿。为人端严正直，以道学为己任。寻告归，倡明道学，激引后进甚众。后卒于家，葬遂宁楼子沟。与状元、妹夫杨慎唱和之诗颇多，著有《梓谷文集》12卷、《麟经解义》等。《遂宁县志》有传。

献纳先朝海内闻，书堂寂寞向江濆。

空山尚有摩崖字，故史犹传对仗文。
直节淮南知汲黯，忠臣汉殿忆朱云。
可堪更拟湘累赋，一吊遗踪倚夕曛。

登梅山书屋

明·席中

季甫云亡再岁余，西风声动读书庐。
半窗明月三秋寂，一派灵泉万籁虚。
谏草已看垂汉史，遗经无复对华裾。
危栏徙倚挥双泪，寒角江城入夜疏。

怀陈拾遗

明·杨澄

书院人何在？茫茫土一堆。
金华含晚照，佳气浪崔嵬。
文章宗海内，奏议尤奇哉！
一声牝鸡鸣，便步归休来。
义胆悬忠肝，愤激日迂徊。

岁在龙与蛇，忽惊梁木颓。
遗翰垂青史，字字倾琦瑰。
春风泣杜鹃，涪水任东回。
高山从仰止，千古一真才。

赤崖旧宅

清・张鹏翮

不见田园路，茫然六十春。
长为台阁客，每忆故乡人。
谁谓公孤贵？依然寒士身。
草庐何处在？回首但悲辛。

尚忆读书处，青毡坐寂寥。
窗留山吐月，桂冷露含条。
抱膝吟良苦，旷怀思更超。
圣贤相晤对，云路不知遥。

送诸生入金鱼书院

清・李培峘

斋廊潇洒净尘埃，黄卷青灯绛帐开。
树影千年留古柏，山光一碧映书台。
好修品望崇经术，莫使文章废体裁。
前辈风流销歇甚，继声端赖出群才。

春日过书台书院怆然于怀遂赋长句

清・张知简

山色于今尚郁葱，碧梧枝老凤巢空。
参天翠柏霜皮槁，映日桃花粉蕾红。
芳草幽苔留古意，菟葵燕麦荡春风。
戴鵀飞集门荫后，斥鴳啁啾绕径中。

金华书院合祀陈伯玉杨殿之

清·何玉成

金华山色高崔嵬，旷代笃生贤与才。
振衰起靡追曩哲，流风余韵贻将来。
唐初沿习梁陈派，明中唾拾张桂秽。
谁能挺立挽颓波？文采忠言昭百代。
高蹈雅音推子昂，远宗汉魏超王杨。
抗论求仙太仆疏，俨如凤翙鸣朝阳。
步尘李白杜子美，斛山椒山相继起。
三唐正始肇先声，三杨劲节鼎分峙。
由来清气毓乾坤，下为河岳上星辰。
忠孝文章业不朽，维持郡邑须伟人。
感遇诸篇览遗帙，褒锡嘉名励忠节。
兰茝翡翠扬芬芳，懦立顽廉想风烈。
我来承乏官射洪，搜文征献怀二公。
当时缧绁与廷杖，至今赫濯光熊熊。
诸生肃祀陈笾豆，桑梓渊源若师授。
宪章文行两大端，接轸联镳望翘秀。

【原载】清光绪《射洪县志》卷之十六《艺文志》

胡炳奎孝廉招饮东山书院别后以七一章寄赠因重叠原韵答之

清 · 钟瑞廷

二十八年阔故知，登龙喜及麦秋时。
相看刮目增迟暮，纵得谈心又别离。
陶铸性灵思寿世，笑谈经史当呼儿。
东山杜老开豪言，佳句吟成许管窥。

生平踪迹最心知，彼我相观异旧时。
才比伏波偏矍铄，病如司马渐支离。
虚名悔说文章伯，正气思还造化儿。
愿共黄花贞晚节，董园从此不须窥。

【原载】清光绪《龙溪诗草》卷下

咏射洪斗山斋形胜八景

清 · 王殿英

一、鼎观插云

古观荒凉迹罕经，山名父老尚传闻。
三条峻岭如撑鼎，万仞尖峰俨插云。
草色春来铺锦绣，岚光雨过吐氤氲。
巍然直塞书斋口，只许南风送夏薰。

二、鞍山挂日

谁乘云骏过峰峦，却在山头解绣鞍。
踏电嘶风声寂寂，冠霞捧日景团团。
丝缰久被荒台没，锦帐还经积雨残。
向晓人腾曦驭驾，不随蜗辈奔长安。

三、石壁晚霞

石壁生成似笼纱，遥看却是绛云遮。
十分光彩辉朝旭，五色文章绚晓霞。
不逐群鸦飞洞孔，岂随孤鹜过山丫。
先生面此多年也，应有神功等女娲。

四、荷池晓月

欲引天光倒水光，荷池新凿傍斋旁。
霄盈露颗擎珠盖，晓涌冰轮照玉堂。
浸咤牡丹开富贵，宁输芍药绚文章。
菱花水面薰风度，远接濂溪一瓣香。

五、楷树风声

嘉树名传孔庙中，楷模多士振文风。
箫箫雅韵吹丝竹，霭霭清音响爨桐。
若使长吟常有杜，何妨独立可无冯？
尼山一杏垂千古，惟傍儒门得誉隆。

六、两岸排青

一弯溪水绕斋局，两岸平岗列翠屏。
左右树分高下绿，东西岚合浅深青。
繁花似锦当窗见，啼鸟如歌隔岸听。
无限诗情兼画意，遥看常使醉眸醒。

七、双峰泻影

斋旁小沼水淙淙，倒影遥峰漾碧幢。
矗立青螺浮叠叠，低盘翠髻拥双双。
移来不费愚公力，撼去何须秦氏扛。
莫道艮山为止象，常随曦驭过书窗。

八、星桥泉韵

斋旁小涧跨星桥，上应南箕兆斗梢。
驷马高车人罕到，停书索句客常邀。
三秋涝尽潭开镜，一线寒溜石漱瑶。
潼郡琴泉无过此，何须廿四听吹箫。

九、统题八景

星桥水涨圜桥水，石壁霞蒸面壁霞。
楷树春风吟爽籁，荷池晓月映菱花。
双峰耸翠晖皋比，两岸排青护绛纱。
山斗文章谁鼎立？好乘天马上京华。

贺新构斗山书院

清·王殿英

协力同心构墨庄，东家昆季识超常。
庇财不吝园林植，卜地先求爽垲方。
牖户郊藤繁比隔，垣墙芸屑绚晖装。
窗前鸟语吟新句，野外山花送异香。
久谢杏坛宣木铎，偶来帘下整冠裳。
榆年幸策扶鸠杖，晚景宁希集鳣翔。
鹏翅象香惭李杜，龙游虎卧愧钟王。
咿唔难听儿童谬，火化堪分亥豕行。
此日髫龄怀寇莱，他年撍笏绍汾阳。
入泮采芹犹小可，凌霄耸翠更高昂。
莫厌鳣鲑非异馔，多培桃李远流芳。
文章况复齐山斗，伫看书斋即玉堂。

诰封文林郎原钤儒学正堂正七品银村王殿英年八十四撰。

二、楹 联

射洪金华书院联

清·钟体志

与闻大道高深，只忠恕两言，下尽人伦，上达天德；
记省旧时辛苦，曾寝馈三载，夜研竹露，晓挹蕉云。

清·邬建侯

教成子弟龙相似；
清到先生鹤不如。

佚名（集《四书》句题）

近圣人之居，有成德者，有达材者；
谨庠序之教，孰先传焉，孰后倦焉。

射洪广寒书院联

清·夏肇庸

当太和祥洽之时，春风满座；
到广寒清虚之府，明月前身。

清·邬建侯

君子能由是路；
初学入德之门。

集《四书》句题

清·覃琢成

欲寡其过而未能也；
学如不及犹恐失之。

射洪东山书院联

清·何绍基

万顷桑田滋黼黻；
一溪春水养鱼龙。

清·王相观

门对双峰，山势峥嵘如笔笏；
溪环两水，波澜曲折有文章。

清·廖春林

德行本，文艺末；
师道立，善人多。

清·何维棣

精舍薄林峦，纵非广厦千间，且免秋风赋工部；
及门罗英俊，从此云程万里，携来天酒酹东山。

射洪致道书院联

清·涂秉珊

荡胸生层云，天为斯文开别境；
举头望明月，人来此地悟前身。

遂宁西眉敷文书院联

清·佚名

括五大洲真实学问；
辟六万年天地精华。

附录：

遂宁古代书院名录

书院，是由公学产业收入或热心教育的官绅募集资金兴办，供儒学生员或童生学习深造参加上一级科举考试做准备的学习场所。至清末，现遂宁市辖区内先后共创办书院 86 所，其中遂宁县 46 所，蓬溪县 26 所，射洪县 14 所。

张九宗书院

唐德宗贞元九年（793），遂宁张九宗建，为巴蜀地区创建时间较早的书院。

金华书院

宋时创建于射洪原县城金华镇西南（即今射洪市金华镇金华中学校址），后毁坏无存。元至正九年（1349）知县周镐重建，明末毁于兵燹。清乾隆十九年（1754），知县宋景涞重建。光绪二十七年（1901）改为射洪县第一高等小学堂。

拾遗书院

元代建立，位于射洪县治（今射洪市金华镇）。明万历《重修潼川州志》卷四载："拾遗书院，在县西南。"

斗城书院（武信书院、松峰书院、鱼山书院、书台书院）

明嘉靖九年（1530），遂宁知县郑重威和被贬家居的太史杨名创办在城中百福寺前，初名"武信书院"，后改名"斗城书院"。万历《重修潼川州志》卷四载："斗城书院，在治东，嘉靖九年知县郑重威建，杨名有《记》。"清康熙六十一年（1722）秋，迁于县署西边，改称"松峰书院"。乾隆十二年（1747），迁松峰书院于文昌宫，称"鱼山书院"。四十三年（1778），再迁于城南学宫右侧书台山，正名为"书台书院"。光绪三十一年（1905）改为遂宁县立高等小学堂。

梵云书院

在遂宁城南梵云山开善寺，于明代创办。明正德十四年（1519）乡试解元、后曾任兴平知县的章评，曾在此讲学。

黄南庄书屋

位于遂宁市安居区玉峰镇蕨山，明代创建，进士黄宗泗读书处。明万历《潼川州志》卷五载："蕨山寺，南四十里，上有黄南庄宗泗书屋。"

黄简肃书院

位于遂宁广德寺附近。明万历《潼川州志》卷五载："广德寺，在卧龙山麓，唐克幽禅师修，正统间赐额，上有黄简肃公书院。"黄简肃，即明代南京工部尚书黄珂，谥"简肃"。

三仲书堂

在遂宁长乐山，明代遂宁席书、席春、席豸读书处。明万历《潼川州志》卷五载："龙峤寺，在长乐山，上有三仲书堂，席少傅兄弟读书处。"

方洲书屋

明朝嘉靖十二年（1533）创建，在遂宁横山镇蟠龙山，为明时太史杨名（字方洲）讲学处。一说在船山区凤台坝。

五休书院

位于射洪市金华镇上方寺，明代创建，杨澄晚年读书处。明万历《潼川州志》卷五载："上方寺，北一里，有五休书院，杨中丞澄致政归创建，为游适之所。"

瑞芝书院

位于射洪市金华镇，明代射洪进士杨仪创建。杨名撰有《射洪瑞芝书院记》，载明代嘉靖《潼川志·艺文志》。

赤城书院

位于蓬溪县城西南，嘉靖二十三年（1544）蓬溪知县陈扆建。明嘉靖《潼川志》卷二《建置志》载：“赤城书院，即预备仓旧址，知县陈扆建。”

蓬莱书院

明万历三年（1575），蓬溪知县李建中创立于县东门丰泽庙左侧（原芝溪区公所处）。清雍正十一年（1733），知县王允浩重修。

石鱼书院

明天启六年（1626）创建于蓬溪城东石鱼山文昌阁后（今赤城植物油厂后），清初停办。

梅山书屋

明朝时创建，在遂宁仁里乡灵泉寺侧，为明朝进士、司谏席象的读书处。席象号梅山，书院因此得名。明万历《潼川州志》卷五载：“资圣寺，在灵泉山，上有席司谏书屋。”

双凤书屋

明代创建，在遂宁凤台坝，明代席书、席春、席象读书处。明万历《潼川州志》卷五载：“凤台寺，上有双凤书屋，席太史兄弟读书所也。”

云丰书院（一作云峰书院）

明朝末年由遂宁会龙场（今安居区会龙镇）乡人筹资创建，后遭兵燹。清道光五年（1825），乡人周、严两姓捐资重建。光绪二十四年（1898）维新变法后，改为“云丰蒙养学堂”。民国初年改为县立第十高等小学校。

第一山精舍

清朝时创建于遂宁河沙乡赤崖山。清代康熙时名臣张鹏翮幼年曾读书于此。后因康熙赞张鹏翮为“天下第一等人”，故称赤崖山为“第一山”。今为秀山乡中心小学校。

旗山书院

康熙三十年（1691），张烺在遂宁广济坝捐地办一塾馆以养训蒙童，后迁于河东棘子坝天宫庙侧。经刘秀荣、雷时行等捐募集资，扩建为书院，于道光八年（1828）动工，九年（1829）完工。因地处遂宁仁里旗山西南麓，故名“旗山书院”。民国初年改为公立旗山小学校。

昭文书院

乾隆年间（1736—1795），乡人捐募集资创建于遂宁老池乡书院沟泉水坡。同治时，昭文书院被火烧后改为塾馆。

鹿鸣书院

乾隆五十六年（1791）由举人陈晓云和乡人陈伯英、冯吉安等捐募集资建于遂宁三家镇常安村。光绪二十八年（1902）改为新式小学堂，后改为县立第五高等小学校。

环溪书院

嘉庆四年（1799），知县李炘创建于蓬溪县城西门内文昌宫（即今蓬溪县城西街下河学处）。二十五年（1820），知县吕肇堂移建北门外学署之右（今蓬溪中河街春韵酒店处）。

安溪书院

嘉庆十四年（1809），由乡人捐募集资创建于遂宁安居镇书房湾。因流经安居坝的琼江又名“大安溪”，所以书院命名“安溪”。民国初年，改为县立第二高等小学校。

龙翔书院

在遂宁横山（今安居区横山镇龙翔村），嘉庆十九年（1814）创建。清末改为县立第八高小校。《安居文史资料》（第十辑）误为乾隆十九年（1754）建。

蓬山书院

嘉庆二十年（1815）知县吕肇堂创建于蓬溪县蓬莱镇，今大英县蓬莱镇交通大街煤坪处。西乡举人景大魁曾掌蓬山书院，张秉谦曾任蓬山书院主讲，遂宁贡生何炳森为蓬山书院最后一任山长，张复慈曾经事蓬山书院，叶兴先曾任蓬山书院斋长，廪生张大仁肄业于蓬山书院。张昌泽，字沛六，号汇川、会川，人称“会川先生”，著有《会川制艺》《学庸贯义》《五律偶钞》等书，祀乡贤祠。张昌泽曾倡修蓬山书院，与蓬溪举人蒲心浩（号巨川），合称蓬溪县清代“二川”。曾到中江县仓山书院讲学，与仓山举人白文峰结为金兰之交。仓山岁贡白为璠有《送张沛六》诗：“交游世所有，我交世罕希。既不喜奢华，更不慕荣利。相邀一杯酒，叙我心头事。话久语未绝，仓忙客求去。送出大门前，轿子如风御。欲看人何往，草堆又来蔽。倏忽人不见，回至书馆地。披读伐木章，又绎嘉鱼序。推书落座前，寻我周公趣。”（中江民国《白氏家乘》卷一《人文》）。

云龙书院

嘉庆二十三年（1818），乡民创建于蓬溪县东南古溪场兴会寨（今潼南区古溪镇西古溪小学处），当年置田建正院。咸丰三年（1853），夏建寅等续募修抱厅两廊。光绪初年，匡明善捐田20亩、张光年捐田6亩，时任蓬溪县知县宋家蒸和乡人蒋季堃各捐银百两，书院规模扩大。光绪三十一年（1905）改办高、初两等小学。

桂香书院

嘉庆二十三年（1818）遂宁人林桂山等筹资创建于遂宁桂花镇，蓬溪徐世卿助置院费，举人唐贤有记。光绪十二年（1886）丙戌仲冬，书院曾刻印《瘟疫汇编》等书，扉页注明：“板存遂邑桂花场桂香书院，有愿印送者，自备纸张，不取板赀。”兵燹后移黄龙寨。民国初年改为县立第三高等小学校。

□□书院

在遂宁县分水岭（今安居区拦江镇）。

饮和书院

嘉庆二十四年（1819）知县吕肇堂创建于蓬溪县西白土坝（今红江镇白土坝）。

玉山书院

嘉庆二十五年（1820）知县吕肇堂创建于蓬溪县东南玉溪场（今潼南区玉溪镇），乡绅梁志泰、陈思典、魏仁泰、陈洪明、唐京佩等母鸡资金，道光三年（1823）书院始建成。光绪三十一年（1905）改玉溪公立两等小学校，陈硕夫、梁含光等筹办，全年学款 270 元。书院遗址在今潼南区玉溪场镇往玉溪中学方向原煤建站处，现已经成为街村民居。

云山书院

嘉庆二十五年（1820）知县吕肇堂创建于蓬溪县古溪场（今潼南区古溪镇）。光绪三十一年（1905）改办高、初两等小学。

集义书院

道光元年（1821）知县吕肇堂创建于蓬溪县东南太和场（即今潼南区上和镇），光绪十三年（1887），周龙山、屈蟠溪迁书院于太和场大禹庙侧，遗址在今上和中学。

仁和书院

道光元年（1821）创建于遂宁卢家场东八里（今大安镇四方碑村），民国初年改为县立第四高等小学校。

潜龙书院

道光三年(1823）知县吕肇堂创建于蓬溪县东南金堆寺(即今潼南区玉溪镇九村)，属今潼南区玉溪金堆社区，已经无学校痕迹。

里仁书院

道光十二年（1832）创建于蓬溪县北云台观（即今文井镇云台村）。

明月书院

道光十七年（1837）创建于蓬溪县西明月场（即今明月镇高洞村燕窝嘴）。

育秀书院

在蓬溪县太平场慈光寺（今潼南区龙形镇慈光寺），道光二十三年（1843）建。1913 年改为初级小学，今属龙形镇檬茨社区。慈光寺尚存，香火旺盛。

崇文书院

位于蓬溪县西常乐寺对面书院山下（今常乐中学内）。清嘉庆十七年（1812），常乐场热心教育人士周家政、胡之升等，联合八十一家乡民，凑钱兴会，于道光二十七年（1847），购置田产 20 亩，修建成一座四合院式的书院，命名为“崇文书院”。书院前有一道高二丈的粉墙，为学校大门的屏风。屏风后，便是一排三间高大的瓦房：右边一间是篼师宿舍，篼师每天给孔子牌位烧香、供水，并保管学校财产，种植花木；左边一间为学生厨房；正中一间是学校大门，一条石板砌成的甬道，直通入内。走过大门，便是 120 平方米的空地，空地左边，有一座高三丈的石塔，俗称字库，常在库里烧字纸。沿甬道前行，进入四合院，迎面一排大瓦房，正中是孔子殿，右为图书室，左是客厅。院左右两边是四间大教室。下边一排是办公室、教师寝室、食堂。院中是个大花园，园内绿树成荫，百花怒放。学校周围有围墙，墙外操场广阔，场上绿草如茵，周围林木葱茏。学校环境幽静典雅，书声琅琅。书院落成，即成为常乐场的最高学府。光绪十三年（1887），书院校董聘全独生、龙玉门到书院任教。民国初年，胡国玺、龙玉门、吴开先等老师在书院任教。廪生温怡斋曾在书院读过书。民国十三年（1924），崇文书院改建为常乐乡高级小学校（县立第四小学）。

鉴亭书院

道光十三年（1833）12 月开工，修建于遂宁县梓潼镇（今重庆市潼南区）西坡，书院因靠近大佛寺旁南宋理想家魏了翁的读书台“鉴亭”而得名，该坡名书院坡，遗址在今潼南中学篮球场附近。咸丰四年（1854），乡绅蔡鸣谦、夏欣荣等募资金扩建。在乡间置有学田，城内开设油饼行，经费较充裕。光绪三十二年（1906），改为高等小学堂，学款由劝学所拨支。书院学田、饼行分归梓潼、大佛两乡初等小学堂。1924 年高等学堂迁入城内，旧址改办潼南县立初级中学。今为潼南中学。

广寒书院

广寒书院，位于射洪县城太和镇西门外。清道光二十八年（1848），监生夏兴德禀请射洪知县何玉成以济民局余款创建，生员任国才、杨桥等董其事。首聘举人金森亭主讲。同治十三年（1874） 斋长杨桥、监生胡寅等扩建。初租用广寒寺僧舍，后迁至广寒山麓荷花池畔广寒驿行馆（即今射洪中学初中部）。同治十三年（1874），改建增饰。光绪二十七年（1901），改为射洪县第二高等小学堂。

宝善书院

道光三十年（1850）八月，为旅居遂宁的湖北人集资兴建，院址在遂宁城内宝善寺。所收学生尽为其子弟。清末改为染房。

象山书院

位于大英县象山镇象山村金象山中麓（今象山中学内），清道光二十七年（1847）钟祥光等始建，咸丰元年（1851）钟瑞廷等扩修。现为遂宁市文物保护单位、遂宁市中共党史学习教育基地，2022 年入选四川省第二批革命文物名录。

龙翔书院

咸丰三年（1853）创建于蓬溪县东南龙德场，即今潼南区米心镇夏家社区，其基为樊、唐、李三姓捐施。民国元年（1912）改设高、初两等小学。1915 年建龙德场公立初等小学。1949 年后，书院附近后坡为新华乡人民政府驻地，其遗址今为唐姓民居。

东山书院

咸丰、同治年间（1851—1874），洋溪士绅熊学儒、李成林、王玉美、郭享五等先后倡议以洋溪镇盐炭秤息款创建书院，院址在射洪县洋溪镇书院村（即今洋溪镇中心小学校址）。几经周折，终于在同治七年（1868）建成，同治九年（1870）正式延师开馆。光绪十年（1884），举人王相观、文生熊朝彦、监生郭徽伟等加以扩建。光绪二十七年（1901），改为初等小学堂。

汇川书院

在遂宁县中安里三汇场（今潼南区小渡镇），咸丰四年（1854），岁贡周明昱等募集修建。宣统元年（1909），改设三汇公立高、初两等小学。全年收入现租公款约330元，黎子超、郑炳馨等倡办。1949年后，小学迁址，书院为小渡区公所所在地。

玉堂书院

咸丰四年（1854）遂宁乡人黎中望捐资建于观音乡（今安居区观音镇），民国时改为黎氏祠。

朝阳书院（梓义书院）

在遂宁县下安里柏梓镇（今潼南区柏梓镇），同治五年（1866）建。初名梓义书院，宣统二年（1910）改为初等小学。1913年，改为梓柏公立高等小学校，年收学租九十七石，钱一百五十串，里绅龙茂才、樊之鉴等筹设。

禹门书院

在遂宁县中安里复兴场（今潼南区复兴镇），同治七年（1868）建。地址在原复兴场大禹庙，后设为复兴乡医院。

储英书院

同治八年（1869），由乡绅蒋承琦捐建于蓬溪县东南米心场书湾（即今潼南区米心镇）。同治十三年（1874），朝廷为旌表蒋承琦捐资兴学，议叙蒋承琦六品职衔，还在米心溪书院花园村修建“节孝坊”一座，至今巍然挺立，系省级文物保护单位。光绪三十一年（1905），改为米心溪公立高、初两等小学校。全年收入田土山林现租339元，蒋次垣、蒋次方等经办。1949年后，在此建米心食品站。

凤山书院

同治十年（1871）创建于蓬溪县西玉峰场飞凤山麓（即今大英县玉峰镇初中侧）。

德阳书院

同治末年（1874），举人陈彩、庠生翟世继、刘则诚、李绍锐等，劝募集资，买庙产开办私塾，继而建立书院。院址在遂宁南坪定党院侧（会龙坪小学附近），因其地处古德阳陌上，命名“德阳书院”。光绪三十一年（1905）改为县立小学校。

凤来乡崇文书院

同治年间（1862—1874），由圣寿寺文昌会和卿姓乡绅集资兴建于射洪县凤来乡八村圣寿寺侧。

莲峰书院

光绪四年（1878）创建于遂宁县城外北坝九莲寺。原为义塾，光绪二十八年（1902）改为县立初等小学堂。

玉泉书院

光绪四年（1878）创建于遂宁县拦江镇玉泉村。清末曾为塾馆，后改作他用。

明德书院

光绪五年（1879）创建于蓬溪县东南蓬南场桑麻沟（即今旌忠乡桑麻沟）。

斗山书院

光绪五年（1879）由郭连城、郭翰城、郭屏城弟兄三人捐资创建于射洪青岗乡马鞍村。清咸丰壬子科解元杨涛撰《郭连城先生传》、清末王殿英撰《斗山书院记》，今存。新修《射洪县志》《遂宁市志》误作“清道光五年（1824 年）”建。

凤鸣书院

光绪六年（1880）创建于遂宁县拦江镇凤鸣村。原名凤翔书院，因有人解“翔”为展翅高飞、“凤翔”则凤已高飞远去，书院不出人才，于是改“凤翔”为“凤鸣”。民国初年改为县立第六高等小学校。

登云书院

在遂宁县下安里塘坝场七村（今潼南区塘坝镇龙珠村），光绪六年（1880）建。光绪三十四年（1908）改为塘坝公立高等小学校，1924 年学校迁于塘坝街上禹王宫，今为塘坝街村民居。

天成书院

在遂宁县中安里卧佛镇（今属潼南区），创建年代不详。光绪三十二年（1906）改为高、初两等小学。1949 年后，其遗址建成复兴小学，今为卧佛镇幼儿园。

奎光书院

在遂宁县中安里复兴场（今属潼南区卧佛镇），创建年代不详，义民张世文、张世守捐资修建，还捐束脩膏火田 40 亩，此举得到朝廷嘉奖，张世文奉旨奖州判职衔。书院遗址在今潼南区卧佛镇月坝村，为复兴三村小学校。

桂香书院

在遂宁县中安里五桂场（今潼南区五桂镇老街原敬老院处），清代中期建。1917 年，改为初等小学。

明月书院

在遂宁县下安里崇龛镇（今潼南区崇龛镇），清代中期建。

仁和书院

在遂宁县下安里花岩场（今潼南区花岩镇），清代中期建。

经义书院

光绪七年（1881）创建于蓬溪县西河边场河上沟（即今大英县河边镇经义村），由乡贤梁秉寅、张蓬山、邵平山、叶应�等募资兴建。举人钟瑞廷曾到经义书院讲学。书院学规六则，即："郭重伦常，存养心性，变化气质，谨饬言行，勤修职业、扩充材识。"钟瑞廷撰有《经义书院记》，今存。

隆道书院

光绪九年（1883）创建于蓬溪县东南任隆场（即今任隆镇草原沟村）。

凤栖书院

光绪十年（1884），遂宁人雷云帆、段天章、王仪廷捐募集资，扩原有塾馆，第二年始建成书院。院址在河沙乡（旧名栖凤场，书院因以得名）。民国初年改为县立第七高等小学校。21 世纪初，复建于遂宁市船山区河沙镇凤凰村永和家园凤凰湖畔。

文明书院

光绪十年（1884）创建于蓬溪县东南蓬南场小河对岸（即今蓬南中学内）。

射洪蓬莱书院

光绪十二年（1886），由廪生梁崇鲲、陈学纯，文生杨生震，贡生贾全儒等倡建于射洪县天仙寺（今天仙镇中心小学）。

崇文书院

清光绪十二年（1886），由文生冯德周、刘长林，贡生贾全儒，武生王清治，监生李文渊等倡建于射洪县复兴场（即今复兴镇中心小学校处）。

崇德书院

光绪二十一年（1895）创建于蓬溪县西隆盛场郪江畔（即今大英县隆盛镇中心小学处）。

蓬溪凤鸣书院

光绪二十二年（1896）创建于蓬溪县南小潼场（即今鸣凤镇中心小学处）。

乐育书院

光绪二十三年（1897）创建于蓬溪县西常乐场净室堂（即今常乐镇炮台村净室堂）。

回龙书院

光绪二十八年（1902）创建于射洪县东岳庙（即今东岳乡中心小学校处）。

金台书院

光绪二十八年（1902）创建于射洪县金山场（即今金鹤乡中心小学校处）。

敷文书院

光绪二十八年（1902）创建于遂宁县西眉镇。有楹联云："括五大洲真实学问，辟六万年天地精华"。民国初年，改为西眉寺初级小学校。

南宁砦书院

宣统年间（1909—1911），由举人唐凌霄（登瀛）发起，乡人捐资，创建于遂宁县老池乡龙泉村。

天睿书院

在遂宁县白马场（今安居区白马镇）外一里处。乡人集资修建（时间无从在考）。民国初年改为县立第九高等小学校。

云龙书院

在遂宁吉祥乡，今蓬溪县吉祥镇。

金鱼书院

在遂宁东禅乡，今安居区东禅镇。

鹤鸣书院

位于遂宁城北鹤鸣山麓，清代、民国时期著名书院。民国期间，鹤鸣书院以严谨治学著称，培养了不少优秀学子，尚健在的民国老人还能讲出不少在此受教的部分学生名字。今尚存基址。按光绪《遂宁县志》载："书院学地，仁信里鹤鸣山福乘寺学地一处，上至山顶，下齐山脚。西抵严姓界，东抵蒲姓界。"

登云书院

在射洪县太和镇北部平安寨。士绅陈受青、任杰三、杨杰之等倡办（时间无从查考）。

达山书院

位于射洪县金山乡（今大榆镇金鹤办事处）与官升镇交界处的达山坡崇德寺，清末民初金山场（亦叫当家铺或党家铺）秀才杨焕之创办，并在此讲学。杨焕之还发起成立了达山诗社。达山，又名大山坡，东距官升店 6 公里，西到金山场 4 公里。崇德寺今存殿宇三座、戏台一座。右侧殿内，祀有杨焕之绘像。杨焕之（1850—1932），字昌邠，号北山散人。四川射洪县人，清光绪二十六年 （1882）岁贡。是两江总督周馥次子、蓬溪知县周学铭的弟子。民国二年（1913），经周馥推荐，任袁世凯总统府顾问，曾与周馥一起到河南彰德为袁世凯查勘墓地。周馥《玉山诗集》卷四有《赠杨焕之》云："鸾鹤飘然迥不群，多情犹复忆河汾。蓍龟术妙通神鬼，班马才高富典坟。几辈公卿曾折节，十年江海共论文。好开三径兰溪畔，待我归舟访白云。"诗注："君星命、医卜诸学皆精。"杨焕之于周馥去世后，有哀诗 25 首，其中第 9 首云："汝水滔滔向北流，随公按辔到袁沟。项城览胜风何古，周口驰回雨不收。但见邱陵一辞去，岂因花鸟再句留。而今泥爪犹能认，太息人归白玉楼。"自注："庚戌（1910）随公至项城，为袁慰亭宫保看吉地。"可见周馥对于杨氏之倚重及二人关系。1917 年，杨焕之因年迈返川。著有《北山草堂诗集》《北山草堂游览诗记》等行世。

主要参考文献

[1] 邓洪波.中国书院史[M].武汉：武汉大学出版社，2012.

[2] 王越.古代书院[M].长春：吉林文史出版社，2010.

[3] 胡昭曦.四川书院史[M].成都：四川大学出版社，2006.

[4] 陈薛俊怡.中国古代书院[M].北京：中国商业出版社，2015.

[5] 朱汉民.中国书院文化简史[M].北京：中华书局，2010.

[6] 王炳照.中国古代书院[M].北京：中国国际广播出版社，2009.

[7] 陈谷嘉，邓洪波.中国书院史资料[M].杭州：浙江教育出版社，1998.

[8] 邓洪波.中国书院章程[M].长沙：湖南大学出版社，2000.

[9] 李文泽.儒藏·史部·书院志[M].成都：四川大学出版社，2009.

[10] 顾明远.中国教育大系历代教育制度考[M].武汉：湖北教育出版社，2004.

[11] 李国祥，杨昶.明实录内纂·文教科技卷[M].武汉：武汉出版社，1992.

[12] 赵连稳，朱耀廷.中国古代的学校书院及其刻书研究[M].北京：光明日报出版社，2007.

[13] 金敏，周祖文.儒家大学堂长江流域的古代书院[M].杭州：浙江大学出版社，2005.

[14] 邓洪波.中国书院楹联[M].长沙：湖南大学出版社，2004.

[15] 王炳照.中国古代书院[M]，北京：商务印书馆，1998.

[16] 邓洪波，彭爱学.中国书院揽胜[M].长沙：湖南大学出版社，2000.

[17]（清）常明，杨芳灿等.四川通志[M].成都：巴蜀书社，1984.

[18]（唐）李吉甫.元和郡县图志[M].北京：中华书局，1983.

[19]（北宋）欧阳忞.舆地广记[M].成都：四川大学出版社，2003.

[20]（北宋）王存.元丰九域志[M].北京：中华书局，1977.

[21]（南宋）王象之.舆地纪胜[M].成都：四川大学出版社，2005.

[22]（明）陈讲等.潼川志[M].嘉靖二十九年（1550）修，民国抄本.

[23]（明）陈时宜等.（万历）重修潼川州志[M].明万历四十七年（1619）刻本.

[24]（清）张鹏翮.遂宁县志康熙二十九年本校注[M]. 成都：巴蜀书社， 2017.

[25]（清）田朝鼎，修；周彭年，纂.遂宁县志[M].清乾隆十二年（1747）刻本.

[26]（清）张松孙、李培峘，修；寇赉言，纂.遂宁县志[M].清乾隆五十二年（1787）

刻本.
[27]（清）孙海等，修；李星根，纂.遂宁县志[M].清光绪五年（1879）刻本.
[28]（民国）甘焘等，修；王懋昭等，纂.遂宁县志[M].民国十八年（1929）刻本.
[29]（清）潘之彪.蓬溪县志[M].康熙五十二年（1713）刻本.
[30]（清）张松孙，修；谢泰宸，纂.蓬溪县志[M].清乾隆五十一年（1786）刻本.
[31]（清）吴章祁，徐杨文保，修；顾士英等，纂.蓬溪县志[M].清道光二十五年（1845）刻本.
[32]（清）周学铭，修；熊祥谦等，纂.蓬溪县续志[M].清光绪二十五年（1899）刻本.
[33]（民国）伍彝章等，修；曾世礼、纪大经、庄喜泉等，纂.蓬溪近志[M].民国二十四年（1935）刻本.
[34]（清）陈廷钰、张复，修；赵燮元等，纂.射洪县志[M].清嘉庆二十五年（1820）刻本.
[35]（清）张松孙，修；沈诗杜等，纂.射洪县志[M].清乾隆五十一年（1786）刻本.
[36]（清）谢廷钧等，修；罗锦城等，纂.射洪县志[M].光绪十一年（1885）刻本.
[37] 龚熙春.四川郡县志 [M].成都：成都古籍书店，1983.
[38] 贾大泉，陈世松.四川通史[M].成都：四川人民出版社，2016.
[39] 杨世洪，胡传淮.遂宁史话[M].成都：巴蜀书社，2020.
[40] 杨世洪.遂宁县志校注[M].成都：巴蜀书社，2019.
[41] 遂宁市志编委会.遂宁市志[M].北京：方志出版社，2006.
[42] 射洪县志编委会.射洪县志[M].成都：四川大学出版社，1990.
[43] 蓬溪县志编委会.蓬溪县志[M].成都：四川辞书出版社，1995.
[44] 胡传淮.涪上脞谭：巴蜀文化与文献论集[M].成都：巴蜀书社，2018.
[45] 胡传淮.遂宁历史名人研究[M].成都：巴蜀书社，2017.
[46] 胡传淮.遂宁风雅[M].北京：现代出版社，2016.
[47]（唐）陈子昂.陈伯玉文集[M].明弘治中杨澄刊本影钞本.
[48]（宋）王灼.颐堂先生文集[M].清刻本.
[49] 刘安遇，胡传淮.王灼集校辑[M].成都：巴蜀书社，1996.
[50] 胡传淮，李宝山.元山文选[M].北京：中国华侨出版社，2022.
[51] 胡传淮.明代蜀中望族：蓬溪席家[M].北京：中国文史出版社，2013.
[52] 胡传淮，陈名扬.南明宰相吕大器[M].北京：现代出版社，2016.
[53]（清）吕潜.吕半隐诗集[M].清刻本.
[54] 胡传淮，陈名扬.诗书画大家吕潜[M].北京：现代出版社，2016.

[55] 胡传淮.清代蜀中第一家：蓬溪黑柏沟张氏家族[M].北京：中央文献出版社，2012.
[56]（清）张烺，烬余录注[M]. 胡传淮；校注.北京：中国文史出版社，2010.
[57] 胡传淮，陈名扬.榜眼李仙根[M].北京：中国文史出版社，2015.
[58] 胡传淮.遂宁张文端公全集[M].成都：四川大学出版社，2023.
[59] 胡传淮.张鹏翮研究[M].北京：中国文联出版社，2011.
[60] 胡传淮.张鹏翮诗集校注[M].北京：团结出版社，2020.
[61]（清）张问安.亥白诗草[M].清光绪七年（1881）刻本.
[62] 胡传淮.张问安研究[M].北京：现代出版社，2016.
[63]（清）张问陶.船山诗草[M].苏州：清嘉庆二十年（1815）刻本.
[64]（清）张问陶.船山诗草补遗[M].清道光刻本.
[65] 胡传淮.张问陶年谱[M]. 成都：巴蜀书社，2000.
[66] 胡传淮.张问陶研究文集[M]. 北京：中央文献出版社，2009.
[67] 许隽超，胡传淮.张问陶资料汇编[M].北京：中华书局，2016.
[68] 胡传淮.张问陶研究文集[M].北京：团结出版社，2015.
[69] 成镜深.船山诗草全注[M]. 成都：巴蜀书社，2010.
[70] 邹鹏.张问陶诗歌研究[M].成都：四川大学出版社，2013.
[71] 胡传淮. 张问陶家族诗歌选析[M].北京：大众文艺出版社，2012.
[72]（清）张问彤.饮杜文集[M].清道光五年（1825）刻本.
[73]（清）张问彤.饮杜诗集[M].清道光四年（1824）刻本.
[74]（清）张问彤，张问安，张问陶.张氏三先生集[M].清嘉庆二十至道光廿九年刻本.
[75]（清）杨继端.古雪诗钞[M].清嘉庆十年（1805）刻本.
[76] 胡传淮，胡云柯.龙溪诗草校注[M].北京：中国华侨出版社，2022.

后 记

蜀水巴山，文翁启化，蔚为大邦。学风之盛，比于齐鲁；魁儒硕学，历代继踵。汉唐以降，含章之彦，史不绝书。

遂宁固巴蜀名区。唐宋而后，人文蔚起，或理学传，或文章著，或功名显。陈伯玉、席文襄、吕文肃、吕半隐、李南津、张文端、张船山诸先达，焜耀垓埏，楷模百代，千百年来，流风余韵，犹有存者。

书院新生于唐代，源自民间和官府，是读书人围绕着书，开展藏书、校书、修书、著书、刻书、读书、教书等活动，进行文化积累、研究、创造、传播的文化教育组织。遂宁学风浓郁。遂宁张九宗书院，创建于唐德宗贞元九年（793），成为遂宁文脉发祥地之一。宋时，九宗书院尚存。遂宁府人才接踵，联翩科甲，云蒸霞蔚，极一时之盛。据《宋登科记考》载，遂宁进士近500人，名列四川第三，仅次于眉州和成都。书院在宋代教育中最具特色，出现了诸如岳麓、白鹿洞、嵩阳、应天书院，即史称的“四大书院”。九宗书院虽不能与之同日而语，但它的建制时间更早，在中国书院史上应占一席之地。

遂宁书院，代代赓续。历历可数的有金华书院、斗城书院、梵云书院、蓬莱书院、石鱼书院、书台书院、环溪书院、龙翔书院、广寒书院、东山书院、旗山书院、象山书院、文明书院等等，构成了一个庞大的教育体系，使魁星闪烁，让奎阁成为一邑文脉标识和古城的“城徽”。

目前，学术界对古代书院研究成果卓著。邓洪波先生主编的《中国书院文献丛刊》《中国书院史资料》《中国书院学规》《中国书院章程》《中国书院诗词》《中国书院楹联》《中国书院学规集成》，赵所生、薛正兴两先生主编的《中国历代书院志》，鲁小俊先生主编的《清代书院课艺总集丛刊》等书院文献，已经出版，久为学者们所使用，影响甚大。

遂宁书院历史悠久，书院文化积淀深厚，书院文献丰富。但对遂宁书院的历史发展研究和书院文献发掘整理，尚未起步。有鉴于此，我受四川宋瓷博物馆委托，编撰了此书。

我在编写中，发掘出许多新资料，纠正了一些错误。例如，安居龙翔书院，创建时间为嘉庆十九年（1814），而《安居文史资料》（第十辑，2021年5月出版）误为乾隆十九年（1754）；射洪斗山书院创建时间，新修《射洪县志》（四川大学出版社 1990 年 12 月出版）、《遂宁市志》（方志出版社 2006 年 10 月出版）、《四川书院史》（四川大学出版社 2006 年 4 月出版）均载清道光五年（1824）修建，实误，清末王殿英《斗山书院记》云："今有郭子连城、翰城、屏城，家素丰裕，不为钱虏，而重学校，遵祖父遗训，于光绪五年，敬承母命，创修斗山书院。"故知创建时间为光绪五年（1879 年）。关于遂宁历代书院数量，《遂宁市志》记载为 55 所，本书为 86 所，新增了 31 所。遂宁历代书院记，《明清四川书院记研究》（贵州大学 2020 届硕士研究生学位论文）收录 16 篇，本书收录 34 篇，新增了 18 篇。遂宁尚未发掘的书院文献依然很多，书院文献整理空间很大。

本书付梓，感谢四川宋瓷博物馆馆长何瀛中先生、副馆长梅波先生、业务部主任王娟女史的真心支持，何馆长在百忙中为著撰序，使拙著增色良多，尤不敢忘；感谢西华师范大学金生杨教授、范双双女史的实心帮助，将此书立为四川省社会科学重点研究基地区域文化研究中心 2022 年度重大项目（项目编号 QYYJA2201）；感谢西南交通大学出版社郭发仔先生、李奕青女史，精心编辑校对书稿；感谢蓬溪县金桥镇高坪学校王勇先生，对《遂宁书院文献》一章细心核对；感谢罗刚锋先生、杨世洪先生、王金星先生、刘琼英女史、汤元宁先生、谢添先生、陈名扬先生、胡兴明先生、楼贵荣先生、余水清先生、刘耀空先生、宋以荣先生等，热心提供资料照片。没有诸友的无私奉献，本书是无法问世的。

著书永远是一项令人后悔的工作——不是梅花落满南山，而是错讹落满书页。由于编者水平有限，加之时间仓促，资料匮乏，草创难工，书中内容，挂一漏万，尚祈来哲补正。

书稿杀青，心旷神怡，坐看船山月起，涪水潮生。李（仙根）张（鹏翮）之风徽，不难再见于涪上矣。

胡传淮

2023 年 3 月 31 日于蜀中遂州